KB033362

놀이의 언어

어린이 마음을 읽는
놀이치료 언어의 이해

놀이의 언어

정혜자 지음

교양인
GYOYANGIN

| 머리말 |

돌이켜보노라니 필자가 놀이치료 현장에서 어린이들의 고뇌와 함께 아파한 세월이 꽤 흘렀다. 아무것도 모르면서 겁 없이 어린이들과 마주했던 처음 시절엔, 치료자의 자량(資糧)이라는 게 고작 자녀를 기르는 어머니를 뛰어넘지 못하고 아주 빈약한 데 머물렀을 뿐이다. 그러나 치료자라는 이름과 옷만 걸친 철부지였으면서도 다른 많은 어머니의 마음과 어린이들을 그런 대로 이해한다고 착각하던 어설픈 배우인 채 세월의 바퀴는 한결같이 굴렀다.

더할 것도 없고 모자랄 것도 없이 늘 그렇게 흐르는 세월은, 아직도 필자가 다 헤아리지 못하는 무궁한 가르침을 안겨주었을 것이다. 그에 비해 부끄러울 만큼 좁은 가슴과 작은 손으로 알량하게 주워 모은 알음알이들을, 필자는 어린이의 이해와 공감에 열정을 바치는 동료들에게 조금이라도 도움이 되기를 바라는 선험자의 마음이라고 그럴 듯이 포장하여 2008년에 《어린이 마음 치료》라는 제목으로 책을 낸 바 있다.

그 후 또 얼마간의 세월이 흘렀고, 그 훈장으로 남겨진 희끗한 머리와 주름진 얼굴을 보면서, 이제 다시 무엇으로 내가 마주했던 그간의 자비로운 세월에 충분히 보답할 수 있을까를 생각하게 되었다. 그러다가《어린이 마음 치료》에 충분히 담지 못했던 줄 사이(行間) 메시지들과, 크고 작게 필자가 느낀 소회를 보태서 좀 더 기술하면 놀이치료 현장의 목소리가 더 넓고 깊게 울릴지도 모른다는 생각에 이르렀다. 또 다른 한편으로는, 어린이의 놀이치료 이해야말로 성인의 상담 접근에 아주 유익한 목소리가 될 수 있다는 생각에 이르기도 했다.

진정을 말하자면, 아무것도 남기지 않는 목소리가 가장 바르고 크고 넓게 울리며, 일단 밖으로 나온 목소리는 놀이치료의 참 의미를 크게 왜곡하고 위축시킬 위험이 있기에 매우 조심스럽다. 그럼에도 불구하고 얄팍한 대로 모아서 책으로 묶어보자고 또다시 용기를 낸 것은, 다중의 함의가 깃든 놀이치료의 언어에 대해, 치료자들의 경험이 축적되면서 더 자주 의문을 품고 더 깊이 이해하려는 마음을 내었을 때, 필자의 경험이 어쩌면 도움이 될 수 있을지도 모른다는 생각이 스쳤기 때문이다.

이번 책의 내용은 대체로 놀이치료 현장에서 행해지는 어린이들의 전인적 성장 작업을 중심에 두고 그 속에 함축되어 있는 놀이와 놀잇감 언어를 이해하는 것, 그리고 교과서에서는 만나기 어렵지만 치료 현장에서 알아 두면 좋을 행간의 노하우에 무게를 두어 기술했다.

큰 틀에서 보았을 때 어린이 성장 작업은 현재의 불만스러운 자신을 버리고 좀 더 이상적으로 생각하는 자신으로 새롭게 태어나는 여정을 밟는다. 그리고 그 여정은 어린이가 스스로 주도하며 치료적 분위기를 조성하면서, 자신의 모든 자량을 동원하여 전인적 성품을 고양하거나 재건하는 것이기 때문에, 종료 시기까지 치료 기간이 생각 이상으로 길게 소요된다. 또한 어린이 자신의 요구 수준도 다르고 내적 자원도 개인차가 커서 치료의 효과와 종료 시기를 예견하기가 쉽지 않다. 단순히 겉으로 드러나는 문제 행동이나 병리적 증상의 호전을 기대하는 것에 비하면, 가족은 물론 치료자의 인내와 수용과 협조가 더욱 중요하기 때문에 그 여정이 결코 단순하거나 쉽지 않다. 어린이는 물론이거니와 치료의 여행길에 오른 가족과 치료자도 공동 운명의 배에 몸을 싣고 희로애락의 기승전결을 반복하며 출렁거리는 파도를 타야 한다. 그리고 결코 순탄치 않은 그 여정의 길목 여기저기서 만나는 놀이 언어를 이해하는 것 또한 어린이 내면의 평온과 성장의 기쁨에 동참하는 일이라서 매우 주의 깊은 관찰과 사려가 필요하다.

그리고 치료실에서 만나는 어린이들의 성장 작업은 또 다른 이유 때문에 치료자에게 크나큰 감동을 안겨준다. 즉 아프고 복잡한 감정들을 가지런히 추스르며 성장하는 어린이 자신의 혼신의 노력이 앞으로 앞으로 더 나아가면서 어린이 자신의 변화와 성장뿐 아니라 부모와 형제의 변화와 성장, 그리고 치료자의 변화와 성장까지 이끌어준다는 점이다.

치료 현장에서 각고의 노력을 기울이며 보람을 찾는 많은 치료자들이, 이번 책과 인연이 닿아 그들의 치료적 노력에는 위로가 되고, 치료 과정에서 어려움을 만나더라도 기꺼이 여유로운 미소를 짓게 되었으면 참으로 좋겠다. 또 어린이들의 감정을 공유하거나 서로 일치되는 감정을 더 많이 경험할 수 있게 고무적이었으면 좋겠다. 그리만 된다면 여기에 다 담지 못한 이야기들이 남겨진 것에 대한 아쉬움과 더불어, 여기에 소개한 이야기들의 미흡함이 부끄럽기만 한 필자의 우려도 많이 가벼워질 수 있을 것 같다.

2018, 병술년

갖가지 꽃들이 피어나는 계절에, 정혜자 씀

1장
놀이와 마음 성장

2장

놀이의 언어와 상징

3장

상처를 치유하는 놀이

4장

치료자를 위한 조언

1장

／

놀이와 마음 성장

새로운 탄생의 공간, 놀이실

놀이치료가 진행되는 놀이실에는 매우 중요한 치료적 의미가 있다. 놀이실은 어린이들이 현실적으로 느끼는 자신보다 더 바람직하고 멋진 자신이 되도록 돕는 잉태의 공간이기 때문이다. 이 잉태의 공간에서 어린이들은 새로운 자기를 탄생시키기 위해 과거를 돌이켜 불만스럽거나 미흡하거나 잘못된 것을 바로잡고 새로운 미래를 설계한다. 이를테면, 영아 시절에 네 발로 기어 다니는 발달 과업이 생략되었던 어린이는 네 발로 기어 다니는 놀이를 연출하며 그때의 아쉬움을 달래고, 출산 예정일보다 일찍 태어난 어린이는 새로운 탄생에 필요한 임신 기간을 놀이실이라는 잉태 공간에서 충실히 채우고 다시 세상 밖으로 나온다. 이렇게 새로 밟아 나가는 성장과 발달은 어린이 개개인의 생애사와 성향과 의지에 따라 다채로운 색조로 재구성된다.

놀이실에서 새로운 탄생을 시도할 때, 많은 어린이들이 대체로 두 단계 과정을 거친다. 첫 번째 과정은 실제로 자신의 생애에서 경험했던 심리적 외상을 치유하는 것이고, 두 번째 과정은 외상을 치유하는 과정을 뛰어넘어 좀 더 이상적인 자기로 발돋움하기 위해 심리적으로 새롭게 탄생하는 것이다. 그러나 때로는 첫 번째 과정을 마치고 종료를 원하는 어린이도 있다. 어린이의 경험과 성향에 따라 첫 번째 과정에 오래 공들이기도 하고, 두 번째 과정에 좀 더 오랜 시간 공을 들이기도 한다.

어린이들이 처음 경험하는 놀이실은 아주 낯선 곳이다. 자신에게 익숙한 놀잇감들이 비치되어 있거나 호기심을 일으킬 만한 놀잇감들이 더러더러 눈에 띄어 특별히 경계할 이유가 없는 공간인데도 그렇다. 그래서 낯선 치료자와 함께 있어야 하는 놀이실에 마음을 놓으려면 시간이 꽤 필요하다. 그리고 어린이 개개인의 특성에 따라 익숙해지는 과정도 각각 다르다.

낯선 환경과 인물에 적응이 빠른 어린이라면 놀이실과 빠른 시일 안에 친해진다. 그러나 낯선 환경에 익숙하지 않더라도 충동성이 있는 어린이라면 낯선 어른의 존재에 마음이 쓰일 새도 없이 놀잇감을 집어 들고 놀이에 빠져든다. 반대로 새로운 환경에 경계를 늦추지 않는 조심스러운 어린이는 놀이실의 모든 것과 친근해지기까지 오랜 시간 뜸을 들인다.

자신의 경험과 성향에 따라 빨리 또는 늦게 놀이실에 익숙해진 뒤에는 놀이실이 어린이를 새롭게 탄생시키는 안전 공간, 즉 아주 큰 심리적 자궁이 된다. 이 공간에서 경험하는 새로운 탄생은, 그동안 자신이 알고 느껴 왔던 자기의 취약점은 과감히 버리고, 자신이 만족스럽다고 여기는 이상적 자기로 탈바꿈하는 것을 의미한다. 이 탈바꿈은 나고 죽는 윤회를 거듭하면서 어린이의 점진적인 자기 향상을 꾀한다. 예를 들면, 공룡 시대의 자기는 겁 많은 초식 동물이었다가 그 다음 생에는 초식 동물을 잡아먹는 육식 공룡이 된다. 선사 시대의 인물일 때에는 활과 창을 잘 다루는 용감한 족장이 되고, 윤회를 반복하여 이순신 장군이 되어서는 수십만의 왜군을 단번에 물리치는 영웅이 된다.

이처럼 놀이실이 자궁에 비유된다면, 어린이가 성장하는 발걸음에 맞추어 놀이실의 동반자가 되어주는 치료자는 탯줄과 연결되어 아기에게 생명에 필요한 양분을 공급해주는 임산부에 견줄 수 있다. 태아가 엄마와 공생하는 데 필요한 조건이 갖추어지면 스스로 안전하게 성장과 발달을 진행하듯, 놀이실의 어린이도 안정적으로 치료자와 공생하며 스스로 조절하는 성장과 발달을 진행해 나간다. 태아가 태내에서의 과업을 온전히 완수해야 태어날 준비를 갖추는 것처럼, 어린이도 놀이실에서의 재탄생 작업을 스스로 조절하며 마쳐야 치료의 종료를 생각하게 된다. 그래서 어린이가 자발적으로 선택하는 성장 작업에 발맞춰 나가다 보면 자연히 치료에 오랜 시일이 걸린다.

초심자 시절의 치료자는 어린이에게 무언가를 해줘야 치료자 역할을 제대로 하는 것이라고 생각하기 쉽다. 그러나 어린이는 태아가 엄마의 개입 없이 스스로 자기의 발달 과업을 순차적으로 진행하듯 놀이실에서도 치료자의 개입보다 스스로 조절해 성장 작업을 진행하기를 원한다. 봄에 아무런 간섭도 없지만 꽃들이 나름대로 개성을 드러내며 꽃을 피우듯, 치료자가 개입하지 않는 것이 어린이 자신의 성장을 최대로 보장해주는 길이 될 수 있다. 그러나 아무것도 안 해주는 치료자가 된다는 것이 어린이의 생각과 행동에 관심을 두지 않거나 그냥 아무런 시도도 하지 않는 것을 뜻하지는 않는다. 다만 치료자의 섣부른 개입을 피하고, ① 어린이에게는 스스로 성장하고 발달하려는 본성적 의지가 있다는 것을 믿어주고, ② 어린이가 선택하는 생각과 행동은 자신의 성장에 필요한 것이기 때문에 방해하지 않을수록 어린이를 돕는 일이며, ③ 치료자의 편견과 사심 없이 어린이의 마음을 온전히 따라가며 둘이 따로가 아닌 한마음이 되도록 깊은 인간애와 따뜻한 관심을 기울인다는 철학이 전제되어 있다.

재생을 위한 잉태 공간이어서 그런지 어린이들이 놀이실에 품는 애착은 각별하다. 필자와 함께했던 몇몇 어린이는 놀이실에 도착하면 마치 "내가 이제 이 비밀의 배 속에 들어갑니다."라고 만방에 외치듯 출입문에 설치된 벨을 딩동딩동 여러 번 요란하게 눌렀다. 한 어린이는 비밀을 들키지 않도록 외부와 단단히 차단하기 위해 '상담 중'이라는 표지판을 만들어 붙여놓았다. 또 다른 어떤 어린이는 출입문이 열리지 않게 잘 닫혔는지 반드시 확인한 후 놀이를 시작했다. 가장 인상에 남은 경우는, 놀이실 출입구에 카드를 대거나 비밀번호를 눌러야 문이 열리는 도어록을 색종이에 그려서 붙여놓은 뒤, "여기는 나만 들어가고 나올 수 있는 비밀 장소야."라고 선언하고, 치료자의 전화번호를 비밀번호 삼아 누른 뒤에 놀이실에 들어가곤 하던 어린이였다. 그런데 어린이들은 서로 마음이 잘 통하는 것 같다. 도어록 그림이 붙은 후, 이를 본 몇몇 다른 어린이들도 그것을 직관적으로 알아채고, 자기 나름의 비밀번호를 누르고 놀이실에 들어가는 행동을 보여주곤 했다.

더러는 놀이실뿐 아니라 놀잇감이 진열된 선반이나 바구니도 자궁이 될 때가 있다. 특정한 시기가 되어 자궁 경험을 새롭게 다시 하고 싶은 때가 되면, 자신이 소중히 여기며 놀던 놀잇감, 즉 자신을 상징하는 놀잇감을 다른 어린이들이 발견하지 못하도록 어둡고 은밀한 곳에 감춰 두고는 "잘 자라.", "다음에 만날 때까지 안녕!" 하며 집으로 돌아가기도 한다.

어떤 어린이에게는 놀이실에서 바깥으로 나가는 것이 자궁을 떠나 세상에 태어나는 것을 상징하기도 한다. 치료자와 교류했던 한 어린이는 태아기의 성장과 발달을 의미하는 상징 놀이를 지속적으로 연출하던 어느 날 느닷없이 놀이실을 뛰쳐나가 엄마에게 안겼다. 엄마와의 접촉을 별로 반기지 않던 어린이였기에 엄마도 아들의 그런 돌발적 행동이 의아하면서도 반가웠다. 치료자는 직감적으로 출산의 트라우마를 표현하는 장면과 관련이 있으리라 여겼다. 그리하여 엄마와 함께 출산 상황에 대해 이야기를 나누고 그 행동의 의미를 알게 되었다. 이 어린이는 예정일을 넘기고도 세상에 나오려는 조짐이 없어 유도 분만을 하기 위해 촉진제를 맞았다. 그러나 촉진제를 맞고도 아무 반응이 없어 두 번째 촉진제를 맞았다. 그런데도 출산 과정이 순조롭지 않았고 결국 의사가 배를 밀어주어 세상에 태어났다.

그런데 이 세상에 나오는 과정에서 겪은 이러한 출산 트라우마를 드러내기 전에 이 어린이는 모래 상자에서 몇 가지 의미 있는 성장 작업을 했다.

첫 번째 작업에서 공룡들의 혼란스러운 싸움이 거듭되다가 무적의 힘을 갖춘 공룡 한 마리가 모래산 위에 우뚝 섰다. 이 행동은 이 어린이가 개성을 갖춘 한 존재로서(우주적 존재에서 개별적 자기로 분화한 정신적 존재) 이 세상에 출현할 것을 예고하는 장면으로 추측할 수 있다.

두 번째 작업에서는 하얀 돌 10개를 원형으로 두른 가운데에 부부 공룡을 마주보게 세워놓고 부부 공룡 사이에 아기 공룡을 기대어 놓았다. 이것은 엄마와 아빠의 만남으로 자신이 이 세상에 존재(음양 화합으로 몸과 마음을 함께 갖춘 생물학적 존재)할 것을 예고하는 의미로 추측할 수 있다.

세 번째 작업에서는 여러 회기 동안 아기 공룡이 모래 상자의 모래 속에서 잠을 자거나, 휘젓고 다니며 헤엄을 치거나, 예쁜 구슬 또는 작은 물고기를 먹는 놀이 등을 반복했다. 이 행동들은 이 어린이가 배 속에서 자라는 자궁 경험을 의미하는 것으로 보였다.

네 번째 작업에서 이 어린이는 여러 회기 동안 지속되었던 모래 상자를 이용한 상징 놀이 대신 엄마를 놀이실에 직접 초대하고는 엄마에게 자신을 잡아먹으라고 계속 요구했다. 엄마는 기이한 생각이 들어 몹시 당황했다. 필자도 처음에는 그 뜻을 헤아리기 어려웠다. 그러나 천천히 어린이의 놀이를 반추하다가 이내 그 요구가 먹잇감이 되어 엄마의 위장 속으로 들어가는 것이 아닌, 엄마의 자궁 속으로 들어가 아기가 되는 놀이의 상징임을 알아차리게 되었다.

다섯 번째 작업에서 모래 속에서 꾸물거리던 아기 공룡이 신음하며 "빨리 나가야 해."라고 외치고는 모래 위로 불쑥 튀어나왔다. 그러고는 곧이어 앞에 언급한 것처럼 다급하다는 듯 놀이실을 빠져나가 "엄마" 하고 다른 때보다 힘차게 부르고는 엄마의 품에 불쑥 안겼다. 경이롭게도 이 어린이는 그 행동을 한 이후, 배 속 놀이보다는 세상에 탄생하여 엄마와 깊은 정을 나누는 구강기적 놀이로 나아갔다.

한편 출산 예정일보다 일찍 태어나야 했던 어린이는 놀이실에서 나가는 데 강하게 저항할 때가 있다. 그 저항은 놀이 시간이 재미있고 좋아서 회기가 끝나는 것을 아쉬워하며 나가기를 늦추는 행동과는 약간 차이가 있다. 억지로 끌려 나가는 것에 대한 강한 저항처럼, 놀이실에 품는 미련과 집착이 더 강하고, 몇몇 어린이는 치료를 종결할 때가 되고서도 회기가 끝나는 데 아쉬움을 보인다.

놀이실이 좀 더 실감나는 자궁이기를 바라는 어린이들은 놀이실 환경을 바꾸려고 치료자에게 나름대로 제안을 한다. 자궁처럼 어둡기를 바라면 놀이실의 불을 꺼서 어둑하게 한 뒤에 놀이를 즐기고, 폐쇄되거나 구석진 곳에 보료 등을 푹신하게 깔고 잠자는 놀이를 즐긴다. 때로는 놀이 장면에서 잠을 깨기 위해 스스로 새벽을 알리는 닭 울음소리를 내거나 치료자에게 '꼬끼오' 하고 울어 달라고 요청한다. 이런 놀이에서 닭 울음소리는 자궁에서 날짜가 흘러가며 자신이 성장하는 것을 상징하기도 하고 또는 임신 기간을 다 채우고 세상 밖으로 나오는 탄생을 상징하기도 한다.

놀이실을 자궁으로 삼았을 때의 자궁 경험은 여러 회기를 거치며 승격한다. 우리가 실생활에서 좀 더 나은 삶을 위해 낡은 집에서 새로운 집으로 옮기기를 희망하듯, 어린이들도 때때로 자신이 깃들어 성장하는 엄마의 자궁을 승격시키고 싶을 때 자신이 놀던 놀이실을 바꾸고 싶어 한다. 그래서 놀이실의 놀잇감 배열을 스스로 새롭게 바꾸거나 놀이실이나 놀잇감을 깨끗하게 정리한다. 때로는 그동안 놀아보지 않아서 좀 더 호기심이 생기고 매력 있다고 느껴지는 다른 놀이실에서 놀겠다는 요청을 한다.

위와는 반대로 놀이실이 완전히 변함없는 안전한 공간이기를 바라는 경우도 있다. 자궁 속 삶이 불안했던 어린이에게 그런 경우가 많다. 이런 어린이들은 놀이실 환경의 변화를 매우 꺼려하거나 놀잇감 배열이 달라지지 않기를 바란다.

엄마와 밀착을 다지는 놀이

놀이치료를 진행하며 성장 작업을 하는 동안 태내기와 신생아 시기의 밀착 관계를 맺는 시기를 지날 때는 어린이들이 종종 치료자나 엄마와 밀착하려고 여러 가지 시도를 한다.

1. 태내기의 밀착은 섭생과 정서를 비롯하여 엄마와 생명을 공유하던 시기의 향수를 표현하는 것이다. 그래서 가능하면 엄마와 여러 측면에서 일심동체를 느끼고 싶어 한다.

2. 출생 이후의 밀착은 엄마와 심리적 결속을 다지면서 태내기 또는 출산의 여정에서 겪은 나름의 실존적 고통과 외로움을 엄마에게 하소연하면서 아픔을 함께 나누고 걸러내며 위로받으려는 시도다.

일심동체를 느끼려는 엄마와의 밀착은 놀이실에서 엄마의 대리자 역할을 해주는 치료자를 징검다리 삼아 점진적으로 이루어진다. 즉, 치료자가 어떤 사람인지 탐색하느라 넌지시 살피던 단계를 지나, 치료자에게 경계심을 풀고 자유로운 마음이 되어 한 개체로서 우뚝 서는 자신의 출현을 세상에 알리기 위해 혼자서 공들이며 놀이에 몰두하던 초반의 놀이 행동에서 벗어나, 점차 치료자와 교류를 적극적으로 늘리거나 놀이에 치료자를 동참시켜 감정의 공유를 늘려 나가는 놀이 행동으로 변화를 보인다. 치료자에게 함께 텐트에 들어가 놀자고 요구하는 어린이가 있는가 하면, 치료자의 허리와 자신의 허리를 끈으로 묶고 음식 만들기 놀이를 하는 어린이도 있다. 어린이는 치료자를 징검다리 삼아 이런 노력을 하면서 비로소 엄마와 실질적인 밀착 관계로 전진한다. 밀착 관계로 전진하려는 신호라고 여겨지는 노력들의 예를 들면 다음과 같다.

1. 놀이 시간 동안 먹을 간식을 준비하여 치료자와 함께 나눠 먹고자 한다. 이는 태내에서 엄마와 영양분을 공유하던 발달 시기의 재현이다. 이런 행동이 나타날 즈음에는 집에서 식사 시간에 엄마의 기호와 상관없이 자녀가 선택하는 메뉴를 함께 먹어주는 것이 엄마와 자녀 사이의 애착 관계 촉진에 도움이 된다. 실제로 이런 과정을 거치는 동안 많은 어린이들이 행복감을 느끼면서 키가 자라고 살이 오르며 피부도 윤택해진다.

2. 자신의 외상 경험을 스스로 치유하거나 엄마의 애정이나 위로나 공감이 필요했던 사연들을 떠올려 치료자와 감정을 공유하는 역할 놀이로 전환한다. 예를 들면, 병원 놀이, 음식을 만들어 나눠 먹는 놀이, 아기를 돌보는 놀이, 전화 놀이, 가게 놀이 따위가

이에 해당한다. 필자와 놀이했던 어린이 A는 임신한 열 달 내내 입덧이 심해 제대로 먹지 못하고 매우 고생했던 엄마를 위로하는 마음으로, 치료자를 엄마로 가장하여 음식 만들기 놀이를 함께했다. 어린이는 자신은 먹지 않고 치료자에게만 음식을 만들어주며 "맛이 어때요?"라고 꼭 묻는 일류 요리사 역할을 아주 오랫동안 지속했다. 필자는 그 어린이의 놀이에서, 태아 시절의 어린이 자신이 아닌 엄마의 아픔을 치유해주려는 애틋한 마음을 강하게 느낄 수 있었다. 응급 상황에서 태어난 또 다른 어린이는 병원 놀이를 할 때마다 응급차로 병원에 실려가 아기를 낳는 장면을 연출하곤 했다.

위에 언급한 A의 외상 경험은 다른 어린이보다 좀 더 특별했다. A가 들어서기 전에 엄마는 두 아기를 자연 유산했다. 그런 후 아주 귀하게 얻은 아들이 A였다. A를 임신한 초기부터 엄마는 유산을 막기 위해 절대적으로 안정을 취해야 했다. 그런데 유감스럽게도 임신 초기에 시작된 입덧이 임신 말기까지 아무것도 먹을 수 없을 정도로 심하게 계속 이어져 누워서 지내야만 했다. 참으로 엄마가 많이 애먹은 시간이었다.

그런데 이렇게 애타는 사연이 놀랍게도 A의 반복되는 심층 놀이에 드러났다. A의 놀이에서는 언제나 두 대의 비행기가 활주로에 추락하고 서로 충돌해 불이 난다. 비행기는 엉망이 되고 불이 붙은 활주로는 난장판이 된다. 그러면 활주로에 소방차가 도착하여 물을 뿌려 불을 끈다. 불이 꺼지고 활주로가 정돈되고 안정되면 소임을 다한 불자동차가 자기의 주차 공간(놀이실의 낮은 책상 아래 어둑한 구석)에 들어가 잠을 잔다.

A의 놀이에서 활주로에 착륙하려는 두 비행기는 마치 허공에서 잉태를 기다리던 두 존재가 잉태의 공간을 찾아 들어가는 장면 같다. 두 비행기가 추락하고 활주로가 엉망이 되는 것은 엄마와 인연을 맺기로 되어 있던 두 아기의 유산을 연상시킨다. 그리고 위기 상황을 수습하고 마무리한 뒤 주차 공간에 들어가 잠을 자는 소방차는 성별이 남성인(불을 끄기 위해 물줄기를 뿜어내는 소방 호스에서 남성인 것을 짐작할 수 있다.) A 자신이 입태하여 자궁에 안주하는 상황으로 이해해볼 수 있다.

A는 엄마의 기억 속에 남아 있는 자신의 생애 이전 소식을 어떻게 공유할 수 있었을까, 그때 엄마의 아픔을 어떻게 자신의 아픔처럼 공유하며 치유의 길을 찾았을까? 또한 치료자를 중재자로 삼아 엄마가 마음 놓고 맛있는 음식을 충분히 섭취하도록 돕는 갸륵한 효심을 어떻게 발휘했는지 경이롭고 감탄스러웠다. 지금까지도 잊히지 않는 감동적인 놀이였다.

3. 때로는 쌍둥이 모형을 등장시켜 자신과 엄마의 모든 것이 둘이 아닌 하나인 것처럼 똑같은 존재로 표현한다. 똑같다는 것을 표현하느라 어떤 어린이는 "무엇이 무엇이 똑같을까. 젓가락 두 짝이 똑같아요." 같은 노래를 부르기도 하고, 어떤 어린이는 점토 빚기 놀이에서 가운데에 잼을 넣어 토스트를 만들고는 "이 빵이랑 이 빵이랑 잼(마치 탯줄처럼 연결하는)으로 만난 거예요."라고 말하며 흐뭇해했다. 또 다른 어린이는 하트 모양이 만들어지게끔 입맞

춤처럼 부리를 맞대고 물 위에 마주 보고 떠 있는 백조를 그려서 사랑으로 묶인 엄마와 자신을(엄마와 아빠의 만남을 상징하는 것이 아닌 경우) 표현했다.

그러나 쌍둥이가 등장했다 하여 모두 엄마와의 밀착을 의미하는 것은 아니므로 주의 깊게 해석할 필요가 있다. 두 존재가 우호적 결속 관계일 때에는 일심동체이고 싶은 엄마를 상징하기도 하지만 현실에서 외로움을 짙게 경험하는 어린이의 공감적 동료를 상징할 수도 있다. 그러나 둘 중 한쪽이 핍박을 받는 관계라면 다른 상황을 가정해볼 수 있다. 첫째, 태내기 동안에 엄마에 대한 불만이 마음의 상처로 남았다면, 엄마에 대한 부정적 감정을 핍박받는 존재에게 전이시킬 수 있다. 둘째, 거듭나려는 이상적 자기와 만족스럽지 못한 현실적 자기 사이의 갈등 구조에서 버리고 싶은 자기를 핍박받는 존재에 투영할 수 있다. 셋째, 드물기는 하지만 쌍태로 입태했다가 배 속에서의 생존 경쟁에서 살아남기 위해 하나를 도태시켜야 하는 불가피한 상황을 경험한 경우 희생시킨 태아를 핍박하는 존재로 상징할 수 있다.

4. 게임 놀이에서도 엄마와 자신이 일심동체이기를 바라는 마음을 표현하기도 한다. 일반적으로 승부를 가리는 게임 놀이는, 어린이가 타인과 사회적 교류를 연습할 때, 자신의 힘을 기르고 자존감을 높이고 싶을 때, 자신의 효능감과 성취감을 확인하고 싶을 때, 타인과 경쟁 관계 속에서 자신의 능력을 자랑하고 싶을 때 많이 선택한다. 그러나 엄마와 일심동체를 느끼고 싶은 마음일 때

에는 승부보다 서로 마음이 통하는 교감의 의미로 게임을 즐긴다. 그래서 자신의 승리에는 별로 관심이 없고 오히려 치료자가 승리하도록 유리한 조건을 만들어주거나 양보한다. 더러 어떤 어린이는 점수 내기 게임에서 자신이 이겼는데도 "우리가 동점이고 비겼다고 해요."라면서 두 사람이 하나임을 느끼고 싶어 한다.

5. 놀이실의 놀잇감이나 치료자의 소유물을 선물로 받거나 집으로 가져가기를 원한다. 이는 배 속에서 엄마와 자신이 탯줄로 연결된 한 몸이었듯, 놀이실의 놀잇감이나 치료자의 소유물을 탯줄처럼 생각하여 놀이실과 자신을 하나로 연결하려는 마음의 표현이다. 이런 경우 치료자가 놀이실 물건은 안 되지만, 한 번에 한하여 어린이가 지니고 다니며 치료자를 생각하기에 좋은 물건을 선물로 주는 것도 서로 우호적 관계를 증진하는 데 도움이 될 수 있다. 바람을 넣는 대로 배가 불러지는 풍선은 배 속의 자신이 성장함에 따라 엄마 배가 불러지는 것을 연상하기 좋으므로 많은 어린이가 선물로 받아 가는 것을 기뻐한다. 그러나 풍선은 중금속의 위험이 있기 때문에 반드시 물에 씻어주는 것이 좋다. 또한 엄마에게는 엄마와 어린이가 하나의 존재처럼 느끼기 좋게, 같은 색 옷을 입거나 같은 상표 신발을 신거나 커플 반지를 끼도록 권해도 좋다.

6. 치료자와 교류와 공감이 어느 정도 만족할 만한 수준에 이르면, 한 걸음 더 나아가 엄마와 직접 교류와 공감을 시도하려고 엄

마를 놀이실에 초대하여 함께 놀이하기를 원한다. 이럴 때는 사전에 협의하여 일정 회기 동안 엄마가 놀이실에 합류하여 함께 놀도록 배려해도 좋다. 엄마의 합류를 계획할 때에는 어린이의 개별 놀이 시간 일부를 나누어 후반에 배정하고, 가능하면 어린이가 놀이를 이끌도록 하며, 필요한 경우 치료자의 코치와 평가가 더해지면 더 바람직하다. 치료자와 만난 한 어린이는 엄마와 자신의 발 한 쪽을 함께 묶어 '두 사람-세 다리'로 걷는 놀이를 즐기며 엄마와 애착 관계를 다졌다.

7. 놀이실에 오기를 손꼽아 기다리던 어린이 가운데 일부는, 일정 기간이 지나면 이유 없이 놀이실에 오기를 거부하기도 한다. 그러면서도 막상 놀이실에 오면 재미있게 잘 놀다가 간다. 이런 경우 엄마는 어린이가 놀이에 흥미가 떨어져 놀이를 거부하는 것으로 오해하기 쉽다. 그러나 실제로는 놀이실에서 노는 시간을 소모하지 않고 그 대신 실생활에서 엄마와 그 시간을 함께 보내기를 더 원하는 마음을 표현하는 것이다. 즉, 놀이실에서 놀이하기보다는 엄마와 함께하는 시간의 유인가가 더 크다는 뜻이다. 이러한 어린이의 생각을 잘 이해하지 못하여 이 시기에 놀이를 중단한다면 어린이의 성장 작업에 필요한 남은 기간의 발달 과업을 포기하는 셈이 된다. 그러므로 치료자와 엄마는 중도 하차 없이 이 시기를 잘 넘기도록 어린이를 설득할 필요가 있다.

8. 엄마와의 밀착에 도움이 되는 '엄마와 자녀의 놀이' 몇 가지

를 소개하면 다음과 같다.

10조각 퍼즐 맞추기 주변에 있는 때 지난 달력 또는 카드의 그림 등을 10조각으로 잘라 흩어놓고, 흩어진 10조각을 다시 모아 풀칠하여 원래의 그림 한 장이 되도록 맞추는 놀이다. 간혹 어떤 어린이들은 태내기를 거치며 퍼즐 맞추기에 관심을 보인다. 이는 마치 태아가 피와 살과 뼈 등을 구성하면서 자신을 온전한 신체로 조직하며 성장하는 마음인 듯 여겨진다. 그림을 굳이 10조각으로 나누는 이유는 태아기 성장 10개월을 상징하기 위해서다. 엄마와 공동작업으로 퍼즐용 그림을 그리는데 그 그림 내용이 컵이나 상자나 바다나 궁성 안에 있는 어떤 개체라면 태아 시기 엄마와의 소통과 교감을 재경험하는 데 더 효과적일 것이다. 한 예로 10조각 퍼즐의 원래 그림이 미소 지으며 손을 잡고 있는 두 개의 하트 또는 별 모양으로 엄마가 직접 그린 그림이라면, 어린이 자신의 존재감과 사랑의 결속을 느끼게 하는 데 훨씬 더 도움이 될 수 있다.

바, 가, 람, 위, 아 따위의 낱글자를 제시하고 엄마와 함께 글자를 합쳐 바위, 가위, 바람, 아가 등의 단어를 만들어보기 이 작업은 개별적 존재인 어린이와 엄마가 단어를 찾으며 서로 한마음 한 몸으로 묶인다는 느낌을 갖도록 하는 데 도움이 될 수 있다.

원, 세모, 네모 등의 도형이 들어가는 그림 그리기 엄마가 세모로 지붕을 그리면 어린이가 지붕 밑에 네모로 벽을 세워주는 식의 공동작업이다. 이를 통해 어린이도 엄마도 상상력을 키우며 결속을 다질 수 있다.

'풍선', '빨갛다', '푸르다,' '하늘' 등의 단어를 엄마가 제시하고, 어린이

는 **"빨간 풍선이 푸른 하늘 높이 날아갑니다." 같은 문장 만들기** 이 작업은 단어를 어떻게 제시하는가에 따라 어린이의 마음을 읽는 데 도움이 될 때가 많다.

함께 밑그림 색칠하기 두 사람이 빈 공간을 여러 색으로 채워 나가는 공동 작업은 엄마에게도 어린이에게도 치유의 시간이 될 수 있다. 어린이와 엄마의 마음속에 남아 있는 형용하기 어려운 허전함을 서로 채워주는 느낌을 경험할 수 있다.

그 밖에도 치료자가 엄마가 하는 일, 어린이가 엄마를 도와줄 수 있는 일, 함께했던 좋은 일 회상하기, 놀이를 마치고 집에 돌아가서 해야 할 일 찾기 따위의 과제를 내주어도 부모-자녀 사이의 결속과 관계 증진에 바람직하다.

성장의 네 단계 변곡점

사람도 자연계의 많은 생물의 생태처럼 일생 동안 끊임없이 변화한다. 대나무가 성장이라는 한 축을 기둥 삼아 크면서 중간 중간 일정한 한 시기의 완성과 다음 시기의 출발을 동시에 알려주는 마디를 맺는 것처럼, 사람도 일생에 몇 번은 이전과 이후의 모습이 두드러지게 구별되는 시기를 맞게 된다. 성장과 발달이라는 일직선 위에서 볼 때 그 시기는 누구나 예외 없이 겪는 변곡의 시점이다. 물론 커 가면서 시시각각 달라지는 수많은 변화의 시기가 있겠지만, 여기서는 성년기 이전의 성장기에 국한하여, 상식 수준에서 그리고 일상적으로 우리가 확연하게 변화를 감지할 수 있는 변곡 시점에 관해 언급해보겠다.

여기서 말하는 변곡 시점은, 앞선 발달 시기에서 그 다음 발달 단계로 진행하는 과정에서 그 변화의 폭이 크고 넓어서, 다음 발달 단계에 이르러 몸과 마음이 안정되기까지 적응하는 데 꽤 노력이 필요한 과도기적 성격을 띤다. 따라서 이 과도기를 지나는 동안에는 생리적 변화와 심리적 발달에 부담이 가지 않도록 주변 사람들의 배려가 많이 필요하다. 그리고 원만하게 발달이 진행되는지 아닌지, 이상 징후가 보이는지 아닌지 유심히 살펴볼 필요가 있다.

우리가 흔히 감지하기 쉬운 첫 번째 변곡 시점은 아마도 태어난 뒤 백일쯤 되는 시기일 것이다. 아기는 태어나서 대략 백일이 되기까지 탯줄에 의지하여 먹고 숨 쉬던 태아 시절에 비해 많이 달라진 이 세상 환경에 맞추어 보고 듣는 감각 기관이나 숨 쉬고 소화시키며 배설하는 오장육부 등 모든 신체 기관이 스스로 새롭게 움직이며 적응하는 과정을 거쳐야 한다. 그리고 백일이 가까워지면 부단히 애쓰며 스스로 적응해 온 어려운 과업들을 어느 정도 마치고 세상살이 준비를 갖췄다는 신호를 우리에게 보낸다. 그 가운데 우리가 감지하기 쉬운 신호는 아마도 태아기에 생긴 머리카락이 생후의 새로운 머리카락으로 모두 바뀌는 것과, 밤낮 없던 수면 리듬이 야간 수면을 향해 조금씩 안정적으로 변화하는 것을 예로 들 수 있다. 또 눈을 맞추고, 함박웃음을 지으며, 옹알이를 시작하면서 사람들과 교감하는 심리적 발달 현상을 예로 들 수 있을 것이다. 만약 이 변곡 시점에서 이와 같은 발달 지표가 보이지 않으면 돌보는 사람의 각별한 관심과 사랑이 필요하다는 뜻이며, 나아가 발달의 진행이 순조롭도록 전문가의 조언이 필요하다는 뜻이다.

두 번째로 언급이 필요한 변곡 시점은 아마도 취학 전후일 것이다. 이 시기의 어린이들에게서 감지할 수 있는 두드러진 변화는 유치가 빠지고 영구치가 새로 돋아나는 것이다. 겉으로 보이는 뚜렷한 생리적 변화는 울퉁불퉁하고 듬성듬성해지는 치열이겠지만 이 시기 어린이들은 바깥에서 또래들과 어울리며 거칠고 분주한 활동을 많이 하므로 행동도 부산스럽고 옷차림도 지저분해진다. 외모도 유아의 모습에서 어린이의 모습으로 바뀌어 간다. 아마도 이런 까닭에 우리 옛 어른들이 이 시기를 미운 일곱 살로 칭한 것 같다.

두 번째 변곡의 시기를 건너려면 활동량이 늘어 피로가 쌓이는 것은 물론이거니와 유아 시절에 비해 훨씬 복잡해진 인지 발달 과업과 사회성 발달 과업들이 몸과 마음에 얹어져 스트레스도 매우 늘어난다. 따라서 이 과도기에 겪는 큰 변화에 몸과 마음이 충분히 적응하지 못하면 그 신호로 틱, 말더듬, 탈모 등의 아동기 병리 현상이 출현하기 쉽다. 실제로 현장에서 볼 때 이런 병리적 현상이 이 시기에 많이 출현하는 것도 어쩌면 바로 이런 까닭에서일 것이다. 일반적으로 어른이 깨닫기는 쉽지 않지만 이 시기도 어린이들이 생리적, 심리적 변화가 큰 때여서 사춘기 청소년 못지않게 격동의 나날을 보낸다는 것을 잊지 않아야 한다.

이 두 번째 변곡 시기의 스트레스가 그것을 감내하는 생리적, 심리적 방어 기능을 넘치게 되면, 어린이의 생리적 기능에 적신호가 켜진다. 그 결과 앞에서 언급한 틱, 말더듬, 탈모나 수면, 섭식, 배설에서 이상 징후가 나타나기 쉬우므로 주변 사람들의 각별한 관심과 배려가 필요하다. 만약 이상 징후가 나타나면 증상이 만성화되지 않도록 미루지 말고 즉시 전문가의 조언과 처방을 받아야 한다.

생리적 이상 징후 없이 이 변곡의 시기를 잘 넘어가려면 역시 심리적으로 건강한 발달이 이뤄져야 한다. 특히 스트레스에 적응하는 능력이나 인내력, 건강한 방어 기능이 잘 갖춰져야 한다. 그러려면 아무래도 이 시기 이전의 전인적 발달이 양호하게 유지되도록 부모의 양육의 질이 좋아야 할 것이다.

세 번째 변곡 시점은 아마도 초등학교 고학년에 접어드는 시기일 것이다. 이 시기의 어린이들은 부모의 그늘을 벗어나고 싶어 하며 스스로 조절하는 생활 관리도 가능해진다. 예를 들면, 하루 일과를 어떻게 설계하는 것이 자신에게 적합한지 같은 시간 관리, 저렴하고도 질 좋은 학용품을 구입하기 위한 상점 선택, 부모에게 받는 용돈을 효율적으로 사용하고 아껴서 저축하는 재무 관리 등이 다소의 시행착오를 거치며 가능해진다. 이러한 가능성이 싹트므로 소소한 일에서 부딪치는 부모의 통제와 간섭을 매우 꺼린다. 저학년까지 학습 습관을 비롯한 시간 관리 내지 용돈 관리 등에 대한 부모의 관심과 꾸준한 지도가 적절했다면 이 시기 이후에는 부모가 조바심을 거두고 자녀의 자율적 관리 능력을 믿고 맡기는 것이 바람직하다.

고학년에 접어드는 시기가 되면 생리적으로는 변성의 시기에 접어들고 인지 발달 측면에서는 어른에 가까운 추론적 사고가 가능해지고 사회성 발달 측면에서는 또래들과 어울림 속에서 더 큰 삶의 기쁨을 누리고 싶어 한다. 그래서 급격히 어려워진 학습 과제에 좌절을 느끼기 쉽고 또래 사이에서 소속감이 낮거나 이질감이 높으면 외로움이 깊어진다. 만일 학업에서 좌절이 크고 또래 사이에서 따돌림이 심해지면 자칫 살맛을 통째로 잃을 수도 있다. 우리 주변에서 볼 때, 그럭저럭 잘 적응하던 어린이가 학습 동기가 낮아지고 왕따 고민으로 황폐해지는 사례들이 이 시기에 많아지는 것도 이런 까닭과 무관하지 않다.

더구나 이 발달 시기 어린이들이 요즘에는 자녀 수가 적어 더욱 큰 기대를 거는 부모의 압력에 더하여 사회적 압력까지 감당해야 하는 데다가 사춘기까지 앞당겨져 감정 기복이 크고 불안정하다. 스트레스를 감내하는 능력과 감정을 제어하는 능력이 낮아지는 추세에다 여러 가지 삶의 조건은 점점 어려워지는 이 시대 어린이들이 학업 실패 또는 왕따 고민으로 인한 우울증 앓이와 자살의 유혹을 이기는 것은 쉽지 않다. 그러므로 주변 사람들의 적극적인 관심과 사랑이 깊게 어린 배려가 이 변곡 시기를 건너는 어린이들의 정신 건강을 지키는 데 매우 중요하다.

네 번째로 언급할 수 있는 변곡 시기는 아마도 제2차 성징이 나타나는 사춘기일 것이다. 이 시기는 대뇌의 전전두엽 발달이 활발한 시기여서 감성적 욕구 충족과 이성적 제어 능력의 조율이 가능하고 생활 전반에 걸친 자기 관리가 가능하다. 이 시기의 좌절 인내력과 충동 제어 능력의 배양은 성년 이후 직업 성취와 사회 생활 성공에 많은 영향을 끼친다. 그런데 사춘기를 건너는 요즘 청소년은 과거에 비해 더 까다로운 시절을 보낸다. 좌절 인내, 충동 제어,

합리적 사고와 같은 정신적 기능은 과거보다 더디게 성숙해 가는 데 비해 생리적 변화는 더 이른 나이에 경험하므로, 정신적 성숙과 신체적 성숙 사이에 불균형이 심하다. 그런 데다가 아날로그 시대를 살아온 부모들은 자신들이 지나온 과거 경험을 기준으로 삼아 디지털 시대를 살아가는 이 시대 청소년을 훈육하고 이해하려는 성향이 남아 있어 부모와도 마찰이 심하고 격하다. 좀 더 현명한 부모가 되려면 과거에 비해 많이 달라진 이 시기 자녀들의 발달 상황, 사회적 환경에 더 많은 관심과 이해가 필요하며 또 기민하게 적응해야만 한다. 부모와 자녀가 이 변곡 시기를 잘 넘기도록 함께 노력하지 않으면 후에 각종 사고를 만날 우려가 깊어질 것이다.

어린이는 스스로 성장한다

어른들은 흔히 말한다. "애들이 살아온 세월은 불과 몇 년인데 그 애들이 뭘 얼마나 알겠어?" 그러나 오랜 시간 놀이치료 현장에서 어린이들과 함께 기쁨과 슬픔을 나누었던 치료자들은 이런 생각이 얼마나 큰 편견인지를 알게 된다. 어른들보다 비록 몸집이 작고 경험해 온 세월이 짧지만 어린이들의 내면세계가 얼마나 진실하고 광활하고 지혜롭고 경건한지를 알게 된다. 또한 사물을 꿰뚫어 관찰하는 어린이들의 훌륭한 능력이 어른들의 왜곡된 고정관념을 얼마나 크게 알아차리게 하는지도 알게 된다.

어린이들은 놀이치료 기회를 만나면, 자신들의 내적 성장의 힘이 얼마나 강한지, 삶의 동기가 얼마나 진지한지, 우주를 바라보는 안목이 얼마나 지혜로운지, 생명의 시작과 끝을 이해하고 그동안 살아온 삶을 반추하는 능력이 얼마나 위대한지를 보여주어 참으로 놀라울 때가 많다.

놀이치료 현장에서 우리를 깨우쳐주는 어린이들의 성장 작업은 여러 측면에서 어른들의 관념을 깨부순다. 어린이들의 성장 작업을 세심하게 바라보면, ① 많은 상징이 담긴 은유적 언어가 풍부하게 쓰이고, ② 자신들의 삶을 방해하고 힘들게 했던 여러 사건이나 심리적 갈등이나 문제 행동이나 신체적 증상에 대한 고민을 흩어버리는 위대한 능력이 발휘되며, ③ 마음에 담아 둔 이상적 가치를 실현하고자 자기를 전인적으로 다시 세우는 작업에서 매우 창의적인 에너지가 발현되는 것을 알 수 있다.

치료 상황의 전개

어린이들의 성장 작업을 이해하려면 먼저 치료 상황이 어떻게 전개되는지 살펴볼 필요가 있다. 치료자가 주도하는 단기 치료에서는 어린이들의 성장 작업을 크게 기대하기 어려울 수도 있다. 반면에 치료자가 치료 과정에서 어린이 내면의 성장 동기와 잠재력을 존중하고 어린이들이 주도해서 놀이 흐름을 이어 가도록 수용하면 전인적 성장을 기대할 만하다. 그러한 수용적 분위기에서 이어지는 성장 작업은 대체로 다음과 같은 진행 과정을 보여준다.

1. 치료자와 친밀감을 다지는 밀월 시기가 지나면, 겉으로 드러나던 어린이의 문제들이 사라진 듯 보이면서 성장 작업이 시작되는 것이 일반적이다. 성장 작업이 개시되는 초기 놀이에서는 중반기에 이르러 더 본격적이고 세밀하고 치열하게 진행될 전체 성장

의 이야기가 마치 서곡이나 전주곡처럼 압축되어 펼쳐진다. 그리고 압축된 메시지에는 전인적 성장 작업이 진행됨과 동시에 그동안 살아오면서 괴로워했던 핵심 주제가 담겨 있다. 이를테면, "나는 이제 새로운 나로 태어나고 싶어요. 그런데 그동안 나는 부모에게 구박받는 자식이었습니다." 또는 "부모가 헤어지면 내가 설 자리가 없어질 뿐 아니라 다른 사람들에게도 버림받을 거예요. 나는 그것이 무척 두려워요." 또는 "나는 이제까지 우리 집의 희생양이었어요. 하지만 내가 꽤 자랑스러운 존재라는 것을 알려주고 싶어요." 또는 "내 동생이 여우 같아서 그동안 내가 아주 많이 억울했어요." 등등 갖가지 하소연들이다.

2. 핵심 주제를 비교적 짐작하기 쉽도록 간결하게 압축해 보여주며 지나가는 초기 작업이 마무리되면 성장 작업이 본격적으로 이루어지는 중반기에 들어선다. 중반기에는 성장 작업이 매우 치밀하고 섬세하게 진행되므로 마치 고속 촬영한 동영상을 보는 것처럼 느리게 흘러간다. 치료자 눈에는 다양한 캐릭터로 변신하며 무궁무진한 이야기를 창조해 엮어 나가는 어린이가 마치 안개 속에 들어간 존재처럼 보인다. 안개 속에서 어린이는 자신의 과거와 현재를 한 마당에 펼쳐 넘나들고, 축지법의 달인처럼 허공과 지상과 바다를 오락가락 여행하며, 때로는 노여움으로 때로는 슬픔으로 자유롭게 격정을 토로하면서 치료자와 동행하는 것이 무엇인지를 이제까지 경험한 것과 다른 차원에서 맛본다. 그러므로 치료자는 어린이가 연출하는 무대 위에서 함께 발맞춰 움직여야 하는

데, 이때 커튼에 비치는 사물의 실루엣을 보면서 커튼을 들춘 다음에 그 사물의 확연한 모습이 무엇일지를 정확히 맞힐 준비를 갖춘 진지한 마음가짐이 필요하다. 그런데 중반기 성장 작업은 성장이라는 단어의 개념과는 반대로, 좋은 모습을 보이던 어린이가 오히려 뒷걸음질 치듯 더 나빠지는 모습을 보일 때가 많다. 이때 치료자는 부모에게는 염려를 잠재울 수 있도록 시의적절한 조언을 하면서, 어린이가 스스로 극복하려는 의지가 있음을 믿고 느긋하게 기다려준다. 어린이가 놀이치료를 통해 발돋움하고 성장하는 과정은 결코 짧은 기간에 이뤄지지 않기 때문이다.

3. 격정의 색조가 짙은 중반기 성장 작업을 마치면 분위기가 확연히 달라진 후반기 성장 작업이 펼쳐진다. 마치 안갯속에 있던 어린이가 쾌청한 밖으로 나와 마지막 론도(순환하는 부분이 있는 악곡 형식) 형식의 악장을 들으며 앞에서 연주된 알레그로 악장과 안단테 악장의 전체적인 악곡 분위기를 더듬고 회상하는 느낌이다. 후반기 성장 작업에서는 어린이가 연출하는 놀이의 분위기는 물론이고 일상에서 보이는 어린이의 모습에서도 많은 긍정적 변화가 보인다. 이를테면 세파의 시달림을 씻어내고자 산 정상에 올라 신선한 바람과 맑은 공기에 감사하며 온몸을 거기에 맡기고 호흡을 고른 다음, 오르는 동안의 정취를 느끼며 주변 경관을 여유롭게 둘러본 후 가벼운 발걸음으로 다시 일상으로 돌아온 것에 비유할 수 있겠다. 놀이에 펼쳐진 이야기의 엮음은 순차적이며 가지런하고, 희망에 부푼 미래로 내딛는 발걸음에는 활력이 넘치며, 주변과 타

협하는 모습은 자긍심을 어깨에 얹고 있어 의젓하다.

어린이 스스로 심리적으로 성장하도록 이끄는 힘은 과연 전체 인성의 어느 부분에 속해 있을까? 필자는 늘 이것이 궁금했고 아직도 알고 싶다. 요즘에 연구가 활발한 뇌 과학이 발달하면 그 해답을 얻을 수 있을까?

답을 찾자면 오리무중이지만 그동안 경험에서 느낀 바로는 다음 세 가지 요인이 바로 성장의 원동력이 아닐까 싶다. 첫째, 우리가 잠재의식이라고 일컫는 세계가 잠을 깨는 것, 둘째, 잠재의식에서 함께 잠자고 있던 잠재 능력이 활성화되는 것, 셋째, 활성화된 잠재의식의 세계와 더불어 현실을 검증하고 적응 능력을 발휘하는 의식의 세계가 서로 어울리고 알맞게 조율되는 것이다. 물론 활성화되는 잠재의식이나 현실 적응을 잘 맡아 수행하는 의식의 출처나 그것들의 조율 기능을 담당하는 근원을 더 따져볼 수도 있겠지만, 아직도 우리는 알 수 없는 출처에서 끊임없이 샘솟는 우리 의식의 세계와 작용들을 다 알지 못한다.

그렇더라도 우리에게 여전히 미스터리인 성장 동력의 원천적 세계는 정말 대단하다. 어린이 자신이 주인공 노릇 하는 자기(subjective self)가 되어 객관화해 손님 노릇 하는 자기(objective self)를 잘 관찰하면서, 생물학적 존재로서 이 세상에 출현하게 된 과정을 아는 것, 지나온 심리적 성장 발달의 순서를 순차적으로 되새겨보는 일, 현실에서 기억하기 힘든 어린 시절의 많은 일들을 다시 떠올리는 것, 놀이에서 표현하는 이야기들을 짜임새 있게 엮어 가는 창작 능력 등이 경이롭게 발현된다. 어린이들이 치료자와 이심전심 통하는 능력을 발휘하고, 인지 능력이나 사회적 경험을 짜임새 있게 조직하고 총체적으로 조화시키며, 알맞게 추론하게 하는 것 모두에 신비로움이 가득 배어 있다. 여기에서는 이성적이고 논리적인 사유를 따르는 의식의 세계에서는 결코 다 맛볼 수 없는 자유로움으로, 온 우주를 드나드는 빛과 바람처럼 모든 것들과 하나가 될 수 있다.

실제 놀이치료 사례

다음에 소개하는 사례는 초등학교 저학년 남자 어린이가 엄마 배 속에 들어가는 상황과 태아였을 때 상황을 되돌아보면서 꾸민 이야기다. 마치 성장 이야기를 담은 장편 드라마의 한 장면을 보는 것 같다. 이 어린이는 임신 30주에 역아로 자세가 바뀌었는데, 어린이들이 자기 삶을 반추하고 사고하는 능력이 얼마나 훌륭한지를 알려주는 데 모자람이 없는 이야기다.

하늘 나라 아기 나라에는 엄마들을 찾아가려는 아기들이 줄을 서 있어요. 하느님이 엄마들 후보를 보여주면 아기들이 엄마를 선택해 내려가요.

○○이는 △△△ 엄마를 지정해서 동아줄을 타고 엄마 배 속으로 들어왔어요. 그때 ○○이 모습은 올챙이 같기도 하고 지렁이 같기도 했는데, 남자는 파란색 헬멧을, 여자는 빨간색 헬멧을 쓰고

있었어요. 엄마 배 속에 들어왔는데 그렇게 헬멧을 쓴 올챙이 같기도 하고 지렁이 같기도 한 애들이 많았어요.

개네들이 모두 엄마 배 속 집을 향해 막 달려가고 있었어요. ○○이는 출발이 늦어 4등을 하다가 막판에 속력을 내 1등으로 집에 들어왔어요. 정말 아슬아슬하게 들어왔다며 가슴을 쓸어내렸어요.

뒤돌아보니 ○○이가 방금 앞지른 빨간 헬멧을 쓴 애가 들어오려다 문이 막혀 들어오질 못했어요. 어쩌면 쌍둥이가 될 뻔했을지도 모르겠어요. 그 여자애가 가끔 생각나요. 그 애를 만난 적이 있는 것 같기도 한 것이 익숙하고도 끌리는 느낌이 들어요.

그렇게 들어온 엄마 배 속 집은 마치 개미집처럼 영역이 나뉘어 있었어요. ○○이는 그 영역을 탯줄을 잡고 이동하면서 먹고 자고 놀기도 했어요. 이건 진짜 내가 그랬던 것 같은 느낌이 드는 이야기여요. 진짜 그랬던 것 같은 느낌.

며칠 전 꿈에 엄마 배 속에 있는 내가 나왔어요. 생긴 게 마치 까이유(대머리 어린이 캐릭터) 같았어요. 탯줄을 손목에 감으며 놀다가 안 풀어져서 풀려고 빙글 돌았는데 깜짝 놀라게도 몸이 거꾸로 됐어요. 그 뒤로 다시는 원래대로 안 됐어요.

하늘 나라 아기 나라에서 하느님이 아기들한테 엄마 후보를 보여주고 각자 엄마를 정해서 가라고 했을 때 △△△ 엄마에게 가고 싶어 하는 아기들이 많았어요. 그런데 하느님이 "이 엄마랑 살려면 이러이러해야 한다."라는 조건을 말했는데, 그때 내가 손을 번쩍 들어 "저는 그럴 수 있어요."라고 해서 내려왔어요. 그 조건이

뭐였는지는 기억이 안 나요. 그런데 막상 엄마 배 속에 들어왔더니 경쟁자들이 많아 전력 질주해서 엄마 배 속 집에 들어온 거예요.

놀이 언어로 살펴보는 단계별 성장 과정
- 우주적 존재에서 성 정체감 형성까지

어린이들이 만들어내는 놀이 드라마에는 자유로운 사유의 흔적이 곳곳에서 묻어난다. 다음 내용은 필자가 앞서 펴낸 《어린이 마음 치료》 가운데 '자기 인식의 12과정'에서 다 설명하지 못했던 어린이들의 성장 작업을 좀 더 세밀하게 설명한 것이다.

《어린이 마음 치료》에서는 자기(self) 인식 과정을 발달 단계로 구분하여 다음과 같이 12과정으로 설명했다. 1. 우주적 존재로 존재(being)하는 과정, 2. 개별적 존재로 분화하는 과정, 3. 음(陰)과 양(陽)이 화합하는 과정, 4. 엄마의 자궁으로 들어가는 과정, 5. 자궁 속 삶을 누리는 과정, 6. 세상에 출현하는 과정, 7. 엄마를 각인하고 엄마와 결속하는 과정, 8. 엄마와 애착 관계를 이루는 과정, 9. 엄마와 분리되고 독립을 준비하는 과정, 10. 자타(自他)가 분리되고 자기중심성이 생기는 과정(egoistic self), 11. 성별로 구분되는 자기를 인식하는 과정(gender identity의 출현), 12. 자기 성별에 맞는 성 역할을 다듬는 과정.

여기서는 어린이들이 놀이에서 표현하려는 마음이 어떤 것들인지 헤아리는 데 도움이 되는 은유적 언어에 좀 더 눈을 돌려 자기 인식의 과정을 설명하겠다. 그러다 보니 《어린이 마음 치료》에서 구분한 '자기 인식의 12과정'보다 좀 더 세밀한 단계로 성장 작업이 나뉘었다. 기존 설명과 내용이 배치되는 것이 아니므로 참고하여 이해하면 좋을 것 같다.

1. 우주적 존재일 때를 암시하는 놀이

이 시기는 놀이 드라마를 연출하는 어린이 자신이 드라마 속 주인공인지가 확실하지 않다. 다시 말해 드라마에 등장하는 모든 사물이 동격의 주인공이라고 할 수 있다. 모든 사물들의 관계는 마치 우리의 꿈 내용처럼 또는 그리스 로마 신화에서처럼 일상의 합리적 논리를 벗어나 있다. 좀 더 이해하기 쉽게 설명을 덧붙이면, 드라마를 연출하는 어린이 자신이 마치 분석심리학자인 카를 융이 언급한 것처럼 개성화 과정(individuation)을 향해 나아가기 위해 혼돈이 뒤섞인 원형적인(archetype) 집단무의식(Collective Unconscious)의 세계에서 노닐고 있는 것처럼 보인다. 어린이 자신이 반인반수(半人半獸)의 캐릭터가 되기도 하고, 나뭇잎을 살랑거리는 바람이 되어 숲속의 모든 열매를 금덩이로 변하게도 하며, 달빛을 삼키는 요정이 되어 사악한 용의 분노를 가라앉히기도 한다. 그리스 신화나 일본 만화를 많이 접한 요즘 어린이들은 이 혼돈의 시기의 이야기 전개가 매우 다양하고 풍부하다. 특히 어린이가 치료자와 친밀한 관계가 무르익어 흥분과 산만함이 고조되고 야성이 돋아나 의기양양해진 상태에서 이 시기의 놀이를 표현할 때는 정신 기능이 활성화되어 논리 없는 환상도 더불어 활발해진다.

이 시기 놀이 분위기의 특징을 요약하면 다음과 같다.

- 우주적 존재로 머무는 이 시기는 무질서한 혼돈의 세계다. 어린이는 물론 이 시기의 드라마에 등장하는 많은 사물들은 시간과 공간의 얽매임에서 초탈한 자유로운 세계에서 활동한다. 예를 들면, 어떤 한 캐릭터가 유령이 되어 아득한 옛날의 바다 밑에 몸을 숨겼다가 순간 이동으로 미래의 용암이 되어 화산의 분화구에서 용트림을 한다.

- 이 시기에 등장하는 만물은 모두 평등하다. 혼돈의 세계에서 서로 관계를 맺는 모든 사물은 위계질서가 없어 우등한 존재도 없고 열등한 존재도 없다. 권위와 굴종도 없고 고상함과 천박함도 없다. 사자라고 해서 숲속의 왕으로 대접받는 것도 아니고, 눈과 귀가 없는 돌덩이가 무시당하거나 보거나 듣지 못하는 일도 없다. 설령 사자가 정글의 왕이라 해도 연약한 토끼에게 패배하는 수모를 겪을 수 있으며, 사자를 애먹인 연약한 토끼는 바다의 성게에게 조공을 바치는 신세가 되기도 한다. 또는 할아버지 다람쥐가 심술이 사나워 아기 다람쥐에게 꾸지람이나 놀림을 받을 수도 있다.

- 이 시기의 사물들은 고정된 실체가 없다. 그때그때 필요에 따라 사물들이 서로 합체하기도 하고 분신이 되기도 하면서 자유자재로 변신한다. 은하를 떠도는 요괴가 인간의 머리에 합쳐지기도

하고, 마징가가 적을 무찌르기 위해 손과 발을 해체해 각기 다른 장소에서 각각의 필살 능력을 발휘할 수도 있다.

– 이 시기의 만물은 시기와 질투와 분노와 슬픔 같은 감정이 풍부하다. 그러나 선악의 규범과 가치가 나뉘지 않아 건설이 선이며 긍정적 가치에 속하지도 않고, 파괴가 악이며 부정적 가치에 속하지도 않는다. 그러다가 자신의 승격을 도모하면서 수많은 존재 가운데 자신이 지배적 위치를 차지하려면 오히려 속임수도 미덕이 되고 무지막지한 완력을 사용하는 것도 허용된다. 즉, 우리가 몸담은 현실 세계에서 구분하는 선과 악이나 아름다움과 추함 같은 상반된 속성에 대한 구별이나 가치가 적용되지 않는다. 카를 융이 말한 트릭스터(Trickster)의 존재를 생각하면 이해하기 쉽다.

– 이 시기는 성장 작업을 진행하는 어린이에게는 개별적 자기(individual self)로 분화(individuation)되기 위해 만물을 상대로 치열하게 싸워야 하는 시기다. 즉, 우리가 인간으로 존재하게 되는 과정에서 최초로 만나는 생존 경쟁의 무대이기도 하다. 그리하여 어린이들이 표현하는 이 시기의 싸움에서는 온 세상을 지배하려는 강력한 힘과 초능력을 발휘하는 주인공이 길러진다. 따지고 보면 수많은 은하의 별들을 비롯하여 우주에 머무는 삼라만상 가운데 인간이 되려면 그 생존 경쟁의 무대가 얼마나 광활하며, 생존의 시간은 또 얼마나 헤아리기 어려운 긴 시간이며, 싸움의 대상은 생물이나 무생물을 막론하고 또 얼마나 많았겠는가? 어린이들이 표현하는 바, 삶과 죽음의 경계도 없이 반복적으로 환생이 가능한 이 혼돈의 세계에서 벌어지는 생존 경쟁의 무대는, 어쩌면 우리가 잊

고 사는 우리들 존재의 역사와 의미를 더 깊게 생각하도록 이끌어 내는 실존(existence)에 관한 철학적 사유일 수 있다.

– 성장 작업에서 어린이들이 표현하는 싸움 놀이는 해당하는 성장과 발달 시기에 따라 약간씩 색채가 다르다. 이 시기의 싸움은 대체로 섬멸해야 할 적은 있지만 같은 팀으로 무리를 지어 상대하는 싸움이 아니며, 또한 적을 물리치기 위한 전략도 없는 단조롭고 어지러운 각개전투 양상을 보인다. 그리하여 인간에 가까운 또는 실재하는 인간의 모습을 갖춘 존재들의 투쟁이나 조직적인 군대식 전투는 보기 어려우며, 이러한 조직적 전투는 성 정체감이 형성된 이후 남성 집단의 놀이에서 등장한다.

이 시기에 어린이들이 사용하는 빈도가 높은 놀잇감은 다음과 같다.

– 놀이실에 있는 거의 모든 놀잇감이 전사(戰士)로 의인화될 수 있다. 예를 들면 나무젓가락이나 빨대가 성문을 지키는 용사가 될 수도 있고, 바둑알이 용의 여의주가 되어 신통을 부릴 수도 있다. 이것은 어린이들의 사고에 애니미즘이 있을뿐더러 놀이에서 혼돈의 세계를 연출하기 때문일 것이다.

– 이 시기를 연출하는 어린이들에게 특히 많은 관심을 받는 놀잇감으로는 고생대의 공룡을 꼽을 수 있다. 이것은 아마도 공룡이 덩치가 크고 두려움을 일으키기 쉬우면서도 아득한 과거로 이동하기 쉬운 대상이기 때문일 것이다.

– 진화의 역사에서 비교적 초기에 가까워지려는 생각 때문일까?

어린이들은 이 시기에 바다 생물을 많이 선택하는데, 특히 덩치가 커서 위엄 있는 존재 또는 위협적 존재를 연출하는 데 알맞은 고래나 상어를 사랑한다.

- 투쟁 능력이 뛰어난 맹수, 맹독이 있는 코브라, 자신의 몸을 잘 감추면서도 포획 기술이 뛰어난 무서운 악어, 넓은 허공을 자유롭게 이동하며 날카로운 부리와 발톱으로 먹이를 채는 독수리 등이 이 시기를 건너 개성화로 나아가는 징검다리 역할을 하며 어린이들이 자주 선택하는 놀잇감이다.

- 혼돈의 시기를 연출하는 어린이들에게는 자신이 머무르는 세계가 삼차원 바깥의 정신 세계이며 거의 환상의 세계다. 그리하여 인물을 등장시키는 드라마를 연출하더라도 실제 인물이 등장하는 경우는 드물고, 초능력이 있어 어떤 전투에서라도 목숨을 잃는 일 없이 승리로 결말을 이끄는 로봇이나 배트맨, 스파이더맨 같은 가공의 인물 캐릭터가 많은 관심을 받는다.

- 권위적 존재로서 인물처럼 자주 선택되는 놀잇감으로는 차량들도 있다. 특히 몸집이 크면서도 위협적인 손으로 공사장을 누비는 포클레인이나 잡동사니를 쓸어버리는 불도저, 요란한 경적을 울리며 주변 차량을 도도하게 휘젓고 운행하는 소방차, 세상을 어지럽히는 졸개들을 겁먹게 하는 경찰차 등이 있다.

- 체격이 왜소하거나, 일상생활에서 또래들과 마찰이 빚어질 때 대체로 수세에 몰리는 어린이들은, 이 혼돈의 시기를 놀이하며 선택하는 놀잇감에서도 그러한 특성을 찾아볼 수 있다. 즉, 자기 보호를 공격적으로 취하기보다는 방어적으로 취하는 것처럼 여겨지

는 놀잇감, 예를 들면 자신의 몸에 직접적으로 공격 무기를 지니고 있거나 방어적으로 무장한 놀잇감을 좋게 여겨 등장시킨다. 자주 선택되는 것 중에는 위험해질 때 전기를 쏘는 전기뱀장어, 집게나 가위 손으로 모래무지나 돌 틈에 숨어 있다가 먹이를 낚아채거나 싸우는 게와 가재, 불리해지면 독을 내뿜는 독사와 거미, 온몸 가득 날카로운 바늘이 달린 고슴도치, 고약한 방귀로 적을 물리치는 스컹크, 두꺼운 갑옷을 입어 온몸에 상처가 나도 두려울 것 없는 거북 등이 있다.

- 재생 능력이 뛰어나 꼬리가 잘려도 생명에 지장이 없는 도마뱀도 어린이들이 관심을 많이 보인다.

생각보다 많은 어린이들이 이 혼돈의 시기를 오랫동안 연출한다. 이 시기가 존재의 출발 지점이어서 특별히 진지하여 그런 것일까? 한 번의 드라마로 끝나는 것이 아니라 여러 차례 전진과 후퇴를 거듭하며 점점 더 나은 단계로 발전시켜 나간다. 경우에 따라 100회기가 넘는 만남 또는 그 이상의 시간이 걸리는 어린이도 있다. 특히 임신 또는 출산 과정이 순탄치 못했거나, 초기 양육 과정에서 손상을 입은 어린이들은 더 긴 시간이 걸린다. 어지간한 인내력이 아니면 치료자도 어린이도 부모도 이 과정을 순조롭게 지나가기가 쉽지 않다. 그렇지만 이 과정을 만족스럽게 해결하지 않고 치료 작업에서 중도 하차하면 정작 어린이들은 그 고통의 그림자가 그대로 남아 있어 언제라도 다시 발목을 잡힐지 모른다.

만일 어린이가 성장 발달 과정에서 이 시기에 해당하는 심층 의식이 취약하면 다음과 같은 후유증을 보일 수 있다.

– 타인에게 무관심하거나 외부 세상과 동떨어진 공상의 세계에 머물러서 총체적으로 부적응 양상을 드러낸다. 상황을 지각하고 판단하는 능력이 미숙한 것은 물론, 자기가 쳐 놓은 울타리 안에서 자기중심적으로 이해한 혼잣말을 하거나 뜬금없는 질문을 잘하기 때문에 다른 사람들과 의사소통하고 교감하는 것이 어렵다. 그러므로 사회적으로 고립되거나 은둔하기 쉬우며, 따라서 사회적 규범이나 도덕적 개념에도 무지하다.

– 마치 넋 없는 허깨비처럼 보이며 식사나 수면 같은 일상생활의 리듬이 깨져 있고 절도가 없다.

– 실존적 불안이 높아 합리적이지 않은 두려움과 강박 증상을 보인다.

– 관심 있는 일에는 오래 집중할 수 있지만 관심 없는 일에는 주의가 산만한 편향적 관심을 보인다. 또한 일단 어느 한 가지에 마음을 빼앗기면 다른 상황으로 주의를 전환하는 것이 느리거나 쉽지 않다. 이런 성향은 BGT(Bender Gestalt Test)에서 보속 반응(perseveration, 집요한 반복 행위)을 보이기 쉽다.

– 인격의 통합이 미숙하거나 분절된 상태처럼 취약하여, 때때로 다중 인격처럼 보일 수도 있고, 낮 동안처럼 잠자다 일어나 활동하는 몽유병 증세도 보일 수 있다.

우주적 존재로서 혼돈의 세계에 머물러 있는 어린이들에게 치료자는 무관심의 대상이기도 하고 경계와 탐색의 대상이기도 하다. 그러나 치료 작업이 어느 정도 진행되어 어린이의 심층이 투사되거나 역할 놀이의 대상이 될 때 남자 어린이에게는 치료자가 생존 경쟁을 위해 물리쳐야 하는 대상이 되며, 여자 어린이에게 여성 치료자는 삼각관계에서 질투의 대상이거나 약자가 된다.

이 시기에 해당되는 성장 작업에서 중요한 의미를 담고 있는 키워드는 다음과 같다.

혼돈의 세계 / 약육강식의 어지러운 생존 경쟁 / 시간과 공간의 구별이나 제한이 없음 / 자유로운 변신 / 나고 죽고의 되풀이 / 등장 캐릭터들의 성향은 흩어진 퍼즐 조각처럼 분절되거나 다중적 / 꿈, 전설, 신화 같은 이야기 전개 / 선악의 혼재 / 무질서한 각개전투

2. 개별적인 자기로 분화하는 것을 암시하는 놀이

이 시기에는 위에서 언급한 것처럼 혼돈의 세계에서 만물이 서로 지위고하 없이 평등한 존재로 어지럽게 생존 경쟁을 벌이다가 군계일학처럼 천하를 평정하는 권위적이고 영웅적인 존재가 등장한다. 때로는 신처럼 거룩하게 도드라지는 이 존재가 바로 우주적 존재(universal being)에서 개별적인 '나'(individual self)로 분화된 존재이며, 곧 어린이 자신이 투사되는 성장 작업 드라마의 주인공이 되는 존재다. 그러나 여기서 말하는 '나'는 전체에서 하나로 분

화된 존재이기는 하지만 여전히 우주라는 무대에서 우리가 몸담은 지구로 이동하지 않았기 때문에 그 속성이 여전히 우주적 존재인 만물과 공유하는 정신적 요소로만 구성된 '나'(psychic self)다. 따라서 시간과 공간의 구애에서 자유로운 마법과 신비와 초능력을 소유한 불사(不死)의 화신으로서 영원한 생명을 지닌 존재다.

이 시기의 존재는 만물의 순환 법칙을 따른다. 그리하여 우뚝한 영웅이 되기 전에는 수많은 삶과 죽음이 거듭된다. 따라서 점차로 진화하는 인격을 갖추다가 마치 다음 차례에 이르면 환생할 것처럼 피라미드 안에 누워 있는 미라 또는 무덤 속의 해골 인간들이 놀이에 자주 등장한다. 또한 이야기를 전개하는 데 선과 악이나 아름다움과 추함 같은 개념이 불분명하던 상태에서 점차 선과 아름다움의 방향으로 가치관의 변화가 일어난다. 그 밖에도 신격화한 인물의 출현을 암시하는 놀이들이 다양한 메시지를 내포하며 다채롭게 전개될 수 있다.

그런 내용의 놀이들을 예로 들어보면 다음과 같다.

- 신통력이 있는 거룩한 존재로부터 장차 전설적 인물이 태어날 것이라는 신탁을 받는 이야기가 등장한다.

- 갈등 구조의 상반된 캐릭터 또는 조각조각 흩어진 듯 여겨지는 다중 캐릭터를 지닌 존재가 거듭되는 변신 끝에 하나로 통합되는 캐릭터로 변화한다. 예를 들면, 물의 나라와 불의 나라를 종횡무진 누비며 전쟁과 살상을 즐기던 인물이 전쟁으로 황폐해진 물의 나라와 불의 나라를 통합하고 상처받은 많은 약자를 도우며 태

평성대를 선언하는 화신이 된다.

– 날개를 달고 허공에서 활약하던 존재가 지상으로 내려온다.

– 세상의 존경을 받는 영웅적 인물은 쉽게 등장하지 않는다. 놀이에 등장하는 많은 영웅들은 자질을 갖추기 위한 통과의례로 정화(淨化) 과정을 거친다. 예를 들면, 세탁, 목욕재계, 다림질, 화장, 세례 등이 이에 해당한다.

우주적 존재인 '우리'라는 무리에서 도드라지게 개별적으로 분화된 '나'를 알리는 것은 놀이뿐 아니라 어린이들의 그림에서도 파악할 수 있다. 만일 어떤 어린이가 뭇별 가운데 중앙에 특별히 더 크고 반짝이는 별이나 여러 다발의 꽃 가운데 특별히 두드러진 해바라기 모양의 꽃을 그렸거나, 자잘한 나뭇잎 사이에서 위로 솟은 큰 나뭇잎을 하나 그렸다면 영웅처럼 존재하게 된 자기를 암시하는 그림으로 봐도 좋다. 그 밖에도 자잘한 많은 보석 가운데 유달리 크고 탐스럽고 값진 다이아몬드를 그렸거나 반짝이고 화려하게 장식한 금관을 그렸을 경우에도 같은 해석이 가능하다.

그림뿐 아니라 모래에 꾸민 장면에서도 개별화된 자기의 존재를 표현하는 경우가 있다. 만일 어떤 어린이가 모래 놀이를 즐거이 반복하는 동안 모형들을 무질서하게 배치하던 데서 벗어나 중앙에 강조된 동물이나 식물이나 보석류를 놓고 그 둘레에 중요하지 않은 여러 사물들을 배치했는데, 원형 또는 사각의 무늬처럼 배치한 모양이 마치 만다라를 연상시킨다면 역시 같은 의미로 해석할 수 있다.

여기서 언급하는 개별적인 '나'에서는 우리가 주목해야 할 또 다른 의미가 있다. 즉, 자신의 존재가 '우리'에서 '나'로 분화된 개념이긴 하지만 그 '나'가 김씨 집안의 후손이라거나 남자라거나 하는 등, 신분이 구체적으로 명시되지 않는 일반적 존재로서 개체라는 점이다. 또한 혼돈의 세계에서 질서가 존재하는 세계로 이동한 이 특별한 자기는 곧 어린이 자신이 생각하기에 만족스러운 자기상(ideal self)에 접근한 것이다.

이제 어린이들 놀이에 많이 등장하는 이상적 자기상에 관한 예를 들어보면 다음과 같다.

- 도덕적으로 몹시 타락한 세상을 구하기 위해 석가나 예수 같은 성인이 출현한다.

- 헤라클레스나 주몽 같은 전설적 영웅이 출현하여 전쟁을 종식하고 분열된 나라들을 통일한다.

- 핍박받는 민중 사이에서 애국적 인물이 등장하여 나라를 세우거나 독립시킨다.

- 여의주를 물고 있는 용처럼 무소불위의 상상의 동물이 주인공으로 활약한다.

- 봉황 같은 상상의 새 또는 힘차게 허공을 누비는 독수리 등이 주인공으로 활약한다.

이 시기의 놀이를 암시하는 키워드는 다음과 같다.

영웅적이거나 신격화된 주인공 등장 / 고귀하고 유일한 성현이나 군자의 출현 / 다중 인격의 캐릭터에서 통합된 하나의 캐릭터가 등장(이는 마치 흩어진 퍼즐 조각들이 모여 하나의 그림판을 이루듯 통합된 인격의 주인공이 등장하는 것을 의미한다.) / 자기를 비유하기에 적합한 구체적 캐릭터 등장(권위와 리더십이 있는 자기는 사자로, 박사가 되고 싶은 자기는 부엉이로 표현하는 등등) / 어지러운 세상의 평정 / 꽃 중의 꽃이나 별 중의 별 등장 / 왕관이나 보석의 등장 / 만다라가 배치된 그림이나 모래 상자의 장면 / 하늘에서 지상으로 이동하는 존재의 등장 / 다음에 인간으로 환생할 미라나 해골 인간

3. 엄마의 자궁에 들어갈 것을 예고하는 놀이

개별적으로 분화된 이상적 자기는 아직 정신만 갖춰진 상태이므로 정신과 신체를 결합한 온전한 존재로 나아가려는 놀이 분위기가 이어져야 한다. 그러려면 아무래도 마음으로 만드는 이상적인 잉태 공간에 들어가 태아가 되어야 하고, 그러기 위해서라면 지구에 존재하는 다른 만물의 이치와 마찬가지로 음양의 균형을 이루는 결합, 즉 엄마와 아빠가 만나는 과정이 필연적으로 따라야 한다.

음양이 결합하여 잉태 공간으로 들어가려는 조짐을 놀이로 표현하는 예는 아주 많다. 그 가운데 대표적인 상징의 예를 들면, 산타할아버지에게 거룩한 선물을 받는 이야기, 영웅으로 태어날 아기의 잉태 소식을 하늘의 전령이 전해주는 이야기, 출입문의 비밀

번호를 풀거나 또는 비밀 열쇠를 가져야만 보석함을 얻게 되는 이야기 등이다.

만일 개별화 작업이 끝난 어린이가 엄마 배 속에 들어갈 마음이 준비된 상태라면, 상징적 놀이를 진행하는 어린이 입장에서 치료자는 잉태자의 상징이므로 치료자에게 관심이 늘어난다. 그래서 그동안 무심하게 여기던 치료자에게 어디 사는지, 자녀는 있는지 같은 개인정보를 묻는 질문이 늘어난다. 또한 이어서 직접적으로 치료자와 접촉하려는 시도가 나타난다. 그러한 놀이를 예로 들면, 치료자의 머리나 어깨, 손바닥 같은 곳에 동물 인형이나 곤충 모형, 비행기나 조류, 자동차 따위를 올려놓는 것, 치료자의 발끝에 어린이 자신의 발을 갖다 대는 것, 치료자의 품이나 등에 온몸을 의지할 것처럼 다가서는 것 등이다. 모래 상자에서 놀 때는 두꺼비집 놀이가 많이 등장한다.

엄마의 자궁에 들어갈 준비가 갖춰진 어린이들 가운데 어떤 어린이들은 치료자에게 관심을 보이는 데 머물지 않고 더 나아가 놀이실에 애착을 보이고, 놀잇감들에도 세세한 관심을 보이는가 하면, 놀이실 출입문의 열쇠구멍이나 비밀번호나 초인종에도 관심이 늘어난다. 어떤 어린이들은 놀이실 문이 열려 있음을 알면서도 마치 "내가 그곳으로 들어갑니다."라고 큰 소리로 알리듯 초인종을 여러 번 눌러 유난스럽게 소리를 내곤 한다.

이와 같이 자궁에 들어갈 것을 예고하는 놀이의 키워드는 다음과 같다.

산타 할아버지의 선물 / 치료자에 대한 관심과 접촉 / 놀이실에 대한 관심 / 비밀번호 / 주문 / 보석함 / 조류나 비행기의 착륙 / 마술 또는 마법사의 등장

4. 음양의 결합을 암시하는 놀이

엄마의 자궁에 들어갈 것을 예고하는 놀이는 어쩌면 어른의 꿈에 비유하자면 현몽과 같은 의미다. 그러나 이 세상 만물 가운데 생명이 깃든 한 개체로 우뚝 서는 실존적 존재(existential being)가 되려면 태아가 되어야 하는데, 태아가 되기 위해서는 엄마와 아빠의 결합이 필수적인 전제조건이다. 태어나서 죽는 순간까지 우리의 실존적 존재 전 과정의 측면에서 볼 때는 부모의 결합이나 태아가 되는 것은 아주 구체적이고 섬세하게 실현되는 생명 현상의 여러 장면 가운데 하나다.

잉태 공간에서 생명의 싹을 틔우는 과정은 음양의 균형과 조화를 이룬 결합이 필요하다. 개별화된 정신적 존재로서 '나'도 역시 엄마와 아빠의 유전자를 물려받은 생물학적 요소를 갖춰야 비로소 정신과 신체가 어울려 생명이 깃든 온전한 개체로 이 세상에 존재하게 되는 것이다.

그런데 성장 작업의 이 단계에서 표현되는 음양의 결합은 상호 대립이나 갈등 구조의 합일이 아닌 태극무늬의 음양처럼 동등한 가치의 상반된 두 가지 속성의 합일이며 온전한 하나로 구성되기 위한 조화와 균형의 합일로 이해해야 한다. 따라서 만일 어떤 어린

이가 놀이에서 음양의 상징이 동원되기는 하지만 음과 양의 균형이 깨진 상황을 표현하는 경우라면, 성장 작업에서 부모로부터 배우는 성 역할 학습에서 자신에게 알맞은 정도로 성 역할이 내재화되지 않았을 경우를 가정해볼 수 있다. 예를 들면, 자신의 성별은 남자인데 부모 역할 놀이에서 계속 엄마 역할을 맡는 경우 등이다. 이런 경우라면 다시 그 이유를 생각해봐야 한다. 어린이가 애착 관계가 불안정해서 엄마와의 동일시에서 벗어나지 않은 상황인지, 아니면 엄마가 없어 여성성의 내재화가 부족한 것을 보상하려는 행동인지, 아니면 아빠가 없어 남성성을 내재화하지 못했기 때문인지 살펴봐야 한다.

음양의 결합을 표현하는 놀이는 다양하다. 전형적 표현으로는 절구와 방망이, 사과와 바나나처럼 여성성과 남성성을 상징하는 사물들이 드라마에서 짝을 이룬다. 간혹 머리가 둘 달린 뱀 등이 음양 화합의 상징으로 쓰이기도 하는데, 아마도 신이 아담을 만드신 뒤에 아담의 갈빗대로 이브를 만들어 그들이 인류의 조상이 되었다는 성경의 이야기와 관련된 것이 아닌가 싶기도 하다. 흥미로운 결합을 하나 소개하자면 필자와 만난 어떤 어린이는 '좋은 놈과 나쁜 놈'을 음양으로 짝 지웠다.

음양의 결합을 표현하는 놀이들을 예로 들어보면 다음과 같다.

- 골프, 농구, 축구 같은 공 놀이처럼 좁은 구멍에 들어가거나 바구니 또는 문 안에 들어가는 놀이를 포함하여, 과녁을 겨냥하는 활 쏘기, 총 쏘기, 다트 놀이도 있고, 항아리에 막대를 던져 넣는

우리의 전통 놀이인 투호와 고리 던지기도 있다. 영유아들은 구멍 난 작은 공간을 보면 무엇인가를 넣으려는 탐색과 시도를 자주 하는데, 그것도 어쩌면 이런 음양의 결합을 표현하는 원형적 행동의 하나일지도 모르겠다.

- 검은 돌과 흰 돌을 사용하는 바둑, 볼트와 너트를 맞추는 공구 놀이, 흡착 건 사용, 로켓이 달을 향해 날아가는 것도 음양 화합의 놀이다.

- 집이나 주차장, 목표 지점 등을 향해 자동차들이 서로 경주하거나 또는 대열을 지어 움직이는 놀이도 때때로 난자를 만나기 위한 정자의 여행으로 상징된다.

- 이웃 나라의 잠자는 공주를 깨우기 위해 먼 여행을 떠나는 왕자의 이야기도 음양 결합의 표현이다. 우리가 잘 알고 있는 동화 속 먼 나라 왕자의 여행은 사실 정자의 여행을 상징하는 것이고, 왕자를 기다리는 잠자는 공주는 난자를 상징하는 것으로 여겨진다.

- 색채의 조합에서는 빨강색과 초록색 또는 빨강색과 파랑색의 조합이 음양의 화합을 나타낼 때가 많다. 과일과 채소의 조합에서는 가지, 고추, 오이, 바나나 등이 남성으로, 붉은색 계열의 사과와 딸기와 앵두, 살결이 곱게 보이는 복숭아 등이 여성으로 많이 인용된다.

음양이 결합하는 놀이를 표현할 때는 더러 치료자의 관심과 이해가 필요한 어린이들의 행동이 있다. 이것을 좀 더 자세히 설명하면 다음과 같다.

- 총 쏘기, 활 쏘기 같은 놀이는 영웅으로 개별화되는 시기의 공격 놀이일 수도 있고, 음양이 결합하는 시기의 놀이일 수도 있다. 그런데 음양 결합 놀이에서 어린이가 치료자를 향해 직접 총이나 활을 쏘려 하거나, 뱀이나 악어 같은 동물로 치료자의 팔이나 다리를 물려고 시도할 때가 있다. 이럴 경우 제한이 필요하다면, 치료자에게 위협이 되지 않게끔 살짝 쏘거나 무는 흉내만 내게 하든지, 여자 인형을 치료자 대신 사용하도록 대체해주는 것이 좋다. 어린이가 직접 접촉의 의미로 간곡히 치료자를 맞히고 싶어 하면 치료자의 팔에 살짝 총구나 화살이 닿게만 허용하는 것이 좋다.

- 가끔 놀이 상황이 아니고 치료 장소에 오가며 만났을 때 어린이가 손가락으로 총 모양을 만들어 치료자를 겨냥하는 경우가 있다. 이럴 때는 가짜로 잠시 동안 총 맞은 시늉을 해주는 것이 어린이의 성장 작업을 촉진할 수 있다.

- 종종 음양 결합 놀이를 진행하는 시기의 남자 어린이는 소변을 보려고 화장실 출입이 잦아질 수 있다. 이런 행동은 자신의 남성성에 대한 자부심을 느끼고 싶어 하는 잠재의식이 발현한 것으로 이해해야 한다. 참고로 남자 어린이들의 빈뇨와 야뇨는 남성으로서의 존재감이나 자부심과 관련될 때가 많은데, 여자 어린이들의 빈뇨와 야뇨는 불안이나 두려움과 좀 더 상관이 높다.

- 필자의 경험으로는 어린이가 음양 결합의 놀이를 할 때, 실제로 수정되었던 짧은 순간인데도 아빠의 정자나 엄마의 난자가 겪은 트라우마를 표현할 때가 있었다. 믿기 어렵겠지만 경우에 따라

서는 알코올 중독 또는 도박 중독같이 아빠의 유전자에 흐르는 아빠의 개인사 내지 강력히 각인된 과거의 정서적 상흔, 그리고 엄마가 물려줄 유전자에 흐르는 엄마의 낙태 및 임신의 역사, 자살 시도 같은 강력히 각인된 과거의 정서적 충격 따위도 새로 태어날 자녀가 수정란 시절을 회상하는 놀이에서 표현되는 경우를 볼 수 있었다.

참고로 여기서 치료자의 주의 깊은 관찰과 해석이 필요한 경우를 언급해보겠다. 어린이들이 자궁에 들어가는 입태(入胎)와 음양 결합의 놀이는 미세한 표현으로 진행되면서도 그 발달 단계를 명료하게 파악하는 것이 애매한 경우가 많다. 엄마의 자궁으로 들어갈 것을 예고하는 것일 때도 있고, 엄마의 자궁에 들어가는 상태를 표현하는 것일 때도 있고, 자궁에 들어가 수정란이 되는 상태나 초기 배아의 상태를 표현하는 것일 때도 있다. 경우에 따라서는 입태와 음양 결합이라는 두 가지 놀이 주제가 생략되거나 합쳐지거나 순서가 바뀔 때가 있다. 따라서 치료자는 입태와 음양 결합의 놀이를 어린이가 표현하는 놀이의 흐름에 맞춰 그 의미를 세세히 구별하거나 생물학적 발생 과정을 고려하여 해석할 필요가 있다. 예를 들면, 놀이의 순서가 입태 → 음양 결합이라면 난자를 만나기 위한 정자의 여행 끝에 수정이 이뤄지는 경우일 수 있고, 음양 결합 → 입태의 순서라면 결혼 또는 부모의 유전자 결합 과정을 지난 후에 자궁에 안착한 상태를 나타내는 경우일 수 있다.

음양 결합을 암시하는 놀이의 키워드를 요약하면 다음과 같다.

과녁을 겨냥하는 놀이 / 볼링 / 득점을 해야 하는 공 놀이 / 골프나 야구처럼 막대로 공을 치는 놀이 / 볼트와 너트를 사용하는 공구 놀이 / 고리 던지기 / 바람 빠지는 풍선 날리기 / 로켓 발사와 착륙 / 흑과 백의 바둑알, 바늘과 실, 꽃과 벌, 사과와 바나나 등 음양으로 구별되는 상반된 속성의 결합 / 숫자 2 / 비행기의 착륙 / 자동차 경주 / 물줄기를 뿜어내는 소방차 놀이

5. 잉태되었음을 알리는 놀이

이 세상에 실존하는 우리는 엄마와 아빠의 유전자가 결합하여 자궁의 안전한 위치에 생명의 뿌리를 내려 점진적으로 성장하고 발달해 나가는 과정을 거쳤다. 놀이치료에서 어린이들이 자기의 지난 시절 성장 과정을 반추하는 작업은 물론이고 자기를 새롭게 탄생시키기 위한 창조적 잉태 작업 모두가 거의 빼놓을 수 없는 중요한 내용이다. 그리하여 임신하기까지의 어려움, 중절의 위험, 엄마의 심한 입덧, 원하지 않던 임신이나 성별, 유산이나 조산의 위험, 잉태 기간 중의 충격적 사건 등을 경험했을 때는 대부분의 놀이에서 그 경험들을 암시적으로 재현하며 당시의 위험과 상처를 치유해 나간다. 그런데 상처가 남겨진 잉태였든 새롭게 이상적으로 창조해 내는 잉태이든, 그 잉태를 놀이치료 상황에서 알릴 때에는 가치 있는 동식물이나 고귀한 보물을 상징으로 삼아 자신의 실존을 알리고 또한 혼자만의 은밀한 공간을 독점적으로 소유

하고 있다고 자랑삼아 알린다. 그런 의미를 담은 행동을 한 가지 예로 들면 놀이 시간 동안 다른 사람의 출입을 막기 위해 놀이실 출입문 앞에 '출입금지' 팻말을 걸거나 출입문을 단단히 잠그려는 행동이 그렇다.

자신이 잉태되었음을 알리는 상징적 놀이는 각양각색이지만 비교적 자주 연출되는 놀이 내용을 보면 다음과 같다.

- 대한민국 땅 또는 외로운 섬인 독도에 태극기를 세우거나 무궁화를 심는다. 대한민국, 독도, 태극기, 무궁화는 모두 우리나라를 나타내는 상징이다. 어린이들이 자신만의 고유한 정체성을 알리고 싶을 때는 우리나라만의 상징을 빌려 표현할 때가 종종 있다.

- 넓은 뜰 중앙에 탑을 세운다. 일반적으로 탑 안에는 값비싼 문화재나 성인(聖人)의 사리가 들어 있다. 그만큼 어린이 자신의 존재는 귀하다는 것을 의미한다.

- 둥그런 산봉우리에 듬직한 곰이 우뚝 서거나, 하늘에서 내려와 앉는다. 북방 민족은 곰을 신성한 존재로 여겼다. 더구나 우리 민족의 시조인 단군왕검의 어머니는 웅녀 아니던가? 어린이들에게 곰이 사랑받는 충분한 이유가 될 것 같다.

- 겨울잠을 자려고 어두운 굴속에 들어가는 동물이 표현된다. 어두운 굴은 자궁의 상징이며 겨울잠은 태아가 자궁 속에서 잠자는 모습으로 있었던 것에서 연유했을 것이다.

- 호화로운 궁전의 의자나 침상에 왕손이 자리 잡는다.

– 귀금속인 목걸이나 반지나 팔찌 등을 얻거나 착용한다.

– 색채를 이용하여 잉태를 알릴 때에는 보라색을 많이 선호한다. 따라서 놀이실 안에 보라색 곰돌이 인형을 비치해 두면 유용하게 쓰일 것이다. 보라색은 음양의 상징인 빨강과 파랑이 섞였을 때의 색이기 때문인 듯 여겨지는데, 때로는 빨강과 녹색의 조합인 보라색이 등장할 때도 있다.

– 자신이 생명을 운용하는 존재가 되었음을 알릴 경우에는 붉은색을 등장시키기도 한다. 붉은색은 생명 현상의 기본 요소인 불이나 에너지의 상징이기도 하고, 피의 상징이기도 해서 그런 것 같다.

– 훌라후프 돌리기, 맴맴 돌기, 팽이 돌리기 같은 원 운동을 표현하거나 나선형의 그림들을 모래상자, 칠판, 종이 같은 곳에 표현한다. 어떤 어린이들은 기차가 기찻길 위를 둥글게 돌아가도록 설치만 해놓고 정작 자기는 관심을 기울이지 않은 채 다른 놀이를 즐긴다. 때로는 반복적으로 돌아가는 녹음기의 노래를 틀어놓고 다른 놀이를 즐기기도 한다. 이런 모습은 어쩌면 생명 현상의 움직임이나 생명 현상의 항상성을 느끼기 위해서인 것 같다. 나선형의 움직임은 우주 만물이 움직이는 기본이기 때문에 그런 것 같다.

– 때때로 암호나 비밀스러운 주문이나 특별한 열쇠가 있어야만 열리는 문이나 공간이 설정된다. 아마도 자궁이 자신만의 비밀 공간이기 때문인 것 같다.

– 바다에 떠 있는 배, 바다에서 사는 생물, 화분에 심겨진 꽃, 정원의 큰 나무, 연못의 연꽃, 상자나 항아리나 바구니나 그릇에 담

긴 사물 등 어떤 일정하고 제한된 공간 안에 들어 있는 사물이거나 생명을 누리는 존재들이 등장한다.

- 자신이 양수에 의지해 있다가 지상으로 이동하는 존재임을 알리기 위한 놀이로는 그 잉태의 존재를 개구리나 악어나 거북이 같은 양서류나 파충류로 표현한다.

- 하늘의 별이 바다에 내려앉은 것 같은 불가사리도 때로는 태아인 자신으로 표현된다.

- 시간과 공간이 없는 허공에서 시간과 공간이 존재하는 자궁으로 이동했음을 알리기 위해 때때로 격자무늬가 등장한다. 격자무늬는 날줄과 씨줄을 엮어 만드는 둥지를 상징하기도 하고, 때로는 시간과 공간이 움직이는 지구를 상징할 수도 있다. 지구가 엄마의 상징이 될 수 있는 것은 격자무늬처럼 시간의 잣대인 경도(經度)와, 공간의 잣대인 위도(緯度)가 있기 때문이다. 바둑이나 오목, 체스 같은 게임이 이 시기에 자주 등장하는 이유도 게임 판에 격자무늬가 그려져 있기 때문이다.

- 시간의 가동을 상징하기 위해 모래시계가 등장한다.

- 변기 안에 똥을 집어넣어 양수에 떠 있는 자신의 잉태를 알리기도 한다. 이때 변기는 물이 있으므로 잉태 공간의 상징이고, 똥은 이 공간이 나만의 처소이며 동시에 나는 값진 존재라는 것을 모든 곳에 선언하는 의미이다.

- 거미가 등장하기도 한다. 거미가 잉태의 징조로 등장하는 이유는 아마도 거미줄이 태아의 둥지로 생각될 수도 있고, 거미줄에 포획된 곤충이 배 속에 머무는 태아를 상징할 수도 있고, 거미줄에

매달려 움직이는 거미들이 탯줄에 매달린 태아를 연상시키기 때문인 것 같다.

- 인형들에게 신발을 신기거나 자신의 신발이 새것이기를 바라거나 엄마의 신발을 신고 싶어 하거나 엄마의 신발 안에 자신의 신발을 집어넣거나 하면서 신발에 대한 관심이 커지고 신발을 소중히 다룬다. 신발은 자신을 표상하는 중요한 사물인 것 같다. 예를 들면, 동화 속 신데렐라도 왕자가 자신을 찾게끔 유리 구두 한 짝을 궁전에 남겨놓았다. 유리는 투명하고 맑다. 그러므로 동화에서 유리 구두 설정은 나라는 존재의 본성이 투명하고 맑다는 것을 알리는 것이기도 하다. 또한 죽은 이를 저승에 떠나보낼 때 지붕 위에 신발을 얹어놓는 우리의 풍습을 볼 때에도, 신발이 한 인물의 존재와 관련을 맺고 있음을 알 수 있다. 그뿐 아니라 우리 주변에서도 신발을 남겨놓고 목숨을 던지는 이야기가 많다. 이런 이야기들에서 우리가 유추할 점은 우리의 육신은 나고 죽는 한시적 생명에 속하지만, 신발이 상징하는 나라는 존재의 정신적 속성은 과거와 미래를 이어 가며 영속적으로 존재한다는 가르침이다. 엄마 신을 신고 싶은 마음은 엄마와 생명을 공유하는 일심동체의 존재를 선언하는 것이고, 엄마 신발 안에 자신의 신을 집어넣는 것은 엄마 배 속의 태아인 자기를 비유하는 것일 때가 많다.

- 낚싯줄을 드리워 물고기를 낚는 놀이가 등장한다. 이때 물고기는 양수에 떠서 자라는 태아를 상징하며, 낚싯줄은 자신과 엄마를 연결하는 탯줄의 상징이 될 수 있다.

- 전화 놀이가 등장한다. 이는 엄마와 배 속의 자신이 서로 소통

하고 정감을 교류하는 관계임을 알리는 의미이다.

- 엄마와 자신이 주고받고 나누며 사회적 교류를 하는 한 묶음인 것을 알리기 위해 물건을 사고파는 가게 놀이가 등장한다.

- 때로는 감옥이나 수갑을 사용하는 놀이가 등장한다. 이때 감옥은 일정 기간 머무는 어두운 공간의 의미로서 자궁을 상징하고 수갑은 엄마와 자신의 결속을 의미한다.

- 비행기가 활주로에 내려앉는 놀이가 등장한다. 이는 허공의 존재가 자궁에 들었음을 알리는 의미이다.

- 하트 모양의 그림 또는 모래 상자에 자기를 인증하는 자신의 손자국이나 발자국 또는 이름을 남긴다. 이때 하트는 엄마 또는 엄마의 사랑을 의미한다. 또한 모래 상자와 종이도 엄마를 상징한다. 자신의 이름을 남기는 이유는 우리가 관광지에서 바위나 나무에 이름을 새기는 일, 도장이나 지문으로 자신의 신분을 남기는 것, 그 밖에 그림이나 작품이 자신의 것임을 밝히기 위해 낙관을 찍거나 이름을 적어 남기는 일 등을 생각하면 이해하기 쉬울 것이다.

- 조그만 상자나 그릇에 모래를 담고 그 안에 중요한 것을 감추거나 또는 모래 위에 보물 등 중요한 것을 올려놓는다.

- 모래 상자에 놀잇감들을 보이지 않게 묻거나, 심지어는 자신의 팔이나 발, 나아가 온몸까지 모래에 묻으려는 놀이를 보인다. 이때 부드러운 감촉의 모래는 양수를 의미한다.

- 엄마 자궁이라는 공간이 존재하게 됨을 상징하기 위해 종이접기와, 인형 집에 가구를 배치하는 놀이가 등장한다. 종이접기

는 평면의 공간을 입체로 변환시킬 수도 있고, 또한 공간을 나누거나 조합함으로써 공간의 재배치가 가능하다. 딱지 접기도 이에 속한다.

- 유아독존을 알리는 숫자 1이 등장하기도 하고, 온전한 통일의 의미로 숫자 3이 등장할 수도 있다. 또는 숫자 4와 관련된 내용들이 등장할 수도 있다. 아마도 자궁을 상징하는 상자의 기본 모양이 네모이며, 공간 나누기의 기본이 동서남북 네 방향이며, 하늘이나 우주를 상징할 때의 도형이 둥그런 모양인 데 비해 엄마를 상징하는 땅의 도형은 네모로 표현되는 것으로 미루어보면 이해하기 쉬울 것이다. 자궁에 입성하는 입태 놀이에서도 궁성을 지키는 수호신은 대체로 네 명이 등장한다.

- 때로는 치료자의 기록지 위에 자신의 이름이나 자아상의 흔적을 남긴다. 이때 치료자의 기록지는 엄마의 자궁이 되는 것이다.

- 가장 많이 등장하는 놀이는 텐트 안에 들어가는 것이다. 이럴 경우 텐트 앞에 문패처럼 어린이의 이름을 적어 걸어놓으면 어린이들이 자기만의 방이라는 느낌이 들어 아주 좋아할 것이다.

잉태되었음을 알리는 놀이에서 때때로 치료자의 주의와 관심이 필요한 경우들이 있다.

- 가족은 아들을 낳기를 바랐는데 자신이 딸인 경우나, 여자 어린이가 남자를 선망하는 등 자신의 성별 정체감이 확고하게 형성되지 않은 어린이를 제외하고는, 새로 잉태되는 아기의 성별에는 대체로 실제 자기 성별을 부여한다.

– 개구리는 남자 어린이를 나타낼 때가 많다. 개구리의 어린 시절인 올챙이가 정자의 모습을 닮아 그런 것 같기도 하고, 다 자라면 물 밖으로 튀어나가기 때문인 것 같기도 하고, 동화의 주인공인 개구리 왕자가 나중에 멋진 왕자로 변신하는 원형적 이야기를 차용하기 때문인 것 같기도 하다. 참고로 개구리가 두 다리를 박차고 뛰어오르는 놀이를 하는 것은 출생의 예고일 수 있다.

잉태되었음을 알리는 놀이의 키워드를 요약하면 다음과 같다.

왕자, 공주, 장군 등의 입성 / 주문이나 암호가 걸린 비밀의 문이 있는 건물 / 어둡거나 폐쇄된 장소에서 오래 잠자거나 머무르는 존재 / 팔찌, 목걸이, 반지 등의 장신구 / 신발 / 자기 이름 / 하트 안의 별이나 꽃 / 감옥과 수갑 / 물 위에 뜬 배 / 물속의 연꽃 / 물고기 / 낚시 놀이 / 가게 놀이 / 전화 놀이 / 원 운동 또는 나선 운동 / 모래시계 / 거미 / 딱지 접기를 비롯한 종이 접기 / 텐트 놀이 / 숫자 1 또는 4

6. 배아의 시기를 암시하는 놀이

어린이들이 잉태 과정을 나타내는 놀이에서 수정란 직후의 발생 과정에서 표현되는 배아의 시기와 다음에 언급하는 착상의 시기를 세밀히 나누어 표현하는 경우가 있다. 음양의 만남으로 생명의 씨앗이 된 수정란은 그 직후 할구 분할을 시작하여 초기의 배아(배반포)가 되면서 착상을 하고 태아로서 본격적인 성장으로 나아간다. 그런데 어린이들의 놀이에서 유전자의 결합에 성공하여 배아의 과정을 거칠 때에는 마치 유전자의 결합을 연상시키듯 실이나 끈, 점토 등으로 꽈배기처럼 꼬인 모양을 만드는 놀이들이 종종 등장한다.

수정란 최초의 할구 분할이 2개로 시작해서인지 이 시기의 놀이에서는 숫자 2와 관련된 내용이거나 쌍둥이가 등장할 때가 있다. 참고로 숫자 2의 해석에서 유의해야 할 점은 이 시기가 아닌 숫자 2와는 구별해야 한다는 점이다. 예컨대 남자와 여자, 갈등 구조의 상반된 두 개의 자기, 쌍둥이 형제, 엄마와 자기 등등 발달 시기나 놀이 내용에 따라 숫자 2의 의미가 달라질 수 있기 때문이다.

때로는 숫자 3과 관련된 내용이 등장하는데 아마도 초기의 배아가 외배엽, 중배엽, 내배엽의 3배엽으로 나뉘어 나무줄기처럼 뻗어 자라가며 각각의 신체기관을 구성해 나가기 때문인 것 같다. 위에서 설명한 숫자 2와 마찬가지로 숫자 3도 역시 발달 시기와 내용에 따라 해석이 달라질 수 있다. 예를 들어, 삼위일체처럼 각각 다른 것이 완전성을 갖춘 하나로 통합되는 의미일 수도 있고, 삼발이 솥처럼 안전한 지탱의 의미일 수도 있기 때문이다.

비눗방울을 불어 낱개로 날려 허공에 띄우지 않고, 여러 거품이 관 끝에 함께 뭉쳐 매달려 하나의 덩어리를 이루듯 만들고 놀면 마치 이 시기의 세포 분열처럼 보일 때가 있다.

세포 분열을 하는 시기를 상징하는 놀이로는, 바둑판에서 세포같이 나뉜 각각의 작은 네모 칸 중앙에 구슬을 올려놓거나 또는 격자무늬를 그려 칸칸마다 점을 그려 넣거나, 아파트처럼 공간이 따로 분리된 각각의 방안에 동물이나 인물을 하나씩 배치해 놓음으로써 마치 핵을 가진 세포들이 다닥다닥 모여 있는 것을 연상시키는 것들이 있다.

이상과 같은 놀이를 참고하여 배아의 시기를 암시하는 키워드를 소개하면 다음과 같다.

숫자 3 / 꽈배기 모양 / 나무줄기처럼 뻗어가는 모양 / 핵을 가진 세포 모양 / 아파트같이 동일한 공간의 병렬 / 관 끝에 매달린 비눗방울 덩어리

7. 착상 과정을 표현하는 놀이

유전자 결합을 이룬 뒤 배아가 된 생명의 씨앗은 앞으로 다가올 출생 이후의 삶을 위해, 자궁벽의 안정된 장소에 뿌리를 내려 잉태기간 전반에 걸친 안전을 담보할 기반을 다져야 한다. 새로운 자기로 거듭나도록 신중하게 여행하는 이 성장 작업 길목에서의 놀이 언어를 발생학적 용어로 바꾼다면 착상 과정이다. 어린이들 놀이에서 착상 과정은 결코 쉬운 과정이 아니고 다양한 어려움을 돌파해야만 하는 난제에 속한다. 요즈음 늘어나는 시험관 아기로 태어난 어린이라면 더욱 더 그렇다. 놀이에서 표현되는 착상 과정이 이 세상에 실존하기까지 자기 생명의 실상을 순차적으로 되새기며 더듬기 때문에 진지하게 진행되는 것이 어쩌면 당연할지도 모른다. 특히 그 과정에서 아픔이 있었다면 전체 잉태 과정의 어려움

못지않게 심리적으로도 재건해야 하는 기나긴 여정의 통과의례다.

착상 과정은 수정란이 배아를 거친 후 태아가 되기 위해 뿌리를 내리고 안주할 작업이기 때문인지 6과 관련된 숫자가 등장할 때가 있다. 숫자 6이 등장하는 이유는 유충이 자라는 벌집의 모양, 수정처럼 맑고 견고한 보석의 모양, 오염되지 않은 순수한 물의 모양이 육각형을 이루고 있음을 떠올리면 이해하기 쉬울 것이다. 그 밖에 미끄럼을 타는 놀이, 사다리 타기 놀이, 자동차가 주차장에 머무는 놀이 등도 착상 과정을 표현하는 놀이다. 착상 과정에서 생명이 자궁벽 속에 파묻히기 때문일까? 삽질을 하며 모래를 파거나 드릴로 점토에 구멍을 뚫어 파인 구멍에 어떤 사물을 집어넣은 후 다시 덮어 안 보이게 하거나 나무를 심는 놀이도 등장할 때가 있다.

착상 과정을 상징하는 놀이를 예로 들면 다음과 같다.

- 사다리 타기 놀이
- 구슬이나 놀잇감이 미끄럼을 타는 놀이
- 자동차가 운행하다가 주차장에 들어가 머무는 놀이
- 층계를 내려가는 놀이
- 놀잇감이 의자에 앉거나 침대에 들어가는 놀이
- 놀잇감이 파이프 같은 원통형 사물이나 엘리베이터 등으로 내려가는 놀이
- 모래산 위에 있던 놀잇감을 모래에 묻는 놀이
- 놀잇감이 비좁은 길이나 공간에서 좀 더 넓은 공간으로 이동

하는 놀이

- 일정 장소에 안정적으로 뿌리를 내리듯 머무르는 놀이
- 모래 상자에 나무를 심거나 놀잇감을 묻는 놀이

위에서 열거한 놀이를 토대로 착상 과정을 암시하는 키워드를 소개하면 다음과 같다.

사다리 / 층계 / 미끄럼 / 주차장 / 구멍 뚫기 / 뿌리내리기 / 파묻는 놀이 / 심는 놀이 / 모래에서 삽질하기 / 숫자 6 / 사다리 타는 소방대원

8. 태아의 성장을 암시하는 놀이

태내 성장기는 실제 경험했을 상처로부터 마음이 자유로워져야 하고, 새롭게 태어나기 위해 창조적으로 구성하는 심리적 잉태이므로 어찌 보면 어린이 자신의 이상을 실현하는 매우 중요한 경험이다. 많은 어린이들은 다른 성장 작업의 여정과 마찬가지로 자궁 경험을 재건하는 데도 매우 진지하고 공을 들인다. 아마도 생애 전반에 걸친 안전을 담보해주는 기초 작업이라서 그런 것 같다.

잉태 기간 동안 태아는 엄마와 함께 호흡하고 섭생을 공유하는 존재이기 때문일까? 놀이에서는 물론 일상 행동에서도 치료자와 자신 그리고 엄마와 자신이 일심동체라는 느낌을 자주 표현한다. 놀이실에서는 승부에 집착하던 어린이가 이 시기에 이르면 양보도 하고 비기고 싶어 하고, 때로는 먹거리를 들고 와서 치료자와 함

께 먹기를 원한다. 일상생활에서는 엄마가 아프면 자기도 아파하고, 엄마가 슬프면 자기도 슬퍼한다.

어린이가 성장하는 태아라는 것을 표현하는 놀이도 다양한데, 그 가운데 많이 연출되는 놀이는 다음과 같다.

- 점토로 애벌레 모양이나 눈사람 같은 모양을 빚는다. 애벌레나 눈사람 모양은 배아의 상태를 벗어난 초기의 태아를 암시하는 것 같다. 눈사람의 경우는 초기의 태아가 눈처럼 쉽게 녹는 연약함 때문인 것 같기도 하고, 미세하지 않게 살필 때 태아의 모습이 얼굴과 동체로 구성된 눈사람 같기 때문으로도 여겨진다.

- 공깃돌 다섯 개로 하는 공기 놀이가 등장한다. 숫자 5가 태아 성장의 상징으로 차용되는 이유는 아마도 자신을 상징하는 별의 모양이 꼭지가 다섯 개이기 때문일 수도 있고, 우리 몸이 머리와 팔다리 또는 동체와 팔다리 다섯 부분으로 크게 구별되어 나뉘기 때문인 것 같기도 하며, 우리 몸을 구성하는 대표적 장기(臟器) 다섯과도 관련이 있기 때문인 것 같다. 또한 공기 놀이는 꺾기를 성공하면 1년, 2년⋯⋯ 세월이 흐르는데 그것이 마치 태아의 시간이 흘러가는 것처럼 느껴져서인 것 같기도 하다.

- 숫자 7과 관련된 표현이 등장한다. 숫자 7은 변화를 상징할 때가 많다. 아마도 그 이유는 달 모양이 변화하는 주기인 7일과 관련이 많기 때문인 것 같다. 지구의 기류와 해양 조류의 변화가 달 모양 변화 주기인 7일 단위로 바뀌고, 지구의 생명체들의 출현과 성장도 달 모양 변화 주기인 7일과 관련이 많기 때문인 것 같

다. 우리 주변에서 7과 관련된 변화의 현상을 많이 발견할 수 있다. 우선 상현달과 하현달, 그리고 보름달이 되는 달 모양 변화가 대표적이고, 그것에 영향을 받는 밀물과 썰물의 주기, 같은 요일에 눈이나 비가 오는 현상 또는 겨울의 삼한사온, 여성의 배란 주기와 생리 주기, 7년을 굼벵이로 지낸 끝에 성충이 되어 7일 동안 생존하는 매미의 일생, 태아로 지내는 7×40주 동안의 태내 생활, 세상을 하직한 이를 위한 7×7주간의 기도 등을 들 수 있다. 어쩌면 7일 단위의 꾸준한 변화들이 이어져 좋은 결과를 이끌어내기 때문에 서양 사람들도 숫자 7을 행운의 상징으로 여기게 되었는지 모르겠다.

- 10과 관련된 숫자도 등장한다. 숫자 10은 하나에서 출발한 숫자가 가득 차서 아홉이 된 뒤에 다시 원래의 자리로 돌아가 또 다른 새로운 하나를 산출하는 숫자다. 즉, 텅 빈 자리인 0에서 하나가 나오고 둘이 되고 계속 불어나 가득 아홉이 된 뒤에, 다시 0으로 돌아간 자리 10에서 11로 출발하는 숫자다. 그래서일까? 새로운 존재가 이 세상에 출현하는 자리인 0의 자리를 자궁으로 상징하고, 그 자리에서 잉태 기간 열 달을 보냈다는 의미를 나타내는 것일까? 때로는 새 출발의 상징적 자리의 의미로 여겨서인지 강조하는 의미처럼 100 또는 1000 등 0으로 끝나는 더 큰 숫자들이 잉태와 태내 성장과 관련되어 놀이에 등장한다.

- 배아 상태를 지난 태아는 온전한 몸을 갖추기 위해 피와 살과 뼈와 장기 등 여러 구성 요소들을 갖추어 온전한 신체를 만들며 성장과 발달이라는 위대한 과업을 수행해 나간다. 그래서일까? 이

시기에는 마치 여러 광물질을 용광로에 넣어 순금을 제련해낸다는, 분석심리학자 융의 연금술에 관한 설명과 유사하게, 어린이들이 물컵에 여러 색의 물감을 섞는 놀이, 여러 재료를 넣어 김밥을 만드는 놀이, 여러 재료를 섞어 피자나 송편이나 만두를 빚는 놀이 등을 많이 한다.

– 신체 일부인 작은 구성 요소들이 모여 전체 모양을 갖추어 나가는 태아의 성장과 발달처럼, 여러 조각들을 모아 전체 그림을 맞추는 퍼즐 놀이 또는 조각을 모아 형체를 갖추는 조립 놀이가 많이 등장한다. 이 시기에는 치료자가 별이나 오각형, 육각형, 동물이나 인형, 자동차 모양의 그림을 10조각으로 쪼개 만든 퍼즐을 함께 맞추며 놀이해주는 것이 좋다. 10조각은 태아의 10개월 여정, 또는 잉태 공간의 자리를 상징하는 숫자의 의미가 있기 때문이며, 치료자와 함께 노는 것은 임산부와 태아의 교감을 상징해줄 수 있기 때문이다.

– 태아가 성장하고 엄마의 배가 점점 불러가는 것을 상징하는 풍선 놀이가 많이 등장한다. 태내에서 성장하는 동안은 대체로 풍선이 터지는 것을 우려하지만 때때로 어린이가 굳이 풍선이 터지기를 원할 때가 있다. 아마도 양수가 터지고 자신이 이 세상에 태어나는 것을 느끼고 싶어서인 것 같다. 또는 태내 시절의 위험 경험을 표현할 때도 풍선을 터뜨린다. 많은 어린이가 바람을 넣은 풍선으로 치료자와 함께 던지고 받는 놀이를 즐기는데, 이 놀이는 대체로 임산부와 태아의 소통과 공감의 의미로 즐기는 것처럼 여겨질 때가 많다.

8. 나비, 진화하는 캐릭터, 공격과 방어의 능력이 점점 커지는 로봇의 변신 따위의 주제가 자주 등장한다. 이런 주제는 아마도 나날이 성장하며 발달해 가는 태아의 변화하는 모습과 관련지을 수 있을 것 같다.

태아가 성장하고 발달하는 시기는 엄마와 섭생과 교감이 하나를 이루는 매우 중요한 시기다. 그러므로 어린이의 성장 작업에서도 엄마와 자신이 일심동체임을 느끼려는 분위기를 자주 연출한다. 따라서 이 발달 시기에는 치료 상황에서는 물론이거니와 일상생활에서도 엄마와 어린이 자신이 일심동체인 것처럼 느낄 수 있는 배려가 필요하다. 예를 들면, 식탁에서도 엄마와 어린이가 같은 모양의 숟가락으로 같은 음식을 먹는 것, 또는 색과 모양 같은 옷이나 신발이나 장신구를 착용하는 것 등이다.

때로는 치료가 진행되는 일정 기간 동안 어린이가 치료자와 함께 나눠 먹을 음식을 일부러 들고 올 때가 있다. 엄마와 함께 섭생했던 잉태 기간 동안의 경험을 더 단단히 재건한다는 의미일 수 있으므로 이런 경우에는 치료자가 어린이와 함께 즐겁고 감사하는 마음으로 나눠 먹고, 먹은 다음의 뒤처리를 잘 지도해주어도 좋다. 놀이실에서 치료자와 그런 것처럼 엄마와도 이 시기를 건너는 동안에는 특별히 더 자주 데이트하는 마음으로 음식점에 들러 함께 식사하는 것이 고무적이다.

태아의 성장을 암시하는 키워드를 제시하면 다음과 같다.

숫자 5 또는 7 / 숫자 10 / 눈사람 / 공기 놀이 / 오각형 / 풍선 / 연금술(용기에 물감을 푸는 놀이, 만두 빚기, 김밥이나 피자 만들기 등) / 안경이나 젓가락 같은 한 쌍의 사물 등장 / 치료자와 음식 나눠 먹기 / 나비 / 진화하는 캐릭터 / 애벌레 / 변신 / 퍼즐이나 조립 놀이 / 낚시 놀이 / 텐트 놀이 / 종이접기 / 모래시계 / 가구를 배치하는 인형 집 꾸미기

9. 출산을 암시하는 시기의 놀이

출산은 잉태 경험 못지않게 자궁을 벗어나 세계에 첫걸음을 내딛는 아주 중대한 경험이다. 놀이 현장에서 관찰한 바로는 출산 당시 여건이 좋았는지 나빴는지에 따라, 그 이후의 삶에 끼치는 영향이 대단히 크다. 만일 출산 상황이 위험했다면 그것은 첫발을 내딛는 순간부터 삶이 위험에 처해 있었다는 의미다. 그러므로 그 이후의 삶을 대하는 신생아의 지각이나 정서 분화, 성격 형성과 사회적 어울림에 미치는 영향도 어둡고 무거울 것이고, 그 부정적 후유증은 짐작하고도 남음이 있다. 실제 사례에서도 탯줄을 목에 감고 태어난 아기가 자라면서 추운 겨울에도 목도리를 하지 않거나 어른이 되어 넥타이를 매려 하지 않는 경우가 있었다.

만일 예측하지 못한 갑작스러운 사정이 생겨 태아기 발달 과업을 미처 완수하지 못한 채 예정일보다 일찍 태어난 아기에게는 어떤 후유증이 남을까? 만일 자연스러운 순산과 비교하여 산모 또는 아기를 살리려 인위적인 처방으로 출산이 이뤄졌다면 그 이후

의 삶에 미치는 영향은 어떨까? 어렵지 않게 짐작할 수 있겠지만, 출산 당시 아기가 겪은 위험과 산모가 겪은 위험은 엄마와 아기의 관계, 상호 간 공감과 애착의 영역에도 깊은 상처를 남길 것이다. 인큐베이터 생활을 오래 했다면 어린이의 외로움도 정상 출산의 경우보다 훨씬 더 짙을 것이다. 그냥 넘기기 어려운 필자의 경험을 소개한다면, 약시로 태어난 몇 명의 어린이들은 출산 당시 약 때문에 눈이 아팠다는 트라우마를 공통적으로 아주 강렬하게 표현했다.

출산을 암시하는 놀이 언어를 살펴보면 다음과 같다.

- '열려라 참깨'와 같은 비밀스러운 주문이나 암호를 풀거나, 비밀스러운 열쇠를 조작하여 굳게 닫힌 문을 연다.
- 정체된 길목에서 파란 신호등이 켜져 앞으로 나아간다.
- '꼬끼오' 하고 닭이 울어 새날이 열린다.
- 숫자로는 11이 등장한다.
- 알을 상징하는 것에서 어떤 새로운 생명이 태어난다.
- 모래 속에 묻혀 있던 동물 모형이 고개를 내밀고 모래 밖으로 온몸을 드러낸다.
- 물과 관련된 표현에서는 폭포처럼 강력한 물의 힘에 의해 생물이 쓸려 나온다.
- 불덩이 같은 것이 어떤 구덩이에서 불쑥 튀어나온다.
- 화산의 폭발, 뻗쳐오르는 분수, 홍수와 쓰나미에 휩쓸리는 생명 등으로 출산을 암시하는 경우가 있다.

- 풍선을 빵빵하게 불어 터뜨리는 놀이를 즐긴다.

- 어떤 권위적 인물이 출생한 아기를 두 손으로 높이 쳐들어 하늘에 보고한다.

- 성인의 생일을 축하하듯 크리스마스트리를 만들고 선물을 준비한다.

- 생일 케이크를 준비하여 노래를 부르며 축하 분위기를 연출한다.

- 헤엄치던 개구리가 육지를 향해 뛰어오른다.

- 구멍에 숨어 있다 튀어 오르는 두더지 잡기를 즐긴다.

- 기계손으로 많은 동물 인형 가운데 하나를 뽑는 뽑기 놀이를 즐긴다. 특히 제왕절개로 출산한 어린이들이 관심을 많이 기울이는 놀이다.

- 치료자와 텐트 안과 밖으로 나뉜 공간에서 까꿍 놀이를 즐긴다.

출산을 암시하는 키워드를 소개하면 다음과 같다.

숫자 11 / 닭의 울음소리 / 새벽 / 폭포수 / 화산 / 분수 / 주문 / 암호 / 크리스마스트리와 선물 / 생일 케이크 / 폭발 / 공중에 날리는 비눗방울 / 홍수 / 개구리의 도약 / 치료자와 '까꿍'이나 '메롱' 하면서 교감하는 놀이

10. 엄마와 심리적 애착을 이루는 시기의 놀이

아기는 신생아 시절에 캥거루처럼 엄마 품에 밀착(bonding)하여 연약한 생존에 위안을 얻으며, 영아 시절 전반에 걸쳐 엄마와 타인의 구별이 가능해지고 엄마에게 점점 더 심리적으로 의존하고 애착(attachment)을 형성하게 된다. 이러한 밀착과 애착 경험은 그 후에 다변화되는 인간관계의 학습 기반을 다지는 아주 중요한 계기가 된다. 이 시기는 엄마의 품에 안겨 젖을 먹는 것이 중요하므로 배고픔을 채우는 생리적 만족과 더불어 엄마와 정서적으로 교류하면서 애착 관계를 증진하고 견고하게 다져 나간다. 따라서 이 시기에 배고픔을 경험하고 엄마와 나누는 정서적 교감에 불만족이 생기면, 엄마와 아기 관계의 상처는 물론, 타인에 대한 경계심과 불신 또는 건강하지 못한 성격 형성이라는 후유증을 겪게 되거나, 식탐 또는 손가락 빨기, 도벽 같은 잘못된 습관이 생길 수 있다.

어린이가 표현하는 이 시기의 놀이 분위기는 주로 모성애 짙은 엄마의 보호 아래 아기에게 젖을 먹이고 기저귀도 갈아주며 목욕도 시킨다. 엄마와 아기는 심리적으로 다정하게 결속하면서 행복한 시간을 누린다. 그런데 이 시기의 놀이에서는 남자 어린이와 여자 어린이가 색채와 분위기에서 약간의 차이를 보인다. 여자 어린이들은 대부분 행복한 분위기에서 아기를 돌보는 놀이를 많이 한다. 그러나 남자 어린이의 경우에는 아기 인형을 구박하면서 자신이 겪은 아픔을 날려버리거나, 아기 인형을 카트에 태워 쇼핑하는 놀이, 음식 만들기, 병원 놀이 등을 연출하며 아픔을 달랜다.

이 시기에 많이 등장하는 놀이는 다음과 같다.

- 아기에게 젖꼭지를 물려준다.

- 음식을 만들어 아기에게 먹여준다.

- 카트에 아기를 태우고 식품과 일용품 등을 구입한다.

- 아기의 기저귀를 갈아준다.

- 아기를 포대기로 업어주거나 안아준다.

- 아기를 목욕시키고 로션을 발라준다.

- 아픈 아기를 병원에서 치료받게 한다.

놀이실에서 펼쳐지는 놀이 분위기는 위에 언급한 것처럼 흘러간다. 그러나 이 시기를 지나는 동안에 일상생활에서는 눈여겨 살피고 이해해야 할 행동들이 많이 나타난다. 어린이들이 애착 관계를 재건할 때 나타나는 행동 변화는 다음과 같다.

- 아기처럼 어리광이 늘어나고 혀 짧은 아기 말투를 사용하는 등 퇴행이 나타난다. 심한 경우에는 기어 다니기도 하고 옹알이처럼 말하기도 나타난다.

- 엄마와 신체 접촉이 늘어나며 안아 달라고 하거나 뽀뽀해 달라는 요구가 늘어난다.

- 먹는 양이 늘거나 물건을 사 달라고 조르는 행동이 늘어난다.

- 엄마와 잘 떨어지던 어린이도 꼭 붙어 떨어지지 않으려 한다.

- 인공 젖꼭지나 우유병에 관심을 기울인다.

- 손가락 빨기를 더 많이 하거나 없었는데 새로 나타난다.

- 막대 사탕을 물고 다니기를 좋아한다.

– 엄마와 함께 있는 시간을 빼앗기는 게 아까워 놀이치료도 재미없어 안 가겠다고 한다. 이럴 때 엄마가 놀이치료의 유인가나 치료 효과가 없어 그런다고 오해하지 않도록 잘 설명한다. 치료자와 엄마가 반드시 어린이를 설득하여 놀이치료를 지속해 나가야 한다.

이 시기 놀이의 키워드는 다음과 같다.

엄마와의 결속 / 말투나 행동의 퇴행 / 물욕과 식탐 / 젖꼭지, 우유병, 포대기 등 아기용품에 대한 관심 / 음식 만들기 / 수유, 목욕, 병원 놀이 등 아기 보살피기 / 막대 사탕 물고 다니기

11. 이기심의 출현을 암시하는 시기의 놀이

이 시기는 아기가 엄마의 손길을 벗어나 스스로 걸을 수 있고, 완전하지는 않더라도 대소변을 조절할 수 있는 가능성을 어느 정도 감지할 수 있어 스스로 독립적 행보가 가능하다고 여기게 된다. 그래서 이 시기에 이르면 아기는 엄마나 다른 사람들의 도움 없이도 혼자 무엇인가를 할 수 있다는 자신감을 경험하게 됨으로써 자기 존재에 대한 인식도 새로워진다.

독립적 행보의 경험이 하나 둘씩 쌓이면 자타(自他)의 분화가 이뤄져 타인 속에서 '나'를 인식함과 동시에, 혼자서 무엇이라도 할 수 있다는 자아 만능감이 생기고, 타인 속에서 내가 우뚝 솟아야 하는 존재여야 하므로 이기심도 싹튼다. 그래서 구두쇠처럼 자기

소유에 대한 욕구가 강해지고, 타인과 비교해 상대적 우위를 차지해야 하므로 자기 주장을 내세우고 고집을 부리는 것이 강해진다.

이 시기의 자기 인식은 타인의 입장을 이해하는 상호 관계 내에서의 인식이 아닌 자기중심적 특징이 있다. 따라서 자기 눈에 보이지 않는 것은 타인도 볼 수 없다고 생각하며, 타인의 물건도 모두 자신의 것이라고 생각한다. 성장 작업을 하는 동안에도 이 시기를 지날 때의 어린이들은 일방적으로 자기 주장을 관철하려 하기 때문에 치료자와 서로 타협이 어려워 반항이 늘거나 실랑이가 벌어진다.

이 시기에는 놀이에서나 일상생활에서나 다음과 같은 행동들이 많이 나타난다. 예를 들면, 용모는 지저분해지면서도 자신이 잘난 인물인 것을 알리려는 허세로 큰 기침 소리를 내거나 억지스러운 트림을 하는 행동, 또는 공격과 방어와 소유의 의미를 함께 드러내는 똥, 방귀, 침 뱉기와 관련된 이야기나 행동, 자신의 흔적을 남기기 위해 도장 찍기, 이름 쓰기, 서명하기, 손 모양이나 발자국 찍기 등의 행동을 보인다. 어떤 어린이들은 대변을 자랑스럽게 배설하는 것과는 반대로 도리어 배설하지 않고 모으려고 참아 변비가 되기도 한다. 어쩌면 구두쇠처럼 자신의 대장에 있는 소유물조차도 잃지 않으려는 심리 때문에 그럴지도 모르겠다.

이 시기를 건너는 동안 어린이들이 많이 표현하는 놀이들은 다음과 같다.

- 젖은 모래를 즐기고, 점토를 이용하여 사물을 찍어내거나 손

모양이나 발자국을 낸다.

- 자화상을 그리고 자신의 이름이나 서명을 여러 곳에 남긴다.

- 대변 관련 놀잇감을 즐긴다. 대변 관련 이야기도 놀이에 많이 등장한다.

- 부정적 언어와 욕설을 넣어 개사한 노래를 많이 부른다.

- 자기에게 능숙한 게임에 도전하고 승리하면서 자존감과 유능감을 키운다.

- 치료자와 보드게임을 즐기지만 자신에게만 유리하도록 수시로 규칙을 바꾸거나 반칙을 써서라도 이기려 한다.

- 놀잇감 배열과 구성이 수평에서 수직으로 진화한다.

- 범을 두려워하지 않는 하룻강아지처럼 안하무인으로 군다.

이 시기의 키워드는 다음과 같다.

젖은 모래 / 점토 / 반항 / 고집 / 수직 구성의 놀이 등장 / 대변과 트림 / 손 모양이나 발자국 내기 / 도장 찍기 / 모양 찍기 / 자신의 이름이나 서명 남기기 / 욕설 / 노래가사 바꾸기

12. 성 정체감이 형성되는 시기의 놀이

유아는 엄마에게 관심이 집중되었다가 엄마로부터 독립하여 자기와 타인의 구별이 생기게 되면 아빠에게도 관심을 기울인다. 그러면 엄마와는 다른 아빠의 겉모습이나 성향이나 역할의 차이에 대해서도 관심이 일어나고, 비로소 엄마와 아빠의 성별의 차이와

자신의 성별에 대한 인식이 싹튼다. 유아는 동성의 부모를 보면서 자신에게 알맞은 성 역할을 학습하며 이성의 부모로부터 이성과 어울리는 데 필요한 사회적 관계의 전략 등을 학습하게 된다. 또한 성 정체감과 그에 맞는 역할을 부모로부터 배워 나가면서 울타리 바깥세상에서 만나는 다양한 교류를 경험하게 되면 타인의 마음을 이해하게 되고, 상호 교류의 기술도 늘리고, 마찰이 일어났을 때 타협하는 법도 배운다.

이 시기에 자주 등장하는 놀이는 다음과 같다.

- 여자 어린이는 아기를 잉태하고 출산하고 수유하고 돌보고, 장보기를 하는 등 엄마의 역할을 흉내 낸다.

- 남자 어린이는 회사에 출근하거나 가족과 함께하는 나들이를 주도하는 등 가장의 역할을 흉내 낸다.

- 여자 어린이는 외모를 가꾸고, 남자 어린이는 태권도를 잘하는 등, 이성에게 인정받을 수 있는 자기 성별의 장점을 드러내는 표현들이 등장한다.

- 아빠 엄마의 부부 역할을 시연한다.

- 왕자와 공주가 만나 결혼하고 가정을 이루는 놀이를 표현한다.

- 실제 가족 관계 또는 이상적 가족 관계를 나타내는 표현이 등장한다.

- 남자 어린이의 전투 놀이에서는 적군과 아군의 조직을 갖춘 군대가 편성되고, 상사와 부하들의 움직임이 전략에 따라 일사불

란하게 전개된다.

– 남자 어린이들은 힘세고 강력한 리더십을 보이는 남성 역할을 드러내거나 생식 능력을 상징하는 놀이를 시연하며 자랑스러운 남성의 존재감을 세운다.

– 남자 어린이들은 놀잇감 싱크대의 수도꼭지에서 물을 틀기 좋아하고, 실제로도 수도꼭지에서 물장난을 많이 한다.

– 남자 어린이들은 자신의 우수함을 드러내기 위해 보보 인형이나 샌드백 치기를 좋아한다.

– 남자 어린이들은 물총으로 싸움 놀이를 즐긴다.

– 남자 어린이들은 선정적인 가사로 바꾸어 노래하기를 즐긴다.

이 시기의 발달이 건강하게 진행되지 않았던 어린이들의 경우에 변화를 눈여겨보면서 다음과 같은 것에 마음을 기울여야 한다.

– 아빠에게 별로 관심을 보이지 않던 어린이도 놀이치료를 진행하며 이 발달 시기에 이르면 아빠에게 관심이 생긴다.

– 놀이에서 이 발달 시기를 지나는 경우 남자 어린이들은 종종 야뇨증을 보인다. 잠을 자는 동안 활성화되는 잠재의식에서 남성의 존재감을 확인하는 마음이 작용한 것으로 이해하면 된다.

– 나쁜 아빠를 두었거나 아빠가 없는 어린이들에게는 이 시기에 좋은 본보기가 될 만한 남자어른과 접촉을 늘려 바람직한 남성 역할을 학습하도록 해줘야 한다.

– 자신의 존재감이 약했던 어린이들은 평소에 없던 자위행위를 보일 수 있다.

그런데 위와 같은 성 역할을 설명하면서 행여 오해가 생길까 봐 염려하는 노파심에서 덧붙일 말이 있다. 다름 아니라 여성의 성 역할에 대한 일깨움을 페미니즘과 어긋나는 주장이라고 생각하는 사람들이 있을지도 모른다는 염려다. 필자는 여성이 사회에 참여하는 기회와 인권을 남성과 동등하게 누려야 한다는 것은 페미니즘이라고 동의할 수 있지만, 여성만의 고유한 역할을 남성과 나누는 것은 별개의 사안으로 페미니즘과는 구별해야 한다고 생각한다.

이 시기 놀이의 키워드는 다음과 같다.

조직적인 전투 놀이 / 활 쏘기, 총 쏘기 등의 남성적 놀이와 무기 / 왕자와 공주가 결혼하여 출산하고 가정을 이루는 놀이 / 부부 놀이 / 가사 및 가족의 행사 / 왕자와 공주의 소품 착용 / 팔찌나 목걸이 등의 장신구 착용 / 야구 모자와 방망이 등 스포츠 용품에 대한 관심 / 신사 패션 / 군인 모형 / 전투용 차량 / 가족 인형 / 자위행위 / 야뇨증 / 아빠에 대한 관심과 아빠에 대한 자랑 / 선정적 내용의 가사로 바꿔 부르는 노래

왜곡된 자기를 재건하는 단계적 성장 작업

놀이치료 동안 자기 인식의 성장 작업에서 보여주는 여러 단계의 발달 시기 가운데 특별히 중요한 시기를 고른다는 것은 어리석겠지만 그래도 각 시기별로 왜 그 시기가 중요한지를 파악하는 것은 의미 있을 것이다.

만물과 특별한 차이 없이 평등한 우주적 존재로 있다가 개별적인 자기로 새롭게 분화하는 시기는 자기존재감의 출발선 위에 서는 것이어서, 시작이 반이라고, 이후의 발달이 진행되기 위한 발판의 시기라는 점에서 매우 중요하다. 필자가 놀이치료 현장에서 경험한 바로는 개별화된 자기에 대해 구체적 개념이 생기기 이전 삶은, 생동하는 영혼이 없이 다만 껍데기만 존재하는 것처럼 보이며, 좋은 것만 추구하는 육신의 욕구대로 앉고 눕고 먹고 자고 했을 따름인 것처럼 보인다. 우리는 때때로 자신의 행동이 어처구니없었을 때 "내가 넋이 나간 것 같다." "얼이 빠진 것 같다."라고 표현한다. 개별화된 자기개념이 생기기 이전 어린이는 이런 현상이나 상황이 일시적이 아니고 지속적으로 나타나는 것처럼 보이는 것이다. 자기개념은 내 이름은 무엇이며, 나는 어떤 집안의 후손이며, 나는 어디에서 살고 있으며, 나의 성별은 무엇인지 등에 관한 관심의 중심핵이자 기반이 된다. 자기개념이 구체적으로 출현해야 비로소 외부 세상과 자기와의 접촉에서 터득하는 조화와 균형과 마찰에 대해 의미 있는 경험의 축적이 가능하며, 삶이 무엇인지에 대한 현실적이고 총체적인 판단이 정련되어 갈 수 있다. 만일 개별화된 자기개념이 충실히 형성되지 않으면, 자기가 누구인지를 이해하는 능력의 결함은 물론, 어떤 문제를 바라보고 판단하고 해결하는 세상살이에 대한 적응도 결함이 나타난다. 뿐만 아니라 자신의 감정을 수용하고 이해하며 타인에게 그것을 적절히 표현하고 교류하는 정서적 능력에서도 결함이 나타나며, 눈을 맞추며 알맞은 소통으로 인간관계를 유지하는 사회적 기술에서도 결함을 보일 수 있다. 그러므로 개별화된 자기개념의 부재는, 시간과 공간의 틀 안에서 적절히 삶을 운용하는 현실 감각이 모자란 채, 자기이해가 부족해 은둔적 공상 세계에 머물러 총체적 부적응 현상을 보이는 어린이들에게서 종종 발견되는 문제일 수 있다. 그런 의미에서 개별화 과정을 재건하는 치료 시기는 매우 중요하다.

태내기는 출생 이후부터 삶을 마감할 때까지 일생 동안 아주 큰 영향을 끼치는 시기여서 매우 중요하다. 우리는 흔히 한 개인의 삶에서 일생을 좌우할 만큼 큰 영향을 끼치는 시기를 대체로 출생 이후부터 엄마 품을 떠나기 전 영아 시절로 생각하기 쉽다. 그래서 특별한 관심이 있거나 주의를 기울이지 않는 한, 태아가 40주의 성장 과정을 거쳐야만 온전한 개체가 된다고 생각하여 미처 40주를 채우지 못한 태아의 의식 세계는 왜소하며 미완성 상태일 것이라 여기기 쉽다. 그러나 필자의 놀이치료 현장 경험에 의하면 삶에 적응하는 능력은 출생 이후의 경험보다 태내기 경험이 훨씬 더 큰 영향을 끼친다고 여겨진다. 태아 시절의 의식 세계 역시 태아의 신체 발달이 완성 상태이거나 미완성 상태이거나에 상관없이 성인의 의식 세계와 다름없이 광대하고 무궁하다. 만일 엄마의 심리 상태가 불안정했거나 자궁의 조건이 안 좋아서 태아의 생존 조건이 위험하여 자기존재감에 손상이 생기면, 겉으로는 일상생활에서 큰 문제 없이 잘 적응하는 것처럼 보여도 내심으로는 지속적인 실존적 불안에서 헤어나기가 쉽지 않은 것 같다. 태아 시절의 생존 위협은 생후까지 지속적으로 이어지는 근심의 씨앗이 되어, 실존의 불안이 적절히 치유되지 않는 한 강박적 불안, 집중력 장애, 좌절감, 유능감 손상, 사회 관계망에서의 철수 등 다양한 정서적 문제를 일으킨다고 여겨진다. 따라서 실존적 불안을 해결하기 위한 태내기 재건의 치료 시기는 매우 중요하다.

태아가 40주 동안의 태내 과업을 완수하고 이 세상에 태어나 영아 시절에 접어들면 엄마와 신체적 접촉 또는 정서적 접촉이 매우 중요해진다. 엄마와 탯줄로 이어져 삶을 의존했던 자궁을 벗어나 하나의 개체로서 스스로 살아가야 하는 아기가 되면 얼마나 많은 생의 과업이 앞날에 전개되는가. 또 그 많은 생의 과업을 수행하는 것이 얼마나 호락호락하지 않은 일인가. 저절로 수행이 가능한 듯 여겨지는 먹고 자고 배설하는 일도 결코 쉬운 일이 아닌 데다 수시로 침범하는 각종 질병을 이겨내며 스스로 팔다리를 움직여 걸을 수 있기까지 아기가 겪을 피나는 노력과 심리적 어려움이 얼마나 크겠는가. 그런 어려움을 위로받는 일은 엄마와 눈을 맞추며 젖을 문 상태에서 애정 어린 접촉을 할 때가 최상이다. 필자의 경험으로는 치료 과정에서 영아 시절로 돌아간 몇몇 어린이는, 자신이 아기였을 때 상황이 어땠는지, 당시 엄마가 자신에게 얼마나 관심을 기울이고 어떻게 사랑과 위로를 보여주었는지를 엄마에게 자주 질문하면서 그때 아쉬웠던 엄마와의 애착 관계를 재건하는 경우가 있었다. 이런 경우 엄마는, 어린이가 고통스러워했던 그 당시 아주 극진한 사랑으로 보살폈다는 것을 세세히 들려주는 것이 좋다. 만일 영아 시절에 엄마로부터 충분한 위로를 받지 못한 채 성장하면 인간에 대한 뿌리 깊은 불신이 싹터 세상을 바라보는 눈이 냉담해지고 성격의 왜곡이 심해져 인간관계의 결함이 매우 커진다. 우리가 흔히 이야기하는 자기애성 성격, 연극성 성격, 경계성 성격 등 여러 유형의 병리적 성격은 거의 영아 시절 엄마와의 애착 관계 실패에서 비롯된 후유증이라고 여길 수 있다. 만일 어린이의 섭식 문제가 병리적이라면 이 시기의 양육 환경에 특히 주목할 필요가 있다. 이런 까닭으로 마음을 영아 시절로 되돌려 엄마와의 애착 관계를 건강하게 재건하는 치료 시기는 중요하다.

걸음마가 자유롭고 대소변 통제도 스스로 할 수 있는 자율감 태동의 시기에는 아기들이 자신과 타인의 다름을 알게 되고 자신만의 고유한 의지의 작동도 알게 된다. 또 자신의 독립된 의지에 따라 사물을 탐색하고 세상살이에 도전하여 성취감도 느낀다. 그 성취감이 속속 쌓이면 이 세상 모두를 자기가 좌지우지할 수 있을 것 같은 자아의 팽창감에 뿌듯해한다. 자아가 팽창하는 이 시기에는, 자신의 의지와 주장을 관철하느라 어쩌다 마주치는 타인과 마찰이 생겼을 때 타협이 통하지 않는다. 자기만 옳다고 생각하는 자기중심적이고 이기적인 주장과 욕심을 강하게 드러냄으로써 자기존재감을 만방에 알리려 한다. 그래서 이 시기의 자율감 발달에 중요한 대소변 훈련이 부적절하여 상처를 입거나 어른들의 과도한 통제와 억압 때문에 자신의 의지를 관철하는 데 좌절을 경험하거나 자긍심에 상처를 입게 되면 여러 후유증이 남는다. 이 경우에 타인의 의견은 무시하고 자기 의견만 내세우려 하거나, 자기중심적 사고에서 탈피하지 못하거나, 독립심이 길러지지 않아 의존적이고 결단력이 부족하거나, 마음과 재물을 이웃과 나눌 줄 모르는 인색한 사람이 되거나, 자존감을 지키려는 반항적 태도에만 익숙하거나, 열등감 때문에 주눅 든 모습으로 살기 쉽다. 만일 어린이의 증상이나 행동 가운데 배변에서의 문제가 병리적이라면 이 시기의 양육 환경에 특히 주목할 필요가 있다. 자기존중감을 바탕으로 한 진정한 의미의 자기존재감 발현이 대단히 중요한 이 발달 시기의 재건도 이런 의미에서 결코 소홀히 여길 수 없다.

엄마와의 애착 관계에서 벗어나고 엄마의 손길에서도 서서히 멀어져 아빠에게 관심이 기우는 발달 시기에 이르면 인간의 외형이나 역할에 남녀 구별이 있음을 알게 된다. 그래서 딸은 엄마를 통해 여성 역할을 배우면서 이성인 아빠로부터 여성으로서 인정을 받고 싶어 하고, 반대로 아들은 아빠를 통해 남성 역할을 배우면서 이성인 엄마로부터 남성으로서 인정을 받고 싶어 한다. 그리고 가정에서 엄마와 아빠를 통해 자신에게 알맞은 성 역할을 배운 것을 바탕으로 삼아 울타리 밖에서 여러 사람들과 만나면서 바람직한 사회적 존재로서 가치를 실현한다. 다른 사람들과 어울리고 관계할 때 매끄럽지 못한 사회적 행동이 드러나 처벌을 자주 받게 되면 어린이의 자존감에도 큰 상처가 남는다. 그래서 앞선 발달 시기에서보다 특별히 더 중요한 이 시기의 존재감은, 흔히 말하듯 이불 속에서만 활개 치는 것이 아닌 사회적 집단 안에서의 당당함이며, 또한 남성으로서 존재감을 인정받거나 또는 여성으로서 존재감을 인정받는 것이다. 만일 이 시기의 어린이에게 사회적 위축 현상이나 성 정체감의 혼란이 있거나 또는 남자 어린이에게 소변에서 병리적 문제가 나타난다면, 상벌을 비롯하여 사회적 행동에 관한 부모의 훈육이 어땠는지 탐색하는 것을 비롯하여, 이 시기 어린이와 이성 부모와 관계가 어땠는지 주목할 필요가 있다. 이 시기의 발달 왜곡이 심해지면 사회적 적응에서의 문제나 성 정체감 혼란이 커지므로 심리치료를 통해 이 시기를 바람직하게 재건하는 것 역시 중요하다.

자신의 새로운 탄생을 위해 온 마음을 기울여 차근차근 성장 작업에 매진하는 어린이의 심리치료에서는 대체로 위에 언급한 발달 시기에서 문제점은 무엇이었는지, 그리고 그 문제점을 극복해 가는 과정은 어떤지를 면밀히 들여다보며, 치료자가 한마음이 되도록 발맞춰 어린이와 동행하는 것이 아주 중요하다. 그런데 어린이가 성장 발달 과정의 어느 한 시기에 어떤 이유로 고통을 받게 되면 이후의 성장 발달은 고통의 씨앗이 키운 왜곡된 관점이 스며든 채 이 세상을 보고 듣고 느끼고 판단하기 때문에 마치 안갯속을 걷는 것처럼 진행된다. 치료 과정을 쉬운 비유로 설명하면 마치 눈앞의 세계가 흐릿한 안갯속을 헤매는 어린이로 하여금 안갯속에서 빠져나와 밝고 환한 세상을 바른 눈과 귀로 새롭고 투명하게 지각하며 판단하도록 이끌어내는 일이라 할 수 있다. 그렇기에 앞에서 설명한 바와 같이 각 발달 시기의 문제점에 대한 이해와, 그 문제점의 극복 과정은 달리 말하면 안갯속에서 빠져나오기 위한 재건 작업이다.

왜곡된 자기를 바르게 재건하는 단계적 성장 작업은 심리치료에서 핵심 과정이기에 두말할 나위 없이 중요하다. 그러나 심리치료에서 우리가 잊기 쉽고 또 소홀히 여기기 쉽지만 결코 그리해서는 안 되는 또 다른 아주 중요한 치료 시기가 있다. 즉, 안개를 헤치고 나온 후 투명하고 새로워진 눈으로 세상을 바라보고 적응해 가는 훈습의 시기라고 할 수 있다. 훈습의 시기를 잘 건너가는 것이야말로 비로소 바람직한 인성을 갖춘 성숙한 자기로 거듭나는 것이기 때문이다. 우리는 자주 고통스러운 갈등을 거두고 안개에서 빠져나오는 것으로 치료를 마쳤다고 생각하기 쉽다. 그러나 그것은 마치 이제 걸음마를 시작한 아기를, 혼자서 10차선 도로의 건널목을 달려 건너야 하는 상황에 내던진 것에 비유할 수 있다. 비록 강화된 자아의 힘으로 새롭게 바라보고 시작하는 세상살이에 맞서더라도, 그것은 고통스럽게 지나왔던 세월의 어려움 그 이상으로 호락호락하지 않기 때문이다. 따라서 어린이 심리치료에서 우리가 유념할 또 다른 중요한 치료 시기는, 성인의 심리 상담에서도 그렇듯이, 심리적 갈등이 정화된 이후에 새롭게 적응하는 사회적 상황에서 유능함을 발휘하도록 잘 건너야 할 훈습의 시기다.

게임으로 읽는 성장 작업과 상징

어린이들의 놀이 선택은 다양하다. 전쟁 놀이 도구, 건설 놀이 도구, 소방 놀이 도구, 운송 놀이 도구, 병원 놀이 도구, 주방 놀이 도구, 동식물 모형이나 로봇 등을 매체로 선택하여 마음속 고민이나 소망이나 비밀을 상징적으로 자유롭게 표현하며 놀이하는 어린이들이 있다. 반면에 처음부터 끝까지 모형을 활용한 상징 놀이에는 별로 흥미를 보이지 않고 게임 놀이 도구를 주로 선택하여 놀기 때문에 단조롭고 건조한 듯 보이는 놀이를 진행하다가 종료하는 어린이들도 있다.

후자의 경우는 대체로 상상력이 빈곤하거나 정서의 분화가 미숙하거나 감정 표현이 억압되어 있거나 상황에 대처하는 데 경직된 어린이들에게서 많이 볼 수 있다. 또한 성별로는 남자 어린이에게서 많이 볼 수 있고 발달 단계로는 초등학교 고학년 연령대에서 많이 볼 수 있다.

어린이들은 왜 게임을 선택할까

어린이들이 게임 놀이를 즐길 때에는 그만한 이유가 있을 것이기 때문에 게임 선택을 존중해줘야 한다. 치료 초기에 게임 놀이를 선택하는 어린이들은, 치료자와의 만남이 낯설기도 하고 또 치료받는 상황이 머쓱한 데다 새로운 경험과 마주쳐야 하는 국면이기 때문에, 속마음으로 자존심은 지키면서 불안은 낮추려고 자신에게 아주 익숙한 게임 놀이를 선택한다. 왜냐하면 제법 익숙한 게임 놀이를 선택함으로써 취약함은 감추는 대신 자신의 능력을 은근히 알릴 수 있고, 게임을 진행하는 동안에는 자신의 불안을 감추는 동시에 치료자의 태도를 살펴 치료자에 대한 경계심을 풀면서 친밀하게 다가갈 수 있기 때문이다.

위와 달리, 치료 초기에는 치료자와 별로 접촉하지 않고 조심스럽게 혼자서 놀이에 적응하는 어린이들도 있다. 이들은 치료자와 충분히 가까워진 다음에야 마음 놓고 속마음을 드러내며 새롭게 탄생하기 위한 성장 작업을 시작하면서 치료자와 게임 놀이를 즐긴다. 이런 경우의 게임 놀이는 성장 작업의 진행 단계에 따라 조금씩 다른 모습을 보여주지만 기본 동기는 게임을 통해 자신의 승부욕을 채우고, 성취감을 경험하며, 유능감을 확인하면서 치료자와 나누는 깊은 교감을 뛰어넘어 타인들과 적극적인 사회적 교류를 향해 발걸음을 내딛기 위한 것이다.

개중에는 치료자와 친밀감 조성이나 성장 작업의 진행 상황과 상관없이 시종일관 게임 놀이를 즐기는 어린이들이 있다. 하나는 생애 초기에 불안과 좌절 경험이 크고 모성 경험이 부족했던 어린이들이 안전 기지의 한 방편으로 수행하기 단조롭고 쉬운 게임 놀이를 선택하는 경우다. 또한 상황의 변화를 받아들이는 데 시간이 걸리므로 익숙함을 놓지 않으려고 반복해서 동일한 게임 놀이를 즐기는 경우도 있고, 창조력과 융통성이 부족하여 게임 놀이를 벗어나 상상이 필요한 다른 놀이로 확장하지 못하여 그럴 수도 있다.

만일 치료자와 충분히 친숙해진 후에도 어린이가 놀이 경험 부족 때문에, 또는 창조력 부족 때문에 여러 놀잇감을 다루며 다른 놀이로 전환하는 것이 잘 안 된다고 여겨지면, 어린이의 자발성을 침해하지 않는 알맞은 시점을 골라 치료자가 조심스럽게 다른 놀잇감과 놀이 방법들을 소개하면서 놀이의 확장을 시도해볼 수 있다. 그러나 이런 경우가 아니면서 어린이가 줄곧 게임 놀이를 즐기는 것이라면 다른 놀이를 권유하지 않고 어린이의 마음의 흐름을 수용하고 존중할 필요가 있다. 왜냐하면 동일한 게임 놀이만으로도 어린이들은 자신의 성장과 발달의 순서를 밟으며 자기가 원하는 새로운 자기로 발돋움해 나가기 때문이다.

그러면 이제 어린이들이 게임 놀이를 통해 어떻게 자신의 성장 발달을 이끌어 나가는지 더듬어보자. 대체로 놀이실에서의 성장 작업은 ① 많은 존재들 가운데서 자신을 유일한 영웅으로 분화시키기 → ② 엄마와 아빠의 사랑으로 존재하게 된 자기를 느끼기 또는 입태 과정의 재현 → ③ 자궁 속 아기가 되어 엄마와 일심동체임을 느끼기 또는 젖먹이가 되어 엄마와 애착을 즐기며 교감하기 → ④ 엄마와 애착 관계에서 분리되어 독립적으로 세상에 우뚝 선 존재가 되기 → ⑤ 다른 사람들과 어울림에서 타인의 생각과 조화를 이루고 타협하는 존재가 되기의 과정을 거친다.

그런데 두 번째 단계에서 표현되는 음양 화합(또는 남녀의 결합)과 입태 과정을 표현하는 놀이는 종종 순서가 바뀔 때도 있다. 생물학적 차원에서 볼 때 우리의 존재 과정은, 아빠와 엄마의 결합 → 수정란 → 착상 → 태반의 구성 → 탯줄로 이어진 태아의 성장 → 출생으로 그 과정을 좀 더 나눌 수 있다. 어린이들의 놀이를 세밀히 관찰하면 꽤 많은 경우에서 이와 같은 순서를 밟으며 자신의 생애를 반추한다. 그러나 때로는 순서를 압축하기도 하고 또는 음양 화합과 입태를 뒤바꿔 표현하기도 한다. 대체로 만물 생성의 형이상학적 이치를 우선 고려하는 경우에는 음양 화합이 앞서고 생물학적 입태가 그 뒤를 따른다. 그러나 생물학적 관점에서, 난자를 만나기 위해 자궁에 들어가는 정자의 운동이 앞서고 그 다음 자궁 속에서 진행되는 수정란의 착상 이후에 태아가 성장하는 과정을 생각하면, 남성이 여성을 찾아 자궁에 들어가는 의미의 입태가 앞서고 정자, 난자가 결합하여 수정란이 되는 음양 화합의 순서를 밟기도 한다.

성장 단계별 게임 놀이의 상징

이제 게임을 통해 어린이들이 성장하는 모습을 단계별로 살펴보자.

1. 우주적 존재에서 개별적 존재로 분화하기

이 단계는 주로 로봇이나 캐릭터 인형들의 무법의 싸움 놀이, 적을 패배시키는 경쟁적 놀이가 많이 선택된다. 어린이 자신은 많은 존재 가운데서 전지전능한 존재가 되거나 신격화되거나 시공을 넘나들며 종횡무진 활약하는 무적의 영웅으로 분화된다. 즉, 평범하고 우주적인 존재에서 튀어나와 혼자만의 특별한 재능과 성품을 지닌 값진 존재가 되는 것인데 대체로 몸은 갖추지 않은 정신적 존재다. 자기를 특별하게 드러내는 이 단계의 존재를 만일 게임이 아닌 그림으로 비유한다면 '꽃 중의 꽃'(여러 종류의 자잘한 꽃 가운데 유일하게 크고 화려한 꽃)이거나 '별 중의 별'(사방으로 흩어진 별무리 가운데 두드러지게 크고 환하게 빛나는 별)이라는 표현이 가능할 것이다.

게임 놀이에서 이 단계를 거칠 때 보이는 특징은 어린이가 게임의 규칙을 전적으로 무시한다는 것이다. 규칙이 있더라도 어린이 자신만 이해할 수 있는 비논리적 규칙이다. 치료자를 적으로 상대하는 어린이는 게임 놀이 속의 주인공이 되어 무자비한 무력을 사용한다. 목숨도 여러 개라서 나고 죽는 일이 손바닥 뒤집기처럼 쉽고 변신에도 달통한 존재다. 장기를 예로 들면, 임금의 권능을 행사하는 장기 알은 적군과 아군 모두를 포함하여 오로지 자신의 것뿐이고, 상대의 임금은 졸병과 다름없이 무능하고 무기력하다. 이 단계에서 장기는 장기 알 각각이 지닌 공격과 수비의 방법, 즉 차

(車)는 일직선으로 움직여 공격하고, 사(士)는 왕궁을 떠나지 않는 근위병의 임무를 잘 지켜야 한다는 규율이 통용되지 않는다. 모든 장기 알이 비록 아군과 적군으로 나뉘었다 하더라도 막상 게임에서는 게임 놀이라기보다 마구잡이 싸움 놀이의 인상이 짙게 진행된다. 입으로는 모든 장기 알이 제대로 전선을 지킨다고 말하지만 실제로는 네 편 내 편이 뒤섞여 제멋대로 전선을 어기며 어지럽게 움직이는 싸움쟁이들이다. 마지막 승자는 장기판의 모든 병사를 참혹하게 무찌르고 혼자만 살아남는 주인공 임금뿐이다.

2. 엄마 아빠의 사랑의 결합 또는 입태 과정의 재현

이 단계에서는 자신이 만물과 더불어 모두 평등한 범우주적 존재였다가 자신만의 독특한 개별적 특성을 지닌 신화적 존재로 분화하는 첫 번째 단계에서의 정신적 존재인 자기가, 몸도 함께 갖추는 실재적 존재로 이행하는 놀이가 많이 표현된다. 즉 우리가 의지하는 이 지구상의 실체가 되도록 몸을 갖추게 해주는 엄마와 아빠의 결합을 나타내거나 엄마의 배 속으로 들어가는 입태의 놀이가 많이 등장한다. 대체로 음과 양으로 대비되는 상징을 지닌 사물의 결합을 통한 음양 화합의 놀이, 또는 집, 궁전, 동굴, 주차장 등의 목적지를 향해 차량들이 달리거나, 사다리를 오르내리거나, 터널을 통과하거나, 심산유곡을 넘고 넘는 험하고 기나긴 여행을 하는 등의 놀이를 통해 입태 과정을 상징하는 놀이들이 많이 등장한다.

게임 놀이의 이 단계에서는 주로 음양 화합을 상징하는 게임 도구가 많이 활용된다. 이를테면 볼링, 고리 던지기, 다트 던지기, 활 쏘기, 총 쏘기, 바람 빠지는 풍선 날리기, 투호 놀이 등이 해당된다. 이들 놀이는 이미 언급한 바 첫 번째 단계의 성장 작업에서도 영웅이 되기 위한 놀이로 자주 등장하며, 그 다음 단계의 성장 작업인 음양 화합이나 입태의 의미로도 많이 연출된다.

그런데 게임 놀이에서 보여주는 이 단계의 특징 중 하나는, 음양 화합의 상징인 게임 도구를 사용하는 대신 때때로 여성 치료자가 직접 여성의 상징이 되기도 한다는 점이다. 즉, 총이나 화살을 과녁이 아닌 치료자에게 겨누거나 치료자의 몸에 총구와 화살을 갖다 대며 음양의 만남을 표시한다. 어떤 어린이들은 이 단계의 성장 과업을 거치는 동안에는 치료자를 만나는 즉시 반갑다는 표현으로 자신의 엄지를 세우고 검지를 길게 뻗어 손을 총처럼 만들고 치료자에게 겨누는 흉내를 내며 즐거워한다.

이 놀이들이 상징하는 의미를 좀 더 살펴보면 다음과 같다.

볼링 공과 핀이 서로 부딪쳐 만나는 놀이다. 공교롭게도 공과 핀의 모양을 눈여겨보면, 핀은 굵고 거칠기는 하지만 꼬리 달린 정자 모양을 연상시키고 둥그런 공은 난자를 연상시킨다. 볼링의 핀과 공이 만나는 순간은 몸과 마음을 갖춘 자신이 이 세상에 존재하게 되는 가장 진지하고도 경건한 첫 순간이다.

고리 던지기 수평을 이룬 도넛 모양의 고리를 던져 수직으로 솟은 막대기에 끼우는 놀이다. 고리는 여성을 상징하고 막대는 남성을 상징하여 둘이 만나면 음양의 결합을 이룬다. 엄마와 아빠의 사랑이 맺어지면서 자기가 이 세상에 등장하는 역사를 담는 놀이다.

다트 던지기, 활 쏘기, 총 쏘기 다트 던지기, 활 쏘기, 총 쏘기는 모두 과녁이나 목표물을 겨냥하고 명중시키며 즐거움을 누리는 게임이다. 화살과 총은 남성을 상징하고 과녁은 여성을 상징한다. 총 쏘기 놀이에서 물총을 사용하면 남자 어린이들이 남성성을 느끼기에 훨씬 더 좋다. 어린이들은 치료자와 점수 내기 경쟁을 하면서 과녁을 겨냥할 때 자신이 유능한 영웅이라도 된 듯 저마다 멋진 몸짓을 드러낸다. 우연이라도 과녁 중앙을 맞히면 남녀 결합의 성공을 손에 쥔 듯, 세상을 다 얻은 듯 우쭐해한다. 한 어린이는 과녁 대신 인형 집에 화살을 쏘아 넣고는 "내 화살에 선생님의 심장이 맞은 거예요. 이제 여기는 내 집이에요."라고 했다. 상징적 의미를 고려하지 않고 이 말을 들으면 매우 뜬금없게 여겨질 수 있지만 어린이들의 성장 작업 내용을 이해하고 들으면 매우 기특하게 여겨지는 말이다.

치료자가 경험한 재미있는 사례를 소개하면, 어린이 스스로 과녁을 만들도록 하자 한 어린이는 과녁 중앙에 노란색을 둥글게 칠해놓고 '달걀'이라 명명하고는 정자가 난자를 만나기라도 하듯 화살을 맞혔다. 또 어떤 어린이는 짙은 검은색을 둥그렇게 칠하고 '블랙홀'이라고 명명하고는, 화살을 쏜 뒤에 윗옷을 벗어젖히고는 마치 엄마의 자궁에 다시 들어가기라도 하듯 자신의 머리를 들이미는 몸동작을 취했다. 초등학교 고학년인 어떤 어린이는 하트 모양의 붉은색 과녁에 직접 화살을 갖다 대는 놀이를 즐겼으며, 두 어린이가 게임을 하기 위해 함께 과녁을 그린 적이 있었는데 A4

용지 네 배의 크기에 복잡한 선으로 그려놓고는 '구중궁궐로 들어가는 미로'라고 명명했다. 그들의 미로 그림은 마치 현미경으로 들여다볼 때의 광경처럼 해부학적으로 복잡한 여성의 배 속을 연상시켰다. 어린이들이 그린 과녁의 모양과 색과 이름은 제각기 달랐지만 모두 여성을 연상시켰다.

바람 빠지는 풍선 날리기 풍선을 불어 꼭지를 묶지 않고 날리면 풍선은 꼭지에서 빠지는 바람에 의해 추진력을 얻고 앞으로 날아간다. 이 추진력으로 날아가는 풍선이 과녁에 도달하면 마치 음양이 화합하는 장면을 연상시킨다. 즉, 바람 빠지는 풍선이 과녁에 빨리 도달하는 게임을 하는 동안, 풍선은 마치 꼬리를 움직여 난자를 향해 달리는 정자의 운동 같다. 시험관 아기였던 어떤 어린이는 치료자와 꽤 오래 지속한 풍선 날리기 내기에서, 자신의 풍선 꼭지가 짧은 게 만족스럽지 않았던지 치료자에게 풍선 꼭지에 긴 끈을 묶어 달라고 요청하고는, 마치 꼬리 긴 정자가 되어 빨리 난자를 만나는 으쓱한 승리감을 즐기는 듯 놀았다. 비슷한 느낌으로 또 다른 몇몇 어린이들은, 여성인 치료자에게 난자의 역할을 맡긴 듯, 바람을 내며 달리는 풍선을 던지고 그것을 치료자가 손으로 받도록 요청하고는 치료자가 받기를 실패하면 실망하고 받기를 성공하면 환호했다.

투호 놀이 놀이실의 바구니와 상자 등을 항아리로 여기고 나무젓가락이나 굵은 빨대를 그 안에 던져 넣는 놀이다. 상자나 바구니는 여성 또는 엄마의 자궁을 연상시키고 나무젓가락과 빨대는 남성을 연상시키는데 바구니나 상자에 들어가면 곧 음양의 결합이나 입태 과정을 떠올리게 한다. 이 놀이의 원형은 항아리 안에 청색과 홍색의 화살이나 막대기를 던져 넣는 우리의 전통 놀이로 왕자들이나 반가의 자제들이 많이 즐기던 놀이였다. 필자도 과거에는 투호 놀이를 단순히 여러 가지 전통 놀이 가운데 하나로만 여겼다. 그러다가 어린이들의 성장 작업을 통해 면밀히 들여다봄으로써 비로소 이런 존재 과정의 함의가 담긴 마음의 기저를 보고 느낄 수 있게 되었다.

3. 태아가 되어 엄마와 일심동체를 느끼기 또는 젖먹이가 되어 엄마와의 애착 관계를 즐기며 교감하기

이 단계는 여러 가지 모형을 사용하여 창조적으로 이야기를 꾸미고 전개해 나가는 상징적 역할 놀이인 경우에 다음과 같이 전개된다. 즉 수정란이 된 뒤에 자궁에 착상하는 과정 → 착상 이후 태반을 구성하는 과정 → 탯줄로 연결된 태아가 자기 몸을 구성해 가며 자라는 과정 → 태어난 이후 엄마와 애착 관계를 맺는 과정 등의 순서를 밟으며 다양한 모습으로 전개된다. 그런데 게임 놀이에서는 이런 과정이 모두 함축되어 전개된다. 즉, 어린이와 치료자가 일심동체가 된 듯 아주 사이좋게 게임을 꾸려 가며 공생 관계를 유지한다. 덧붙여 얘기하면 이전 단계에서 보여주던 무법자의 승부욕, 여성에게 자랑스럽게 드러내고 싶은 남성으로서의 자존감이나 유능감의 표현 등은 수그러들고 오히려 승부에는 관심이 사라진 듯 게임의 목표 지점에 동시에 도달하는 동반자의 모습을 보인다. 치료자가 어렵게 수행하는 게임에서는 어린이가 양보도 하고, 퍼즐 맞추기처럼 완성해야 하는 어떤 과업을 공유하거나 또는 치료자와 같은 점수를 만들어 한마음이 되도록 상호 간 돈독한 교류를 위해 애쓰고 있음을 아주 강하게 드러낸다. 이는 곧 어린이는 태아가 되고 치료자는 임산부가 되어 서로 같은 생명을 나누며 생각과 감정까지도 동일하게 소통하고 있다는 분위기, 또는 세상에 태어난 이후 아기와 엄마가 정겹게 애착 관계를 맺고 있다는 분위기를 강하게 느끼려는 노력처럼 보인다.

이 단계를 지나가고 있다는 느낌을 진하게 나타내는 놀이 가운데에는 실뜨기, 퍼즐 맞추기, 공기 놀이, 낚시 놀이, 풍선 불기, 동서남북 종이접기 또는 딱지 놀이, 바둑과 장기 놀이 등을 예로 들 수 있다. 이제 위에 언급한 바 이 단계에서 많이 실행하는 놀이들에 담긴 의미를 좀 더 살펴보겠다.

실뜨기 치료자와 아동이 번갈아 손가락을 움직여 실뜨기 모양을 바꾸어 나가는 놀이다. 실뜨기 작품의 공간에 손가락을 넣고 실을 걸어 모양을 바꿀 때마다 실뜨기 작품을 걸치고 있는 손의 주인공도 번갈아 바뀐다. 이 놀이에서 두 손을 왔다 갔다 하며 작품을 함께 만들어 나가는 모양이 마치 생명을 키우는 태아와 생명을 품어 키워주는 임산부의 공생 관계처럼 여겨진다.

퍼즐 맞추기 퍼즐 맞추기는 여러 개로 쪼개진 조각을 모아 하나의 그림이 되도록 맞춰 나가는 놀이다. 이는 마치 뼈와 근육과 피와 내장 등 각각의 신체 일부를 전체적으로 조화와 균형을 이루도록 조직해 나가고 하나의 온전한 개체로 완성해 나가는 태아의 성장 작업을 연상시킨다.

공기 놀이 이 놀이는 반복해서 하나부터 숫자를 늘려 공깃돌을 한 손으로 잡다가, 그 후 한꺼번에 다섯 공깃돌을 손등에 올린 뒤 허공에 띄워 다시 잡아 잡은 수대로 3년, 4년, 5년…… 이렇게 세월을 늘려 나가는 놀이다. 다섯 개의 공깃돌은 마치 인체의 심장과 간장 등 기본적인 다섯 장기(臟器)의 숫자와 일치한다. 또 손등에 올린 공기를 허공에 띄워 잡은 만큼 햇수를 늘려 나가는 게임 방법은 마치 태아가 하루 이틀 흘러가며 성장하는 세월처럼 느껴진다.

낚시 놀이 낚시 놀이는 낚싯대로 물고기를 낚는 놀이다. 어렵게 생각할 것도 없이 물고기는 물에 사는 생물이다. 태아도 역시 물에 사는 생물이다. 물속 물고기에 낚싯줄이 걸린 모습은 마치 태아가 양수 속에서 엄마의 자궁과 탯줄로 연결되어 자라고 있는 것을 떠올리게 한다.

풍선 불기 풍선은 바람이 들어가면 몸이 불어난다. 어린이가 숨을 불어 넣어 점점 배가 불러지는 풍선을 보면 마치 태아를 품어 배가 불러 가는 엄마의 모습 같다. 그런데 가끔씩 놀이실의 배부른 풍선을 집에 들고 가기를 간절히 원하는 어린이들이 있다. 어쩌면 놀이실에서 연출하는 배 속 태아의 성장이 단절 없이 집에까지 이어지기를 바라는 마음 때문인 것 같다.

동물들의 출산 장면을 보면 가끔은 아기 동물이 풍선같이 생긴 주머니를 뒤집어쓰고 세상에 태어나는 모습을 볼 수 있다. 그리고 어미 동물이 그것을 핥아 찢어 아기 동물의 모습을 드러내는 장면

이 이어진다. 인간의 경우는 아기의 출산 뒤에 후산으로 태반이 나오지만, 출생과 관련된 이 자연의 생태를 어린이들도 선험적으로 아는 것일까. 종종 자신이 출생하는 때에 이르면 터지지 않도록 조심스럽게 다루던 풍선을 터뜨리거나 치료자로 하여금 터뜨리도록 요청하곤 한다.

동서남북 종이접기 또는 딱지 놀이 네모난 종이의 네 군데 모서리를 접어 엄지와 검지를 끼워 넣을 수 있는 구석을 만들어, 그 구석에 엄지와 검지를 낀 채 수평과 수직으로 손가락을 놀려 '동서남북'이라고 말하고 움직이는 놀이와, 네모난 종이를 접고 엮어 딱지를 치고 주고받으며 게임을 즐기는 딱지 놀이는, 곧 공간에 대한 인식의 출현을 의미하면서 동시에 상대와 함께 즐거움을 공유하는 놀이다.

놀이에서는 어린이들이 잉태하기 전까지 무한 공간과 무한 시간의 세상에 속하는 존재였다. 그러다가 엄마의 자궁 속에 들게 되는 순간 시간과 공간의 제약 안에 자기가 존재하고 있음을 알게 된다. 딱지 놀이는 성장 작업에서 그런 앎을 표현하는 대표적 놀이다.

바둑과 장기 놀이 바둑과 장기 놀이 또한 시간과 공간에 대한 인식이 생기는 입태 이후에 많이 등장하는 놀이다. 치료자와 즐거움을 나누며 게임하는 그 자체만으로도 임산부였던 엄마와 아기였던 자기의 소통과 공감을 다시 새롭게 느끼기에 좋거니와, 장기나 바둑판의 격자무늬를 통해 자신이 시공이 존재하는 아기집 속 존재임을 느끼기에도 좋기 때문이다.

장기와 바둑판의 격자무늬는 시간과 공간의 짜임이면서 집을 지을 때 쓰는 건축 자재들의 짜임, 또는 날줄과 씨줄이 만나 만들어지는 옷감의 짜임 등을 연상시킨다. 우리가 지구를 위도와 경도로 나누어 시간과 공간을 헤아리는 것처럼 어린이들 마음에 비친 바둑판의 격자무늬에도 시간과 공간이 들어 있다.

가로줄과 세로줄로 엮인 격자무늬는, 천상의 직녀가 견우를 기다리며 날줄과 씨줄로 실을 엮어 만들어내는 옷감, 창호지를 발라 추위를 막아주는 우리네 가옥의 창살, 나뭇가지를 얽어매어 짓는 새들의 둥지, 애벌레가 깃든 고치의 실 조직, 중앙에 핵을 품은 인체의 세포 조직, 애벌레가 한 마리씩 들어가 자랄 수 있는 벌집 등과 많이 닮았다. 그런데 옷감으로 만들어진 아기의 강보, 가옥의 창살, 새들이 알을 품는 둥지, 애벌레들이 나비가 되기까지 깃들어 있는 고치나 세포 조직, 바둑판에 흑백의 알을 배치해 가며 공간을 넓히는 바둑판의 집, 이런 것들은 모두 새로운 탄생을 위해 깃들어야 하는 자궁이거나 엄마의 품속과 관련된 상징이 될 만하다. 더구나 바둑 놀이는 신선처럼 게임을 하면서, 음양의 상징인 흑색과 백색의 알이 서로 만나 교류하며 집을 짓는 놀이이니 천상에서 이 세상으로 내려와 엄마와 공생하며 새로운 탄생을 준비하는 심층의 표현 작업으로는 아주 그럴듯하다.

필자와 함께 공부하는 모임의 한 동료에게는 중학교 1학년 남학생 내담자가 있었다. 그는 치료자와 매우 인상적인 장기 놀이를 함으로써 영웅 되기 → 음양의 만남 → 엄마와 태아의 소통이라는 몇 단계의 성장 작업을 한 번의 회기에서 모두 경험했다. 즉, 기존 장기 알에 적힌 차(車), 졸(卒) 등의 한자 대신 점토로 이(夷) 자가 적힌 큰 알을 자신의 병기로 만들어 싸우고, 치료자에게는 궁(弓)자가 적힌 작은 알을 만들어주면서 전쟁 놀이를 했다. 이 남학생이 직접 만들어 사용한 장기 알 '이' 자의 구조와 함축된 의미를 살펴보면 자신은 큰(大) 활(弓)을 가진 용감한 사람이며, 반면 치료자는 다만 작은 활(弓)을 사용하는 평범한 전사라는 뜻이다. 그는 자신이 만든 '이' 자 알이 장기판을 종횡무진 움직이게 함으로써 영웅이 될 수 있었다. 그리고 그 영웅이 장기판 가로세로를 누비며 음양의 만남을 경험하고, 또 치료자와 그렇게 창의적이고 신명나는 게임을 즐기며 태아가 되어 엄마와 소통하는 경험을 모두 만끽했다.

4. 엄마와의 애착 관계에서 벗어나 독립적으로 우뚝 서는 존재가 되기

이 단계는 프로이트의 성격 발달 이론에 비추어볼 때 항문기에 해당하는 시기다. 엄마와의 공생적 애착 관계에서 벗어나고, 자타가 분리되어 이 세상에 존재하는 많은 대상과 비교할 때 그 무엇에도 견줄 수 없는 자신의 뚜렷한 존재감을 자랑하고 싶어 하고, 자신의 생각과 느낌을 굽히지 않으려 하며, 자신의 이익을 추구하는 데 크게 눈뜨는 시기다. 그런 까닭에 게임 놀이에서도, 바로 전 단계에서 보여주던 양보와 우호적 태도는 언제 그랬던가 싶게 사라지고, 대신 아주 자기중심적이며 이기적 진행으로 변화한다. 게임의 공정함과 안정적 규칙은 전적으로 무시되고 어린이 자신에게만 유리한 규칙을 수시로 만들어 놀이한다. 장기 놀이를 예로 들면 자신의 왕은 목숨이 여러 개여서 공격을 당해도 다시 살아날 수 있지만 치료자의 왕은 목숨이 하나뿐이라서 다시 살아날 수가 없다는 규칙을 적용한다.

이 단계에서의 심리적 발달은 아직도 다른 사람의 입장을 헤아리지 못하는 수준에 머무르고 있기 때문에 게임 놀이에서도 그 점을 고려하여, 아동이 자신에게만 유리한 게임을 진행하려 꾀를 쓰더라도 그대로 수용해주는 것이 좋다. 다만 다른 사람의 입장을 고려할 수 있게 되는 다음 순서의 발달 단계를 준비하는 입장에서, 비록 일방적이기는 하지만 어린이 자신이 유리하게 설정한 게임 규칙을 존중하여 어린이 이름을 붙여주고 '○○식 게임'이라고 명명해주는 게 좋다.

그러나 설령 어린이에게만 유리하게 설정된 규칙을 가진 '○○식 게임'이라도 그 규칙은 어린이도 치료자도 똑같이 철저히 따라야 한다. 왜냐하면 규칙을 설정하는 데 있어서 아무리 항문기 특성의 자기중심성이 이해받고 수용된다 하더라도, 일단 상호 협의로 설정된 규칙은 서로가 지켜야 하는 사회적 약속이기 때문이다. 그렇게 게임을 통해 상호 간 약속을 지켜 나가는 훈습이야말로 어린이로 하여금 장차 타인들과 화합하고 소통하며 사회적 규범에 순응하는 바람직한 가치관을 세우는 계기가 된다.

이 단계에서는 어린이들이 패배하는 것을 아주 싫어하고 손해보려 하지 않는 성향이 몹시 강해서, 일단 게임이 진행되는 도중에라도 자신에게 유리한 규칙을 자꾸자꾸 새롭게 만들어 적용하려

떼를 쓰는 일이 흔하다. 그러나 어린이들이 원하는 새로운 규칙은 일단 시작된 게임 도중에는 적용하지 않고, 다음에 다시 시작하는 게임부터 적용하기로 결정해야 한다. 이 역시 서로 지켜야 하는 사회적 약속은 일방적이지 않고 서로 협의해 평등하게 준수하는 것이라는 점을 가르치는 것이다. 이렇게 치료자와 게임 놀이를 하면서 절제하는 경험과 약속을 지키는 훈습이야말로 곧 준법정신의 기초를 다지는 것이다.

5. 타인의 생각과 조화를 이루고 타협하는 존재 되기

놀이치료의 성장 작업에서 이 단계는 프로이트의 성격 발달 이론에 비추어볼 때 남근기에 해당한다. 자기중심적 사고에서 벗어나 다른 사람들과 어울림 속에서 타인의 생각과 느낌도 헤아리게 되고 타인의 생각과도 타협할 줄 알게 되는 시기다. 게임 놀이를 하면서도 서로 약속한 규칙은 지키려고 애쓰고 게임에 지더라도 패배를 인정하고 아쉬움이 남아도 패배를 수용한다. 그러나 상호 협약이 준수되는 규칙을 세우고 그것을 충실하게 실천은 하지만 상호 협약의 규칙이 상호 간의 평등한 조건인지는 헤아리지 않는다. 그 까닭은 이 시기의 인지 발달이 아직 논리적이고 합리적인 수준에는 이르지 못하기 때문이다. 장기 놀이의 예를 들면 언제나 자신이 공격을 선점하기를 원한다.

이런 식으로 게임하다가, 만약 장기 놀이를 하면서도 한번은 어린이가 먼저 공격을 개시하고 그 다음번 게임에서 치료자에게 먼저 공격을 개시하도록 기회를 나눌 줄 알게 된다면, 인지 발달의 단계가 한 층 더 높아져 서로 공정한 조건의 게임을 할 수 있게 되었음을 알려주는 것이다. 즉, 집단 게임에서도 다 같이 지켜야 할 규칙을 따르며, 사회적 합의가 필요한 문제 해결 상황에서도 논리적이고 공정하고 합리적 추론에 의한 협의와 토론이 가능하며, 수학적 공식의 이해도 가능해졌음을 의미한다. 이런 사고가 가능해졌다는 것은 치료 종료가 임박했음을 의미한다.

퇴행을 반복하는 이유

어린이들의 놀이 진행을 보면 그 속에 담겨진 어린이들의 생명은 연속선상에 놓여 있다. 그리고 현생으로 이동한 자신의 존재를 각성하기 위해 자주 과거생을 밟는다. 과거생으로 많이 돌아갈수록 현생에서 자기의 존재 가치는 더 값지게 된다. 여러 번의 시행착오를 거쳐야 비로소 성공적 발명품이나 예술 작품이 나오듯, 어린이들도 최상의 자기조각상을 빚기 위해 업그레이드시키며 퇴행을 반복한다.

성장 작업에서 나타나는 퇴행을 눈여겨보면, 과거를 밟으며 머무르는 퇴행의 시기와 에피소드가 일정한 경우가 있다. 입태의 아픔이 컸으면 입태 시절로 많이 돌아가고, 영아기 시절의 아픔이 컸으면 영아기 시절로 많이 돌아간다. 마찬가지로 자율감의 박탈감이 컸으면 자율감을 키우려고 그 시절로 많이 돌아간다. 또한 정서적 충격이 컸던 에피소드가 있으면 그 에피소드를 반복적으로 재현함으로써 충격을 경감시킨다. 부모에게 버림받은 상처가 있으면 그 상처를 다독이는 놀이를 반복하고, 엄마가 병상에 오래 누워 있었으면 엄마를 치유하는 놀이를 많이 연출한다.

그런데 필자의 경험에 의하면 치료자의 관심과 주의가 유달리 필요한 어린이들이 있다. 즉, 자신을 통째로 성숙시키기 위해 존재의 첫 단계로 많이 돌아가서 머무르는 어린이들이다. 그네들은 필자가 이른 바대로 우주적 존재로서 혼돈 상태에 많이 머무르는 자기를 보여준다. 대체로 이 발달 시기에 오래 머무르는 어린이들은 임신 과정에서 어려움이 컸거나 생애 초기에 애착 경험이 부재해 많이 외롭고 불안해서 현실에 눈 감고 살았거나 강박적 성향을 지니게 된 경우가 많다.

어린이들의 퇴행은 자기를 재건하는 과정에서 아주 중요한 디딤돌이다. 많이 퇴행할수록 도리어 더 크게 성숙하는 경험을 되풀이하는 매우 긍정적인 작업이다. 그래서 그만큼 더 오랜 치료 기간이 소요된다. 치료자가 이런 사항들을 부모에게 잘 안내해주면, 부모는 치료자를 한층 더 신뢰하고 엄마 또한 오랜 시간 잘 기다려주고 버텨주는 인내력을 발휘한다.

2장

/

놀이의 언어와 상징

발달 단계에 따라 의미가 달라지는 놀이

자아 발달과 놀이

어린이들의 놀이치료 진행 과정을 주의 깊게 살피다 보면, 그들의 유사한 심상 표현에서 종종 미세한 차이를 발견할 때가 있다. 즉, 놀이의 주제는 거의 같아 보이지만 섬세하게 들여다보면 심리적 발달 시기의 차이가 드러나거나 또는 의미상의 차이가 드러난다는 점이다. 자세한 내용을 살펴보면 다음과 같다.

마음 세력의 팽창

어린이들의 치유의 힘을 믿어주고 자율성을 존중하는 치료자의 수용과 공감이 점점 쌓이면 놀이실에서 보여주는 어린이들의 행동이 자유롭고 과감해진다. 어린이들이 자신들의 능력에 확신이 생기고 위축되었던 마음에 활기가 돌면 놀이가 거칠어지고 동작도 커지고 마음에도 힘이 붙는다. 예를 들면, 상자에서 모래가 흘러내리지 않도록 조심하며 놀다가 과감하게 흘리기도 하고, 약하게 때리던 샌드백을 아주 센 주먹과 힘찬 발길로 때리고 쓰러뜨리기도 한다. 이렇게 어린이들의 자신감이 커지면 치료자에게 보여주던 경계심이나 예의범절이나 배려 등은 오히려 줄어들어 어떨 때는 "하룻강아지 범 무서운 줄 모른다."는 표현이 어울리게 아주 대범해진다.

이렇게 어린이들의 몸과 마음의 세력이 커지는 시기에는, 상대에 대한 자신의 우수함을 알리려는 힘의 세기도 급격히 팽창한다. 그런데 때때로 치료자는 어린이의 발달 진행을 잘 이해하기 위해 그 힘의 팽창이 자기(self)의 팽창인지, 자아(ego)의 팽창인지 구분해야 할 필요가 생긴다.

일반적으로 총체적 인격으로서 존재감을 나타내는 자기의 팽창은 만물이 평등한 우주적 존재로부터 특별한 하나의 존재로 분화되는 자기만의 개별화 과정에서 많이 나타난다. 즉, 자기만의 존재감이 신과 같은 전능한 것이거나 마술적 힘을 지닌 것이거나 어지러운 세상을 평정하는 영웅적인 것으로 구체화되면서 나타나는 팽창이기 때문에 그 색조가 대체로 자기라는 인격 전체에 스며 있다.

한편 자아의 팽창은 애착 관계를 이루던 엄마와 분리 과정을 거치며 획득하는 자율감과 독립성의 출현, 그리고 자신과 타인의 다른 점을 인식하게 되면서 출현하는 존재감이기 때문에 그 팽창의 색조에 독선과 반항과 고집과 이기적 욕심이 스며 있다. 그러므로 전인적 팽창이라기보다는 발달 과정 중 거치는 편린의 현상으로 이해해야 한다. 참고로 마음의 세력이 팽창하는 것을 두고 순서를 이야기한다면 자기의 팽창이 앞서고 자아의 팽창은 나중에 나타난다.

남자 어린이들의 전투 놀이

자기의 팽창 시기에는 전투 놀이라 하더라도, 나와 적의 등장은 있지만 상호 간 조직이 갖춰진 전투는 벌어지지 않는다. 다만 나라는 존재는 시공을 넘나드는 영웅적 인물이어서 홀로 상대하는 무수한 적들을 언제 어디서라도 모두 휩쓸어 물리친다. 그 무수한 적들도 또한 시공에 얽매이지 않은 오합지졸이며 때로는 맹수가 되었다가 때로는 좀비가 되었다가, 때로는 장풍이기도 하고 폭풍우와 지진이기도 하다. 그러나 무수한 적을 상대하는 나는 수많은 난관을 헤치고 수많은 생사의 관문을 뚫은 뒤에야 비로소 불세출의 영웅의 지위를 누리게 된다.

한편, 성 정체감에 대한 인식이 출현하고 남성으로서 존재감이 강조되는 발달 시기(프로이트의 남근기에 해당)에 이른 뒤의 전투 놀이에서는, 나는 어떤 조직의 우두머리이고 내가 속한 조직과 상대하여 전투를 벌이는 적 또한 무시할 수 없이 강한 조직이다. 아군도 적군도 모두 상하 질서가 있는 조직이며 전투가 벌어질 경우에도 고도의 전략과 전술이 동원된다. 또한 전투에 동원되는 인물 모형들은 대체로 군인 또는 유사 인간이며, 차량들도 비교적 현실적인 것으로서 전투기, 탱크, 전투용 물자 수송 차량 등이며, 무기 역시 현실적인 것으로서 인류가 발전시켜 온 창과 방패, 화살, 수류탄, 총, 미사일 등이다.

영웅담

남자 어린이의 전투 놀이에서는 영웅담이 많이 등장한다. 주로 우주적 존재에서 개별적 존재로 옮겨 가는 시기에 많이 등장한다. 그들이 등장시키는 영웅은 개별화 작업의 초기와 후기에 그 색조가 서로 다르다. 이를테면, 개별화 작업 초기에는 선악의 개념이 분화되지 않은 영웅이 등장하지만, 개별적 특성이 분명해지는 후기에 들어서면 선을 지향하는 특성을 지닌 영웅이 등장한다. 선악이 분화되지 않은 영웅일 때에는 손길 가는 대로 발길 닿는 대로 세상을 휘저으며 도둑질도 하고 불을 지르기도 하고 막무가내로 무력을 행사한다. 그러나 개별적 자기 정체성이 분명해지는 후기에 들어서면, 영웅에게 선악의 개념이 생겨서, 좋은 세상을 만들기 위해 악행을 저지르는 존재들을 모두 소탕하고, 불이익을 당하는 약한 존재들에게는 초월적인 구원의 손길을 내민다.

대소변 관련 언행과 놀이

놀이치료를 진행하다 보면 어린이들이 실생활에서 대소변 실수나 잦은 배설, 짓궂은 언어 표현이나 놀이 표현 등이 수시로 들락날락하는 것처럼 보이는 경우가 있다. 그러나 눈여겨보면 이런 표현들에서도 발달 시기에 따른 차이를 엿볼 수 있다.

첫째로 자기가 팽창하는 발달 시기에는, 대변과 소변 관련 내용들이 실생활과 놀이와 언어와 증상 등에 각각 또는 함께 등장할 수 있는데, 대소변 관련 내용의 등장이 대체로 원초적이고 반사적인 공격과 방어의 색조를 강하게 드러낸다. 얼핏 생각하기에는 제법 염려스러운 현상 같지만 실질적으로는 치유 과정의 발전을 나타내는 것이므로 어찌 보면 반가운 표현들이기도 하다.

둘째로 자아가 팽창하는 발달 시기에는, 소변의 등장은 드물고 대변의 등장이 잦은데, 이때의 대변은 공격과 방어의 색조는 비교적 옅고 반항적이거나 자기중심적이거나 이기적인 탐욕의 색조가 짙은 경향을 띤다. 이런 현상 역시 자신의 생존이나 자긍심을 드높이는 한 측면이므로 반가운 현상이기도 하다.

셋째로 남자 어린이의 성 정체감 발달 시기에는, 대변의 등장보다 소변의 등장이 잦은데 이때의 소변에는 남성으로서의 존재감을 강조하는 색조가 은근히 강하다. 종족 보존이라는 남성의 생식능력에 관한 무의식적이고 본성적인 존재감 표현이라서 이 역시 발전적 신호라 할 수 있다. 그러나 간혹 성 정체감 발달 시기의 여자 어린이에게서 나타나는 야뇨 또는 빈뇨 증상은 불안과 두려움이라는 정서적 문제, 빈약한 존재감 문제의 하소연으로 이해하는 것이 필요하다.

남녀 화합의 놀이

음양 화합을 표현하는 놀이에서는 어린이들의 상황이나 성향에 따라 형이상학적 표현과 형이하학적 표현이 구별되는 경우가 종종 있다. 예를 들어 색채를 차용하여 표현할 때, 형이상학적 개념에서는 빨강과 파랑이 만나 음양 화합이 성사되고 형이하학적 표현으로는 빨강과 초록이 만나 음양 화합이 성사된다.

형이상학적 개념은 우리의 태극기를 떠올리면 쉽게 이해할 수 있다. 태극기는 우주 만물의 기본 요소인 하늘, 땅, 물, 불을 나타내는 4괘(四卦)와, 음양을 상징하는 파랑과 빨강이 균형 있는 조화를 이루며 우주 운동을 하는 태극 무늬의 원으로 그려져 있다. 이는 곧 음양이 조화를 이루며 우주 만물이 생성되고, 우주의 모든 생명은 돌고 도는 똑같은 우주 원리를 따른다는 의미를 담은 것이다.

반대로 빨강과 초록의 만남으로 표현되는 음양 화합은 우리의 옛 신혼부부의 침구인 원앙금침과 신부의 녹의홍상(녹색 저고리에 붉은 치마)을 떠올리면 쉽게 이해할 수 있다. 초록과 빨강이 배색된 원앙금침과 녹의홍상은 신혼의 음양 화합을 독려하는 배색이기도 하다. 우리의 옛 어른들은 갓 결혼한 부부에게 후손을 낳아 부귀영화를 오래도록 누리라는 염원을 담아 빨강과 초록의 배색을 침구와 의상에 적용했다. 생각할수록 지혜로운 배려가 아닐 수 없다.

우리의 옛 어른들이 왜 빨강과 초록을 음양 화합의 배색으로 채택하였을까? 산에서 자라는 나무의 열매 대부분이 붉은색을 띠고 있음을 생각하면 그 배려를 쉽게 납득할 수 있다. 열매는 종족을 번성시키는 씨앗을 품고 있다. 그리고 씨앗을 되도록 멀리 퍼뜨리려면 여기저기를 자유롭게 옮겨 다니는 새나 다른 동물들이 열매를 먹고 씨앗을 배설해주는 일이 필요하다. 그러려면 열매가 초록색 잎과 보색을 이루어 눈에 잘 띄어야 한다. 그러기에 새들이나 동물들의 눈을 끄는 데 가장 유리한 빨간색을 지니는 것이다. 이런 자연의 이치를 색채와도 결부해 일상생활에 받아들인 옛 어른들의 지혜는 놀랍다. 또한 원천적으로 알고 있는 우주의 원리와 조상들로부터 물려받은 지혜들을 마음속 깊은 장소에 간직했다가, 알게 모르게 자기의 새로운 탄생과 성장의 실현인 상징 놀이를 통해 재현하는 어린이들의 지혜도 놀랍다.

음양 화합의 색채와 관련하여 흥미를 일으키는 또 다른 상징이 있다. 어린이들은 배 속에 들어간 아기를 색채로 표현할 때 보라색을 많이 등장시킨다. 양의 상징인 빨강과 음의 상징인 파랑이 합해지면 보라색이 된다는 색채 결합의 이치에 따른 상징 같다. 그런데 어린이들이 보라색을 사용할 때의 음양 화합은 빨강과 파랑의 결합일 때도 그렇고, 빨강과 초록의 결합일 때도 그렇다. 그런 것으로 미루어 볼 때, 자신의 존재 과정에 대한 어린이들의 근본적인 생각은 생물학적 생태의 입장보다는 음양 화합을 통해 만물이 생성된다는 좀 더 근본적인 우주의 원리를 따르는 것으로 여겨진다.

음양 화합의 측면에 관해 말하자면, 형이상학의 개념과 형이하학의 개념으로 구별되는 또 다른 표현이 있다. 앞에서 언급한 색채의 관점에서와 달리 과일을 차용하여 복숭아 또는 사과를 여성의 상징으로 표현하는 경우다. 어린이의 놀이에서 무슨 그런 표현들이 등장할까 의구심이 들 수도 있겠지만, 여러 종류의 놀이 내용을 관찰하다 보면 차원이 다른 듯 여겨지는 놀이 분위기가 전개되는 것도 사실이다. 놀이치료 진행 시, 어린이들의 꿈이 펼쳐지는 유토피아의 세상, 신선들이 노니는 몽환적 세상, 삼차원 이상의 자유로운 시공간의 세계에서는, 음양 화합에서 여성의 상징이 복숭아인 경우가 많다.

우리네 문화에서 흔히 일컫는 별천지 무릉도원(武陵桃源)에, 붉고 탐스럽게 물든 과일인 천도(天桃)라는 단어가 존재하는 것으로도 상징 놀이에서 복숭아가 이상향 느낌의 표현과 가깝다는 게 어느 정도는 납득이 된다. 필자가 어려서 많이 듣던 설화 가운데 성실한 노부부가 사람의 발길이 닿지 않는 심산유곡에서 건져 올린 복숭아를 갈라 평생소원이던 귀한 아들을 얻는 이야기가 있다. 이 설화에서도 복숭아가 세속을 멀리한 동경의 세계에서 만나는 과일이자 또 아기 탄생의 발원인 음양 화합과 가까운 상징이 된다는 것을 알 수 있다. 물론 남성 편력이 많은 사람에게 도화살(桃花煞)이 있다고 표현할 때의 복숭아가 꽤 세속적 개념이며, 또한 복숭아를 보면 사과보다 더 에로스를 연상하기 쉬운 하트 모양에 가깝고 여성의 살결을 연상하기도 더 쉬워 오히려 세속적 개념으로 여겨질 것 같은데도 놀이에서 복숭아는 이상향의 세계와 가까운 경우가 많다. 어쩌면 어린이들의 마음이 세속에 물든 어른들에 비해 순수해서가 아닐까?

이와는 반대로 이상향을 표현하는 놀이에서 여성의 상징으로 사과가 등장하는 경우는 거의 없다. 우리의 일상적 언어에 '천도'처럼 하늘이라는 뜻과 결합하여, 하늘 세계의 사과라는 의미가 있는 단어가 없는 것으로 미루어 봐서도 사과는 좀 더 형이하학적 개념에 가깝다고 말해도 무리가 없을 것이다. 어린이의 놀이에 등장하는 사과는 음양 화합의 진행이 순조롭지 않고 어려움에 처하게 됨을 의미하는 경우가 더 많다. 이를테면 에덴동산의 이브처럼 사과를 먹고 낙원에서 쫓겨나거나 타락하게 되는 여성, 경쟁자 여성에게 독이 든 사과를 먹이는 질투 많은 여성, 독이 든 사과를 먹고 죽게 되는 비운의 여성으로 등장하는 경우 등이다.

사례

좀 더 이해를 돕기 위해, 필자와 동료들이 함께 공부하는 사례 모임에서 논의된 한 어린이의 마음을 참고로 제시해본다. 자기 존재의 차원이 달라지는 내용을 복숭아와 사과로 비유한 장면이다. 이 어린이는 초등학교 2학년인데도 자신의 정체감이 혼란하고 사회적 접촉이 미숙하여 자신의 마음을 표현하는 언어도 미숙하고 그 뜻을 헤아리기도 쉽지 않다. 여기서는 언어로 표현한 어린이의 마음을 숫자를 붙여 소개하고 그 마음을 뒤에서 좀 더 세밀히 살펴보겠다. 괄호 안은 필자의 동료인 치료자의 반응이다. 말줄임표로 표기된 부분은 생략된 부분이다.

…… ① 낚시터를 살 거예요. (낚시터를?) 네. 제가 진짜 되고 싶은 게 ② 우주인이에요. [횡설수설하며 행성에 관해 이야기] ③ 달이 비싸요. 비싼데 제가 ④ 호스로 꺼버릴 거예요. …… 불 끌 수 있을까요? ⑤ 소방관은 가까이 가면 안 되고 우주인, 외계인…….
[끝말이 흐려져 이해하기 어려움] …… 다음 시간에 ⑥ 사탕 사드릴까요? ⑦ 선생님 아들이나 딸 있어요?

복숭아를 그리고 ⑧ 복숭아가 점점 사과로 변신 중이라고 함.
…… ⑨ 선생님 집 주소 말고 집 비밀번호 알려주면 복숭아가 사

과로 될걸요? (그래? 그럼 ○○이한테만 살짝 알려줄게. 다른 데 가서 말하면 안 돼.) 네. …… ⑩ 빨간색, 초록색 사과 그림. ⑪ 사과가 아니고 눈이 달린 토끼였어요. ⑫ 토끼로 바뀐 빨간 사과에 까만 원을 그리고 웃음.

① 낚시터를 살 거예요. – 어린이의 놀이에서 낚시터는 양수가 있는 임신 상태의 자궁을 의미할 때가 많다. 낚싯줄을 입에 문 물고기는 탯줄과 연결되어 양수에 떠 있는 태아와 비슷한 느낌을 줄 수 있기 때문인 것 같다. 여기서 어린이가 낚시터를 산다고 했으니 나는 장차 엄마 배 속에 들어가는 아기가 되고 싶다는 마음을 우리에게 전하고 있다고 봐야 할 것이다.

② 우주인이에요. – 어린이가 지구에 존재하는 엄마 배 속에 들어가기까지는 아직 우주 공간을 떠도는 우주인이다. 여기서 어린이는 우주 공간을 벗어나 안착할 일정한 천체를 고르겠다는 마음을 표현하고 있다.

③ 달이 비싸요. – 달은 여성 또는 엄마를 상징할 때가 많다. 여기서 어린이는 '나는 이제 엄마의 배 속에 들어가고 싶어요. 그런데 엄마 배 속에 들어가는 것이 쉬운 일이 아닙니다. 그만큼 나는 고귀한 존재이고 또 나를 잉태할 엄마도 아주 귀하고 값진 존재입니다.'라는 마음을 전해주고 있다.

④ 호스로 꺼버릴 거예요. – 여기서의 표현은 소방 호스가 시원한 물줄기를 뿜어서 불을 끄는 것처럼, 여성의 배 속으로 들어가 우수한 생식 능력을 보여주는 자랑스러운 남성을 표상하는 것이

다.

⑤ 소방관은 가까이 가면 안 되고 우주인, 외계인……. – 여기서 소방관은 세속적 남성의 상징이다. 어린이는 지금 자기의 존재가 좀 더 격이 높은 우주인이나 외계인의 신분을 가진 남성이라는 것을 우리에게 전하고 있다.

⑥ 사탕 사드릴까요? – 어린이들이 입태하려는 마음이 생기면, 엄마와 결속을 나타내는 자신의 정서를 달콤하고 사랑스럽고 부드럽고 행복한 느낌으로 표현하며 동시에 그런 정서를 엄마와 공유하고 싶어 한다. 사탕, 초콜릿, 아이스크림, 하트, 분홍색, 네잎 클로버 등의 표현이 그에 해당한다. 여기서 어린이도 사탕으로 자신의 달콤한 정서를 표현하고 있으며 치료자와도 그 마음을 함께 나누고 싶어 한다.

⑦ 선생님 아들이나 딸 있어요? – 입태할 마음이 생기면 엄마가 필요해진다. 놀이실에서 선생님은 엄마를 상징하는 존재이기 때문에, 심리적으로 다시 태어날 많은 어린이들이 선생님의 아기가 되기 위해, 선생님이 자녀가 있는 엄마인지에 관심을 보인다. 경우에 따라서는 자녀가 있는지 없는지가 중요할 수도 있지만 대개 자녀의 유무는 중요한 사항이 아니고, 다만 선생님이 새로 태어날 자신의 엄마가 되는 것이 중요해서 묻는 것이다.

⑧ 복숭아가 점점 사과로 변신 중 – 우주적 존재인 자신이 지구상에 내려앉을 세속적 존재로 변화하는 과정을 표현한 것이다. 여기서 복숭아와 사과는 형이상학적 존재에서 형이하학적 존재로의 변화를 이야기하지만 여성의 상징이라기보다는 어쩌면 남녀 화합

을 통해 맺어진 열매, 즉 수정란의 의미가 더 진하다.

⑨ 선생님 집 주소 말고 집 비밀번호 알려주면 복숭아가 사과로 될걸요? – 입태 놀이에서 어린이들이 치료자에게 많이 묻는 것 중에 선생님의 거주지가 있다. 여기서 어린이에게도 선생님 집 주소나 비밀번호는 값비싼 달을 구입하여 우주에서 내려와 자신만이 안착하는 비밀 장소, 곧 엄마의 자궁을 의미한다. 복숭아에서 사과가 된다는 것은 앞에서 말한 바와 같이, 내가 엄마를 골랐고 정신적 존재인 내가 배 속 태아로 자랄 것이라는 점을 알려준다는 의미다.

⑩ 빨간색, 초록색 사과 그림 – 어린이가 배 속 태아가 된다는 것은 우주를 벗어난 세속적 의미의 음양 화합의 결과다. 이미 위에서 형이상학 또는 형이하학의 차원에서 구별이 가능하다는 색채 결합이나 과일의 상징에 관해 설명했던 바와 같이, 여기서의 어린이도 초록과 빨강의 결합으로 사과가 된 세속적 의미의 자기 존재를 표현하고 있다.

⑪ 사과가 아니고 눈이 달린 토끼였어요. – 사과가 토끼로 변신하는 것은 어쩌면 앞에서 언급한 대로 수정란인 존재가 이목구비를 갖춘 태아로 변화함을 이야기해주는 것 같다. 토끼는 어린이들이 좋아하고 또 자기를 표상하는 아주 유순하고 어린 동물 가운데 하나다. 사랑받는 아기가 되고 싶을 때 어린이들은 놀이에서 자신을 토끼로 많이 표현한다. 할머니 할아버지들이 손주들을 아끼고 반기며 "우리 토깽이들"이라고 표현하는 것으로 미루어봐도 사랑받고자 하는 어린이들의 마음은 쉽게 짐작할 수 있다.

⑫ 토끼로 바뀐 빨간 사과에 까만 원을 그리고 웃음 – 수정란인 사과가 이목구비를 갖추고 자라는 토끼, 즉 태아가 되었으니 그 다음은 자궁에 잘 깃들어 있어야 한다. 사과 주변을 둘러싼 까만 원은, 빛을 모으고 만물 생성의 근원이 되어주는 태초의 우주, 또는 만물이 자라도록 싹을 틔우는 대지의 어둠, 즉 자궁을 의미한다고 여겨진다. 여기서 어린이는 자신이 안온하게 자랄 둥지에 대해 만족스럽게 웃었다.

마법과 관련된 표현

어린이들의 놀이에는 마법이나 마녀, 마술사, 신비한 주문, 비밀을 푸는 열쇠나 암호처럼 마법과 관련된 표현이 많이 등장한다. 어린이들의 눈에는 일정하게 운행하는 이 세상 모든 것이 마법이고, 또 그 가운데 한 현상인 뭇 생명의 나타남과 사라짐도 마법으로 보이는 것 같다. 그래서 마법과 관련된 놀이가 제법 자주 출현하는데 이것도 섬세하게 들여다보면 발달 시기의 차이가 엿보인다. 즉, 자기 존재의 개별화 시기에는, 마법이나 마술을 시현하는 존재가 초월적 존재여서 그 마법을 통한 선물이 영웅화된 자신이 되거나, 또는 어린이 자신이 마법이나 마술을 주재하는 주인공이 되면서 영웅이 될 때가 많다. 그러나 입태, 태내기, 출산을 암시하는 놀이에서 마술이나 마법을 시현하는 인격화된 주인공은 드물다. 그 대신 음양의 조화로 움튼 자그마한 생명의 씨앗이 무궁한 생명력을 가동하여 점점 활기를 띠는 변화 과정의 신비함 그 자체를 마법이라는 놀이 언어로 표현할 때가 더 많다.

진화 캐릭터

포켓몬이나 유희왕, 트랜스포머 같은 변신 캐릭터들은 어린이들의 놀이에서 생존 능력의 팽창과 지능의 진화를 암시하는 경우가 많다. 어린이들이 자신의 성장 작업에서 이들 진화하는 캐릭터를 자주 등장시키는 때는 대체로 영웅적 인물로 분화되는 개별화 시기, 또는 자궁에서 성장하는 태내기인 경우가 많다. 개별화 시기의 진화 캐릭터는 대체로 투쟁 기술이나 능력을 길러 온 우주를 평정하기 위한 고차원적 인격으로 나아가는 정신적 차원의 내용이고, 태내기의 진화는 아무래도 배아로 출발한 아기가 자궁에 깃드는 동안 신체 기관을 온전히 갖춰 나가는 생물학적 성장을 암시할 때가 많다.

뱀과 도마뱀

남자 어린이들은 놀이에서 모형 뱀도 즐겨 사용한다. 뱀 상징을 통해 어린이들은 대체로 남성으로서 생식기에 대한 자부심이나 또는 동질의 유전자를 전승하며 종족 번성에 기여하는 뛰어난 생식 능력에 관한 자부심을 표현할 때가 많다. 뱀은 대체로 남녀가 만나는 조짐을 암시하는 시기에, 때로는 두어 마리가 서로 얽혀 유전자가 사다리처럼 꼬인 모양이 되어 이 모양의 상징이 마치 초기 배아의 시기를 암시하는 것일 때, 또는 우주의 운동처럼 나선형으로 똬리를 튼 모양을 만들며 이 세상에 생명이 움튼 내가 생명을 가동하고 있다는 신호를 던져주는 시기에 등장한다.

그런데 기다란 뱀을 즐겨 사용하다가 가끔은 남녀의 만남을 좀 더 직접적으로 표현하고 싶을 때 뱀 대신 도마뱀으로 놀잇감을 바꾸는 어린이가 있다. 생명 탄생의 첫 단계에서 수정이 되는 순간 정자가 꼬리를 떼어내는 현상을 생각하면 납득할 수 있을 것이다. 자신의 생명 보존을 위해 필요할 때 꼬리를 자르는 도마뱀의 생태를 생각하면 놀이에서 도마뱀 상징이 꽤 그럴 듯하다.

같은 뱀 모형이지만 어린이에 따라서 또는 놀이의 흐름에 따라서 때로는 코브라가, 때로는 독사가, 때로는 꽃뱀이 되기도 하는데 각각 그 의미의 차이를 드러낼 때가 있다. 일반적으로 코브라는 자기존재감의 수승함을 강조할 때, 독사는 누군가를 골탕 먹이고 싶은 적개심을 많이 쌓아 둔 상태일 때, 꽃뱀은 남성에게 관심을 끌어내는 여성스러움을 강조하는 데 유용하게 묘사되는 경향이 있다.

여자 어린이들의 로맨스

여자 어린이들의 성장 작업에서는 로맨틱 드라마가 종종 연출된다. 여기에서도 얼핏 보면 별 차이가 없는 듯 여겨지는데, 눈여겨보면 발달 시기에 따라 미세한 차이가 발견된다. 이를테면, 자신이 정신적 존재인 시기에 머무르면서 개별적 자기로 분화하는 단계(입태 이전의 시기)에서의 로맨스와, 정신을 지닌 자기가 몸을 만들어야 하는 자기로 진화하는 시기(입태 시기)에서의 로맨스와, 여성으로서 정체감이 형성된 이후에(유아기 후기) 성인 여성의 발달 과업을 예행연습하는 의미로서의 로맨스로 크게 나눌 수 있다.

자기 분화 시기의 로맨스에서는, 세상을 지배하는 우두머리 남성의 반려자로 선택되기 위해, 삼각관계처럼 여성들 사이의 경쟁이 벌어지고 그 난관을 뚫고 승리해야 하는 색조가 스며 있다. 이야기는 여성 경쟁자들의 만만치 않은 질투와 시샘을 딛고 승리하거나, 남성들에게 미모와 재능을 인정받는 우등 여성이 되거나, 남성 지배자의 관심을 최고조로 끌어모을 수 있게 훌륭한 교태를 지녔거나, 수동적 자세를 취함으로써 남성 지배자로부터 성적인 결합의 피해자가 되는 경우 등 다양한 색조를 지니며 전개된다.

정신과 몸을 갖춘 개체가 되기 위한 입태기 로맨스에는 대체로 환상적 분위기가 스며 있다. 로맨스의 주인공은 지체 높은 남녀, 왕자와 공주의 신분이 대부분이며 서로 만나기 위한 여정에 많은 어려움은 있으나 결혼으로 마무리되는 해피 엔딩이 많다.

또한 자신의 성 정체감이 싹터서 여성으로서 존재감에 자긍심이 생겨나 여성으로서 역할 연습에 매진하는 로맨스에는 환상적 분위기의 남녀 또는 왕자와 공주가 서로 만나 달콤한 결혼에 성공하는데, 더 나아가 꿀맛 같은 신혼살림을 꾸려 가며, 자녀들도 낳아 기르면서 응집력이 높고 단란한 가정 분위기를 조성해 나간다. 때때로 어린이 자신이 공주가 되는 이 시기의 역할 시연에서는, 어린이 스스로 외모를 공주처럼 꾸미기를 좋아하여 길게 늘어진 드레스 입기, 면사포처럼 보자기 걸치기, 왕관 쓰기, 귀걸이와 목걸이와 반지 같은 장신구 걸치기, 굽 있는 구두 신기 등을 선호한다.

여자 어린이들의 성 피해 놀이

현재의 자신이 진화된 새로운 존재로 거듭나도록 진행시키는 여자 어린이들의 놀이에서 성과 관련된 내용은 매우 중요한 의미를 지닌다. ① 자신의 우주적 존재감을 현란하게 드러내고 싶은 마음의 표현이기도 하고, ② 병약한 태아였거나 원하지 않던 태아였거나 만족스럽지 못했던 자궁 경험이 있는 경우에는 잉태의 재건 작업이기도 하며, ③ 매력적 여성으로서 존재감을 자랑하는 것이기도 하며, ④ 어른이 되면 경험할 남녀 관계에서 여성 역할 수행을 연습하는 것이기도 하며, ⑤ 실제로 경험한 성 피해의 아픔을 소산시키기 위한 재현이기도 하다.

그런데 어린이들이 남녀 인형의 신체 접촉을 강렬히, 반복적으로 표현할 때 치료자들은 아무래도 성 피해 에피소드는 없는지 의구심을 품기 쉽다. 그러나 보통은 선험적 지식을 동원한 공상적 소망의 표현일 때가 많아 그다지 걱정하지 않아도 된다. 예를 들면 남녀의 삼각 관계에서 남자에게 강간을 당하는 단순한 이야기 전개를 통해 자신의 우주적 존재감을 드러낼 수도 있고, 침대 위의 남녀가 부둥켜안고 애정을 교환하는 것을 통해 자신의 새로운 잉태를 창조하는 것일 수도 있고, 선망하는 왕자에게 입맞춤을 받는 것으로 자신의 여성적 우월감을 표현할 수도 있고, 이상적 남성상을 아빠에게 투사하여 아빠 인형의 입맞춤을 받는 것을 통해 여성 역할의 예행연습을 표현하는 것 등이 그렇다.

그러나 때로는 특별히 치료자가 신중하게 관찰해야 하는 경우가 있다. 즉, 남녀 인형의 하반신 신체 접촉이 표현되는 경우다. 이는 일반적으로 어린이가 알기 어려운 구체적 행위이기에 단순한 공상적 이야기의 전개가 아니고 실제 경험이라고 여겨지기 때문이다.

만일 여자 어린이에게 실제로 성 피해가 있었다면, 성행위와 관련된 구체적 표현의 놀이는 물론, 일상생활에서도 이상 상태가 성 피해 사건 이후에 후유증으로 남아 있을 것이다. 예를 들면, 수면과 식사 그리고 배설의 생리적 리듬이 흔들려 있다거나, 정서적 불안정이 높아지거나, 학업에서 집중력이 흩어져 있을 것이다. 만일, 이러한 후유증과 함께 성 피해가 짐작되는 놀이가 관찰된 경우라면, 그 어린이의 생활 리듬과 정서적 후유증에 관해서도 좀 더 면밀한 관찰과 배려가 필요할 것이다. 또한 놀이를 통해 드러나는 가해자의 나이와 가족인지 친지인지 여부에도 관심을 기울여야 할 것이다. 더 나아가 치료에서 상처를 극복하도록 돕는 것은 물론 남성에게서 자신을 보호할 수 있도록 가르치는 성교육 전반에도 마음을 기울여야 할 것이다.

참고로 다음에 소개하는 놀이 내용은 초등학교 저학년 여자 어린이가 몇 회기에 걸쳐 꾸며낸 성 피해 관련 드라마인데, 개별적 자기로 분화하는 과정에서 반복적으로 전개된 장면들이다. 이 어린이는 아기 때부터 도우미와 어린이집에 맡겨져 자란 까닭에 엄마와 애착 경험이 없이 자기 세계에 머물러 지냈으며 사회적 소통이 어려워 또래 사이에서 왕따로 지냈다. 이야기의 분위기는 자신의 존재감을 드러낸다는 의도가 강할 뿐, 성 피해 에피소드가 있던 상황은 아니다.

…… 여자 인형 두 개를 꺼내 어린이의 인형은 여왕, 치료자의 인형은 하녀라고 설정했다. 새침데기처럼 목소리를 내며 "이게 요즘 유행하는 패션이야~ 치마 속에 팬티를 안 입는 거라구~." 어린이의 인형이 드레스를 허리 위까지 올리고 모델처럼 걸었다. "옆에 있던 사람들이 이걸 다 봤어요. 진짜 이게 최신 유행이라니까~." 인형 다리 한쪽을 위로 쭉 올리며 보란 듯이 걷는 시늉을 하고는, "사람들이 다 여왕 밑을 봤어요. 여왕이 장군을 데리고 왔어요. 장군한테 자기 몸을 만지게 해줬어요."

…… "우리 인형 놀이해요. 경쟁이에요. 왕자님한테 선택받아야 해요." 공주 인형을 여러 개 꺼내 바닥에 놓고 어린이와 치료자가 인형을 하나씩 가졌다. 신상품 패션이라며 어린이의 인형이 팬티를 안 입고 치마를 허리까지 말아 올려 왕자님 앞에 나타났다. 모델처럼 걸으며 새침하게 "흠~ 어때~ 이만하면 왕자님이 나한테 반하겠지? 호호호! 너희들은 신상품 패션을 몰라~. 그때 옆에서 변태다 변태! 그랬어요~. 왕자님은 분명 나를 선택하실 거야." 왕자가 나타나 인사를 나누었다.

…… 화장대를 꺼내 놀다가 인형들을 꺼냈다. "병사들은 공주가 화장하는 거 좋아해요. 공주가 치마 속에 아무것도 안 입고 지나가는데 병사들이 막 쳐다봤어요." 치마를 허리까지 올리고 다리를 위로 쭉 올리고 뽐내듯 걷는다. 병사가 말했다. "저 여자 몸을 막 만져라!" 공주가 말했다. "꺅! 이 변태들! 그치만 속으로는 '우리 병사가 잘 싸우고 있겠지? 날 위해서?'라고 생각했어요. 병사들이 공주의 치마 속을 보고 열정이 불탔어요. 공주는 억지로 장

군의 아내가 됐어요. 근데 장군이 공주의 중요한 데를 만졌어요."
…… 어린이가 치료자 인형에게 흰 보자기를 뒤집어씌웠다. "당신은 죽을 것입니다. 친구한테 죽을 것입니다. 저는 미래를 보는 사람입니다. 그때 뱀이 나타났어요. 재가 너무 아름다워 라이벌이라 싫어했어요. 뱀이 선생님 공주를 죽였어요. 이제 이곳의 공주는 나다!" 남녀 인형 둘이 껴안게 하고 "사랑한다." 그리고 실제로 어린이가 소변을 보러 화장실에 갔다.

…… 남자 인형을 꺼내며, 좀비인데 사람이 되는 중이라고 말했다. 공주 인형들을 꺼내 왕자님을 만나려고 예쁜 여자애들이 많이 왔다고 했다. 서로 왕자님한테 예쁘게 보여서 선택받으려고 하는 장면을 연출했다.

별과 불가사리

별과 불가사리는 자신의 존재를 상징하는 것으로 자주 차용된다. 그러나 별은 하늘에 떠 있는 것이고, 별 모양의 불가사리는 물속에 잠긴 것이다. 따라서 자신을 표현하는 상징의 별이긴 해도, 놀이치료 현장에서는 어린이의 거처를 밝혀주는 하늘과 물속의 차이를 이해할 필요가 있다. 어린이들의 성장 작업에서 자신이 하늘에 존재하는 것은 아직 입태 이전의 시간을 나타내며 별로 표상되는 자신은 우주적 존재로부터 개별화된 정신적 존재인 것을 나타낸다. 때로는 그 별이 입태한 자기를 표현하기도 한다.

그런데 불가사리로 표현하는 자기는, 자기가 존재하는 공간을 물속으로 한정하는 것이므로 양수가 채워진 잉태 공간 속의 태아를 의미할 때가 많다.

두 바퀴와 세 바퀴의 자전거 또는 오토바이

자전거 또는 오토바이는 남자 어린이들이 늠름한 자기를 표현하는 데 자주 차용한다. 두 바퀴의 것은 주로 몸놀림이 날쌔고 완력이 강한 남성성을 자랑하고 싶은 경우에 해당하고, 세 바퀴의 것은 이른바 우수한 지도력과 우수한 유전자를 전승하는 남성임을 자랑하고 싶은 경우에 해당한다.

세 바퀴의 자전거나 오토바이에 관한 해석은, 다리가 셋 달린 까마귀, 즉 삼족오를 떠올리면 이해하기 쉬울 것이다. 삼족오는 고대 동아시아에서 태양 속에 산다고 여겼던 신화 속의 새인데(반대되는 개념은 달 속에 사는 두꺼비) 태양의 상징이기도 하고 천손으로서 위엄을 갖춘 지도자를 상징하기도 한다. 어린이들은 놀이에서 양옆의 바퀴로 인체의 다리를 상징하고 가운데 바퀴로는 생식기를 상징하면서 자신의 우수함을 드러내고 싶어 할 때가 많다.

가족을 상징할 때의 물고기

어린이들의 놀이에서 물고기 모형은 매우 친근한 것이다. 물고기끼리 싸워서 우두머리를 고르기도 하고, 일렬로 줄지어 여행도 하고, 사회적 역할을 나누어 수행하는 집단 전투를 즐기기도 하며, 바닷속 장면을 꾸미기도 하고, 때로는 물고기를 차용하여 가족 관계를 드러내기도 한다.

그런데 어린이들이 가족 관계를 표상할 때의 물고기 선택에서 가끔 치료자의 흥미를 끌 때가 있다. 이를테면, 아빠를 표상할 때는 상어를 선택할 때가 많고, 엄마를 표상할 때는 고래를 선택할 때가 많고, 어린이 자신을 표상할 때는 돌고래를 선택할 때가 많다는 점이다. 아무래도 상어는 그 성정이 거칠고 무섭게 느껴지기 때문인 것 같고, 돌고래는 귀여운 생김새에 재롱도 부리기 때문에 어린이들이 친근하게 여겨서인 것 같다. 돌고래의 경우 한 어린이의 예를 들면, 그림 속의 자신을 북두칠성에 들어간 돌고래로 표현했다. 이때 북두칠성은 국물을 담는 국자 모양으로 양수로 채워지는 엄마의 자궁을 의미하는 것이었다.

고래에게 모성을 부여하는 것은, 고난을 승화시키고 새로운 탄생의 여정을 경험하는 전래 이야기에서도 그 원형적 개념을 찾을 수 있을 것 같다. 이를테면, 우리에게 가까이 느껴지는 성경 속의 요나, 그리고 동화 속 피노키오가 일정기간 동안 고래 배 속에서 고난을 견디며 새로운 탄생의 계기를 갖게 되는 것을 예로 들어볼 수 있겠다.

비눗방울 놀이

비눗방울 놀이도 거의 모든 어린이들이 좋아하는 놀이다. 비눗방울에도 다양한 상징이 있어서 성장 작업의 발달 시기에 따라 그 의미를 달리 이해할 필요가 있다.

만일, 비눗방울 놀이를 즐기는 어린이의 자기 인식이 우주적 존재의 시기에 속해 있다면, 수많은 비눗방울 가운데 하나가 마치 어린이의 자기 존재인 것처럼 여겨질 수 있다. 무지갯빛을 띠고 바람을 타고 나는 수많은 비눗방울은 마치 빅뱅을 통해 우주에 퍼진 천체와 같을 것이며, 그중 하나의 비눗방울은 수많은 별과 행성 등을 동료로 둔 하나의 별로서 자기의 상징으로 차용될 수 있기 때문이다.

음양의 화합이 필요한 시기에 속한다면, 비눗방울들이 마치 난소에서 만들어지는 난자 또는 난자를 만나러 가는 정자들의 운동처럼 여겨질 수 있을 것이다.

만일 배 속에 들어가 초기의 배아가 된 시기라면, 비눗방울들이 세포 분열을 열심히 수행하는 자기의 상징으로 차용될 수 있을 것이다. 한 예로 어떤 어린이는 세포 분열의 상징을 더 그럴 듯하게 표현하려고, 비눗방울을 불어 허공에 띄우는 대신 비눗방울을 불어 만드는 관 끝에 방울들이 모여 있게 하는 것을 즐기는 경우가 있었다.

출산을 기다리는 발달 시기에 속해 있다면, 좁은 관을 통해 뿜어져 나오는 비눗방울이, 좁은 산도를 통과해 밝은 세상에 태어나는 갓난아이처럼 여겨질 수 있을 것이다.

참고로 비눗방울 상징에서 필자의 동료가 경험한 특이한 사례를 하나 소개하겠다. 출생 이후 줄곧 심한 아토피와 천식으로 고생하던 한 어린이가 있었다. 그 어린이는 자신이 숨을 내쉬는 데 따라 공기를 머금은 채 동그란 무지개 옷을 입고 하늘을 자유롭게 춤추며 나는 비눗방울을 보며 다음과 같이 말했다. "이 많은 비눗방울을 어항에 넣어주고 싶다. 물고기들이 편히 숨 쉬게……."

이런 놀이가 출현한 시기는 이 어린이의 성장 작업에서 태내기였는데 이 시기를 건너는 동안 이 어린이는 갑자기 숨이 가쁘다고 호소해 급하게 병원에 가는 일이 자주 생겼었다. 이 어린이는 배 속에서도 숨이 가빠 애를 먹었을까? 태내 시절의 트라우마를 기억했기에 이런 놀이가 재현된 것은 아닐까? 또한 다행히 성장 작업과 상징이라는 통로를 얻었기에 트라우마가 생긴 해당 시기로 돌아가 태어난 뒤 줄곧 괴로움을 안긴 트라우마를 소거할 수 있었던 것은 아닐까? 더욱이 숨이 가빠져 애를 먹는 천식이나 가려워 애를 먹는 아토피 같은 질병은 한의학에 따르면 폐의 기능이 약해서 생길 수 있는 질병이다.

어항과 양수, 물고기와 태아, 비눗방울과 어항 속 공기 방울, 숨 가쁨과 취약한 폐 기능과 아토피와 천식, 이렇게 서로 상관있게 짝을 이루는 상징들의 동원을 보며 필자에게 떠오른 생각이 있었다. 과거에 경험한 어떤 발달 시기의 트라우마는, 놀이를 만나 진행하는 성장 작업을 통해, 기억 속에 남아 있는 트라우마의 해당 시기로 돌아가 트라우마를 재현해 경험함으로써 극복이 가능하다는 사실을 확인할 수 있었다는 점이다.

예측대로 이 어린이는 급하게 병원에 갔지만 그때마다 별다른 이상이 없다는 진단을 받았고, 또한 트라우마 극복을 위해 되돌아간 발달 시기를 지나간 뒤로는 그를 괴롭혔던 천식과 아토피의 아픔에서도 훨씬 자유로워졌다.

자기 존재의 표현

어린이들이 독특한 나만의 내가 이 세상에 존재한다는 것을 알리는 상징적 표현은 다양하다. 그러나 그 다양한 표현 안에서도 미세한 차이가 드러나는 경우들을 볼 수 있다. 크게 구별하면, 첫째로 우주 전체의 기운을 받아들여 하나로 오롯하게 분화된 정신적 존재로서 내가 이 세상의 문을 두드리게 되었음을 알리는 것, 둘째로 이 세상의 문을 두드리게 된 내가 이러이러한 나만의 정체성을 갖춘 존재임을 알리는 것, 셋째로 개별화된 정신적 존재만의 내가 비로소 몸까지 갖춘 내가 되었음을 알리는 것, 넷째로 잉태 공간 속 내가 여러 요소를 짜임새 있게 구성하며 몸도 마음도 함께 성장해 나가고 있음을 알리는 것, 다섯째로 몸과 마음을 갖춘 나는 이러이러한 정체성을 갖췄지만 지금 현생에서 존재하는 한시적인 나임을 알리는 것, 여섯째로 지금의 나는 몸이 시간과 공간의 테두리 안에 있는 한시적인 존재이지만 핵심적인 나는 시간과 공간으로부터 자유로워 과거, 현재, 미래를 꿰뚫는 영속적 존재라는 것을 알리는 것 등이다.

내가 우주적 존재로부터 개별화되어 이 세상의 문을 두드리게 되었음을 알리는 표현으로는 대체로 영웅 캐릭터, 신화적 캐릭터를 차용한다. 이것은 마치 이 세상으로 출현하기 위해 온갖 험로를 지나고 삼라만상과의 뜨거운 경쟁에서 승리한 개선장군의 노래라 할 수 있다. 그리고 개선장군이 된 나는 같은 무리 중에서도 아주 자랑스럽고 특별한 지도자라는 것을 알리는 표현이 있는데 대체로 별 중의 별, 꽃 중의 꽃, 찾아내기 어려운 보물이나 귀금속,

금수의 왕 등이 이에 해당한다. 또한 내가 일반적 개체가 아닌 특히 더 개별적이고 독특한 개성을 지닌 두드러진 존재라는 것을 알리는 표현이 있는데 대체로 대한민국을 표상하는 태극기, 애국가, 독도에 나부끼는 깃발, 무궁화 등이다.

시간과 공간이 존재하는 잉태 공간의 자기를 알리는 표현으로는 어항이나 연못의 물고기, 바닷속 별 모양 불가사리, 낚싯줄에 걸린 물고기, 화분 안의 꽃, 변기 안의 대변, 인형집 침구와 의자에 위치한 인형, 동면하는 동굴 속의 동물, 거꾸로 매달려 있는 박쥐 등이 있다.

잉태 공간에서 자라고 있는 자신은, 줄기를 뻗어 가는 나무, 여러 재료를 섞어 만드는 김밥이나 송편이나 피자 같은 음식, 여러 조각들이 모여 하나의 그림을 완성하는 퍼즐 등을 빌려 표현한다. 또한 자신의 생명력이 움트기 시작했음을 알릴 때에는 팽이 돌리기나 원형 궤도를 도는 듯한 기차 운행, 다람쥐 또는 원숭이가 곡예를 부리는 듯한 움직임을 표현하거나 흡혈 동물을 등장시킨다. 또한 엄마와 나누는 교감을 표현하려 숨바꼭질과 보물 찾기를 즐기기도 한다.

잉태 공간을 벗어나 출생하여 이 세상에 모습을 드러내는 것은, 화산의 폭발이나 비눗방울 놀이, 폭포수에 휩쓸리는 놀이, 모래에 감춰졌다가 머리를 드러내는 놀이, 암호나 주문을 풀고서 비밀의 문을 열고 드넓은 공간으로 발을 내딛는 모습 등으로 표현한다.

그런데 많은 표현 가운데서도 자기의 존재가 일정한 신분을 갖춘 한시적인 것인지 영속적인 것인지를 구별할 수 있는 경우가 있다. 일반적으로 일정한 신분의 한시적 자기는 팔찌, 목걸이, 반지 착용이나 자기 이름 쓰기 등으로 표현할 때가 많고, 과거부터 미래를 잇는 자기는 흔적이 오래도록 남는 손자국, 발자국, 도장, 신발 등으로 표현할 때가 많다. 우리가 졸업할 때 출신 학교 기념 반지를 갖고 싶어 하는 것, 군인들의 목걸이에 군번이 적혀 있는 것, 아기가 태어날 때 산모를 파악하기 위해 아기의 손목에 팔찌를 채우는 것 등을 떠올리면 어린이들이 놀이에서 표현하는 장신구라는 상징이, 이 생애의 신분을 드러내는 것임을 쉽게 이해할 수 있을 것이다. 한편, '족적을 남겼다'고 하면서 위인의 생애를 반추하거나, 유명 스타의 손자국 위에 손을 대보는 것, 명화나 관광 명소에 새겨진 이름, 낙관이 찍힌 동양화, 망자가 가는 길에 놓아주는 신발 등을 떠올리면 그런 것들이 시공으로부터 자유로운 한 개인의 존재의 흔적이라는 것을 쉽게 이해할 수 있을 것이다.

발달 단계별 주요 놀이 표현

내용이 중복되지만 상기한 '나'에 관한 표현들을 다시 요약하면 아래와 같으니 참고하면 좋을 것 같다. 나를 상징하는 어린이들의 놀이나 놀이 언어는 일일이 열거하기 힘들 만큼 꽤 많으나 각각의 함의를 아는 것도 어린이들의 성장 작업을 이해하는 데 크게 도움이 된다. 이제 좀 더 구별이 쉬운 예를 들어보겠다.

1. 시간과 공간을 초월한 범우주적 존재에서 개별화된 나: 큰 별, 큰 나무, 해바라기, 연꽃, 장미, 용, 곰, 사자, 다이아몬드, 황금

색의 놀잇감, 부처나 예수 같은 성인, 불사조

2. 허공에 의지하여 존재하다가 때가 되어 이 세상의 존재로 하강할 나: 비행기, 잠자리, 나비, 내려앉는 독수리, 하강하는 천마 또는 유니콘, 좀비, 몬스터

3. 현세에 이어 내세까지 연속해 존재할 나: 신발, 이름, 손도장, 발자국, 낙관, 사인

4. 자궁에 들어갈 나: 활주로에 내려앉은 비행기, 주차장에 멈춘 차량, 궁전에 들어가는 인물, 동굴로 들어가는 동물, 돔 모양의 지붕 또는 일상적 주거 건물의 지붕에 앉은 놀잇감, 주택의 초인종을 누르는 인물이나 동물, 등대를 향해 나아가는 배, 치료자의 손에 올려주는 놀잇감, 치료자 어깨에 내려앉은 동물, 치료자의 발가락 등 신체 일부를 무는 동물

5. 자궁에 착상되는 나: 주차 놀이, 미끄럼틀을 타고 내려가는 놀잇감, 소방차의 사다리를 내려가는 소방대원, 미로를 헤치고 나오듯 험난한 여정을 끝내고 안착할 장소를 찾는 놀잇감, 삽으로 땅을 파거나 드릴로 판을 뚫는 놀이, 모래를 헤치고 들어가 다시 모래로 덮이는 놀잇감

6. 태아가 된 나: 연못의 연꽃, 연못의 물고기, 물 위에 띄우는 배, 바닷속의 불가사리, 화분 속의 꽃, 보물 상자 안의 보물, 바구니에 담긴 선물, 인형집 안에 들어간 인형, 변기 안의 대변, 낚시에 걸린 물고기, 모래에 심긴 씨앗, 비닐로 감싸인 인형

7. 성장하는 태아: 김밥, 만두, 피자, 송편 등의 음식, 조각이 모여 구성되는 퍼즐, 배가 불러지는 풍선, 진화하는 캐릭터, 공기 놀

이, 해골 또는 사람 모형 놀잇감에 점토 붙이기, 블록 구성 등 조립 놀이, 물감 섞는 놀이, 쳇바퀴 도는 다람쥐, 재주 부리는 원숭이

8. 출신 가문이나 성별 등 신분이 구체적인 나: 목걸이, 팔찌, 발찌, 반지

9. 출생한 나: 폐쇄된 공간에서 개방된 공간으로 나오는 놀잇감, 화산 폭발

10. 아기가 된 나: 젖병을 무는 아기, 강보 속의 아기, 음식 놀이, 목욕 놀이

11. 욕심이 생긴 나: 탑 쌓기, 점토 놀이, 도장 찍기, 블루마블 게임, 땅따먹기, 승부 게임

12. 성 정체감이 생긴 나: 엄마와 아빠 놀이, 성 역할 놀이, 조직적이고 전략적인 전쟁 놀이, 가족이 등장하는 가족 놀이, 성과 관련된 언어 유희

놀이 속 상징 읽기

놀이 언어들에 담겨 있는 상징

놀이치료 과정에서 등장하는 어린이의 언어에는 여러 겹의 의미가 함축되어 있어서 일상의 대화처럼 가볍게 지나치지 않도록 유념해야 한다. 치료자와 함께 연출하는 역할극에서나 어린이 혼자 연출하는 역할극에서도, 무언극에서도, 낙서 같은 그림에서도, 어린이 마음대로 창작하는 노랫말에서도, 뜬금없이 튀어나오는 말에서도, 글쓰기에서도 모두 함의를 찾을 수 있어야 한다. 필자가 경험을 나누고 싶은 상징적 언어들은 아주 많다. 아래에 소개하는 몇 가지를 보더라도 놀라움을 금하기 어려울 것이다.

1. 공상 놀이 또는 자신의 성장 작업을 마치고 현실로 이동하는 언어들을 예를 들면, 어린이가 기지개를 켜는 놀이에서 "꿈이었어." 또는 꼬꼬닭이 울게 하며 "새날이 왔어." 또는 드라마의 막이 닫히고 새로운 시작임을 알리며 "프롤로그야." 하는 경우들이 있

었다.

2. 엄마와의 일심동체를 느끼고 싶은 어린이는 실제와는 달랐어도 "엄마 생일도 나랑 똑같아요. 엄마도 나도 빼빼로데이인 게 똑같아요."라고 했다. 빼빼로데이는 11월 11일이니 젓가락처럼 두 개가 한 쌍을 이루는 상징적 의미를 부여하기에 참으로 좋은 날이다.

3. 또 혼전 임신으로 태어난 어린이의 결혼 놀이에서는 "결혼하자마자 아이를 낳았어요." 하면서 마치 자신의 역사를 되새기는 양 결혼식 날 아기가 태어나는 놀이를 연출했다.

4. 자신의 잉태 작업에서 어떤 어린이는 일련의 상징을 연속적으로 보여주었는데, 라이벌을 물리친 여자 인형이 남자 인형과 함께 커플룩을 입고 바닷가로 여행을 갔다. 그러고는 말했다. "(상대 여자가) 내 남자 뺏으려고 했잖아…… 나는 보라색 아기가 좋아요." 이어지는 장면에서는 공사 차량이 서로 짝꿍이 되어 비밀스러운 우물로 들어가기 위해 다리를 건넜다. "남자를 빼앗으려 했다."는 말은 자신의 성장 작업을 위한 첫 단계의 표현이며 개별화 작업을 완료했다는 뜻이다. "보라색 아기가 좋아요."는 남녀의 합궁으로 아기가 태어난다는 예고다. 이어지는 공사 차량의 결합은 남녀 화합의 성사를 의미하며, 우물은 자궁을 암시하고 다리를 건너는 것은 잉태의 성공, 또는 이상향을 목표로 삼은 새 인생의 시작을 위해 건너는 징검다리의 의미일 수 있다. 이 다리는 많은 어린이들이 무지개다리로 표상한다.

5. 자존감이 팽창하는 시기에 자신의 소망과 달리 치료를 중단

하게 된 어떤 고학년 남자 어린이는 종료를 매우 아쉬워하며 "선생님, 거세당하는 기분이 들어요."라고 울먹거리듯 말했다. 이는 남자 어린이가 자존감을 상실한 아픔이 지대하다는 것을 가장 원형적인 상징적 표현으로 치료자에게 하소연한 것이다.

세 가지 사례

첫 번째 사례는 치료자와 어린이가 함께 진행한 놀이의 축어록 내용인데, 회기 안에 언급된 어린이의 언어 가운데 성장 작업의 키워드들이 숨어 있어 소개한다. 놀이의 주인공은 초등학교 저학년 여자 어린이인데, 엄마의 정을 그리워하고 사람들과 교류하고 소통하는 것이 원만하지 않아 좌절 경험이 큰 어린이다. 놀이치료 시작 이후 얼마 지나지 않은 초기 놀이라서, 새롭게 탄생하려는 어린이의 핵심 주제를 전주곡처럼 압축해 보여주며, 한 회기 놀이일 뿐이지만 전반적으로 흐르는 어린이의 심정이 잘 드러나 있다. 말줄임표로 표시된 부분은 생략된 부분이고, 괄호 안의 풀이는 어린이가 놀이에서 표현한 언어에 함축된 심층 의미를 기술한 것이다. 얼핏 보면 일상적 놀이 속 대화처럼 여겨지나 주의 깊게 살펴보면 치료자들에게 꽤 많은 각성을 요하는 내용이다.

어린이 벽돌 블록을 일렬로 놓아 달리기 위한 길을 만들고 "선생님, 달리기해요."(→ 대부분 달리기는 새로운 탄생을 위한 심리적 잉태 공간을 만들고, 그 안에서 새롭게 생명의 움트기를 시작하는 수정란이 되려고 난자를 만나는 정자의 운행을 표현하는 경우가 많다.) ……

어린이 책상 위에 방석을 놓고, 집중하는 모습으로 그 위에 다시 인형과 음식들을 올려놓으며, "이게 밥이에요, 밥."(→ 여기서 방석은 새롭게 성장할 생명의 안주처인 자궁을 의미한다. 인형은 자궁 안의 태아, 음식은 임산부와 태아가 생명 공유를 위해 섭취하는 음식물을 의미한다.) ……

"선생님, 작은 마이크 없어요?"(→ 마이크는 상대와 대화를 나누는 기계다. 여기서는 임산부와 태아가 소통하고 교감하는 통로로 선택되었을 것이다.)

어린이 "동시에 들어오잖아요, 그럼 이걸(방석을) 밟아야 해요." (→ 정자와 난자가 만나 자궁에 깃드는 것. 또는 수정란의 생명이 움터 임산부인 엄마와 일심동체의 운명이 시작됨을 의미할 수 있다.) ……

어린이 양말을 한 짝씩 벗어 치료자와 자신 쪽에 하나씩 놓아 둔다.(→ 양말은 신발과 같이 존재를 의미하는 때가 많다. 여기서도 태내에 깃들 아기와 그 태아를 품어줄 엄마와의 일심동체를 표현했을 것이다.) ……

치료자 "내 것에 꽝은 엄청 기다란 목도리를 깔아 두고는 ○○이는 그냥 조금 기다란 줄 같은 것을 깔아 두네."(→ 목도리와 줄은 기다란 모양으로 끈과 관련 있는 심상이다. 아마도 어린이는 임산부와 태아의 생명을 연결하는 탯줄의 의미로 목도리와 줄을 차용한 것 같다.) ……

어린이 "입을, 입을, 막아야겠어."(→ 아마도 정자를 맞이한 난자가 다른 정자의 출입을 차단하는 장면을 표현한 것으로 여겨진다.) ……

치료자 "이번에 더 커다란 천을 꺼내서, 나한테 주는 거야?"(→

태아를 감싸고 있을 자궁의 막을 의미했을 것이다.)

어린이 달리기 놀이를 위한 배치가 끝나고, "히히히! 자, 달리기 하러 가요. 다 만들었어요."

치료자 "나는 달리기도 못하는데…… ○○이를 이기고 싶은데……."

어린이 "아니야, 내가 남자에서 여자로 바꿀 거야."(→ 여기서 어린이는 자기를 여성으로, 이기고 싶다는 치료자를 남성으로 설정하고 정자들의 달리기 경쟁을 연상한 것 같다.)

어린이 "응, 1등을, 느끼, 하하하하!"

어린이 "나는 ○○이가 아니야. 봉봉이야."(→ 여기서 아동은 현재의 자기를 부정하고, 새롭게 태어날 자기에게 봉봉이라는 이름을 부여했다. 봉봉이라는 이름에서 동그란 모양의 난자가 연상된다.)

어린이 "자 이제 시작하자. 네가 이기게 해놨어."(→ 여기서 치료자에게는 일등으로 달려 난자를 만나는 데 성공하는 정자의 역할이 부여되었다.)

치료자 "나한테는 커다란 천을 놔두고 ○○이에게는 콩알만 한 조개껍질 하나를 줬네."(→ 조개는 여성의 상징으로 많이 차용되는 놀이 언어다.)

어린이 풍선을 가져와 불더니 치료자 앞에 놔둔다.(→ 여기서 풍선은 점점 불러 가는 임산부의 배를 의미했을 것이다.) ……

두 번째 소개하는 사례는 취학을 앞둔 남자 어린이의 놀이 내용이다. 임신 중 입덧이 심했고, 태어난 이후에도 엄마의 양육을 받지 못했다. 동생이 태어났을 때는 한 달 정도 엄마와 헤어져 있었고 세 살 무렵에는 어린이집에 맡겨졌다. 동영상은 보지만 외부 세상에는 관심이 없어 자기만의 세계에서 공상을 발달시킨 상태였다. 어린이는 놀이 시간에 시간을 자주 물었고, 같은 패턴의 놀이를 반복적으로 시현하곤 했는데, 이것은 그동안 어린이의 삶에 안주처가 없었기 때문에 자신의 안전 기지를 만들기 위한 것이었다. 또한 자기중심적 어휘를 사용하기 때문에 언어로 소통하는 것도 매우 어려웠다. 놀이는 새로운 탄생을 위한 성장 작업이 진행되면서도 자기의 힘을 기르고 존재감도 키우기, 태아기 섭생의 어려움, 동생 출산으로 엄마와 헤어졌던 시기의 상심 등이 자주 표현되었다. 동생을 낳으러 병원에 간 엄마와 헤어졌던 시기의 픽션은 대체로 위기 상황이 발생하거나 무서운 존재가 등장하여 부모와 아이를 헤어지게 하고 다시 만나는 것을 훼방한다. 어휘가 자기중심적이고 소통 능력이 취약하여 이야기 전개가 가지런하지 못하고 또 정확한 의미를 전달하는 데에도 서투르지만 어린이의 상처 입은 마음이 잘 느껴져 그런 부분을 발췌하여 소개한다.

① 인형집에 불이 나서 소방차가 출동하고 다친 사람들은 견인차에 실린다. / 소방차가 물로 훼방꾼을 공격한다.(→ 위기감과 그 소산을 표현하고, 존재감을 알리고 있다.)

② 인형집에서 남자 인형이 소변을 본다. / 레미콘에 의해 다친 사람이 구급차를 타고 병원으로 간다. / "밥 먹을 때는 문을 닫아야 해요. 누가 훔쳐갈 수 있어요."(→ 위기감과 그 소산을 표현하고,

존재감을 알리고 있다. 엄마의 입덧으로 섭생이 어려웠음을 표현한다.)

③ 사다리 게임을 끝까지 했다. / 인형집에서 '쉬'하는 인물 / 소방차의 사다리를 올려서 물을 뿌리자 훼방꾼은 사라졌다. 다친 사람들은 구급차에 태워 병원으로 후송되었다.(→ 위기감과 그 소산을 표현하고, 존재감을 알리고 있다. 입태 상황을 표현하고 있다.)

④ 엄마가 요리를 한다. / 훼방꾼이 아이를 집에 보내주지 않자 거인이 훼방꾼을 물리쳤다. / "우리 집을 깨끗이 정리하자."(→ 자궁 내 환경과 섭생을 개선하는 놀이다. 동생 출산 시 엄마와 이별한 아픔을 표현하고 있다.)

⑤ "마법의 약을 먹으면 훼방꾼이 돼." / "김밥 주세요." / 방귀라는 아이의 생일.(→ 잉태 기간에 겪은 아픔을 드러내고, 섭생의 어려움이 해소되었음을 표현하고 있다. 자기의 존재감을 드러내고 있다.)

⑥ 엄마가 아기를 낳으러 병원에 가고 훼방꾼이 착해진다. / 배 속에 들어가고 싶다며 아기 동물들을 곰돌이 옷 속으로 넣었다. / 원숭이 게임.(→ 잉태의 재건 작업을 상징한다.)

⑦ 세탁기에 사람 넣고 돌리기.(→ 양수에서 생명 활동이 활발한 아기로 잉태 작업을 재건하고 있다.)

⑧ "오늘도 엄마 배 속에서 아기가 태어나요."(→ 자신의 새로운 탄생을 알린다.)

⑨ "엄마, 아빠를 돌려주지 않으면 너희들 모두 감옥에 넣겠다."라고 말하고는 블록으로 감옥을 만들어 인형을 가두었다.(→ 동생 출산 시 엄마와 이별한 아픔을 재현하고 있다.)

⑩ 인형집에서 아이들이 떨어졌다. 아빠는 모르는 채 외출하는

데 자동차가 고장 났다.(→ 위기 상황에 놓인 자신을 아무도 보호해주지 않는 외로움과 아픔을 재현한 것이다.)

⑪ 모래 상자에 인형들을 묻고 "영혼을 빼앗아야겠다." / "수수께끼를 맞히면 빠져나올 수 있고 틀리면 무서운 나라로 가게 된다." (→ 엄마와 헤어진 아픔을 드러내고 있다.)

⑫ "엄마 배고파요."(→ 어린이의 외로움과 잉태 기간 중 섭생의 어려움을 엿볼 수 있다.)

⑬ "훼방꾼들은 매일매일 아이들을 가두러 가요. 한 명은 아이들을 잡아가고 한 명은 부모님을 잡아가요.", "나는 부모님을 찾으러 가야지."(→ 동생 출산으로 엄마와 헤어진 아픔을 드러내는데, 표현이 좀 더 구체화되었다.)

⑭ 로봇을 계속 변신시켰다. / 주차 타워와 오픈카를 꺼냈다. "비오는 날에 나갈 거야. 비 맞고 싶어서." / "세차장 있어요?", "기름은 어디서 넣어요?" / "자꾸자꾸 엄마가 요리를 하다가 불이 나요."(→ 새로운 잉태와 태아기 섭생과 성장, 발달 작업을 하고 있다.)

⑮ "이건(계산기) 뭐예요?" / 아기는 엄마, 아빠가 죽고 고아가 되어 혼자 산다. / "내가 배 속에서 착한 아기로 돌아왔어."(→ 아동의 외로움을 알 수 있다. 새롭게 탄생하는 놀이다.)

⑯ 엄마, 아빠 없는 아이가 혼자 주차장을 나가서 사고를 당해 다쳤다.(→ 엄마와 헤어진 아픔과 외로움과 위기감이 잘 나타나고 있다.)

⑰ "훼방꾼이 집을 모두 망쳤어요."(→ 엄마와 헤어진 아픔과 위기감이 드러나고 있다.)

⑱ "선생님은 몇 살이에요?" / 집 밖에 나가지 말라고 경고했는

데 아이가 돌아다니다가 훼방꾼에게 잡혔다.(→ 치료자를 엄마 삼아 입태하려는 조짐이 보인다. 엄마와 헤어진 아픔과 위기감을 표현하고 있다.)

세 번째 소개하는 사례는 네 돌이 가까운 어린이의 초기 두 회기에 걸친 놀이 내용을 축약한 것이다. 엄마가 직장 생활에 매이다 보니 어린이는 아쉬운 점이 많았던 모양이다. 눈 맞춤과 언어적 소통이 어려운 어린이였는데, 치료자에게 새롭게 탄생하겠다는 암시를 전주곡처럼 보여주는 놀이를 진행했다.

① 공사 차량 몇 개를 모래 상자에 놨다.(→ 모래 상자에 대한 관심은 감춰진 욕구와 갈등을 해결하려는 무의식 세계의 활성화를 의미한다. 또한 공사 차량은 자기 삶의 재건과 관련한 상징이다.) / ② 어린이가 들고 있는 차가 치료자에게 접근했다.(→ 입태의 조짐을 보이는 마음이다. 치료자를 엄마로 삼았다는 표시로 접근했다.) / ③ 변기를 꺼내 들고 치료자에게 보여주며 응가한다는 듯 '끙-' 소리를 냈다.(→ 변기는 물이 담긴 그릇이니 엄마의 자궁을 상징했을 것이고 응가한다는 것은 태아가 그 안에 들어 있게 된다는 뜻이다.) / ④ 아기 인형이 앉은 유모차를 치료자에게 갖고 왔다.(→ 잉태된 아기가 되었다는 의미다.) / ⑤ 상어가 치료자에게 건네준 거미를 건드리며 아는 척을 했다.(→ 여기서 거미는 엄마를 의미하고, 아는 척하는 상어의 행동은 내가 엄마의 아기가 될 것이라고 예고하는 의미다.) / ⑥ 상어가 거미에게 "엄마"라고 말했다. / ⑦ 상어와 거미가 서로 쫓고 쫓기는 놀

이, 자동차가 모래에 숨으면 치료자가 찾는 놀이를 즐겼다.(→ 임산부와 태아의 상호 교류와 소통을 의미한다.) / ⑧ 놀이실 밖으로 나가 아기를 태운 유모차를 끌고 다녔다.(→ 놀이실 밖은 아기로 태어나 접촉할 새로운 세계다.)

① 기차를 문 옆에서 작동시키고 치료자에게 거미를 주고 어린이가 들고 있는 상어 두 마리가 거미에게 장난을 걸었다.(→ 문은 엄마의 배 속으로 들어가는 문, 문 옆의 기차는 아빠 또는 남성의 상징으로서 배 속에 들어갈 자신을 의미한다.) / ② 크레인을 모래 상자의 바닥에 콕콕 찍어 자국을 내고 치료자로 하여금 그 자국을 보라고 알려준다.(→ 모래 상자의 크레인은 입태할 자기, 바닥의 자국은 입태할 아기의 신분 지표다.) / ③ 블록을 연결하여 길을 만들었다.(→ 자궁에 안착하기까지 생명 탄생의 여정이다.) / ④ 주차장에 차를 세우고 손뼉을 친 다음, 미끄럼틀을 내려가게 하며 치료자를 쳐다봤다.(→ 주차장은 착상 장소, 미끄럼은 착상 과정. 치료자를 본 것은 엄마에게 자신의 입태를 환기하는 것이다.) / ⑤ 인형집에 관심을 기울이고 인물을 난간에서 떨어뜨렸다. 그러고는 떨어지는 인형을 치료자의 손으로 받으라고 했다.(→ 인형집은 자궁, 인형이 떨어지는 모습은 착상, 치료자의 손은 아기를 품은 엄마를 상징한다.)

어린이들이 자주 쓰는 놀이 언어

다음은 치료자가 놀이 중 만나기 쉬운 놀이 언어의 의미를 좀 더 구체적으로 설명했다. 놀이 언어를 이해하는 데 도움이 되기를 바라며 소개한다.

감옥

– 성장 작업에서는 감옥이 의외로 자궁을 상징할 때가 많다. 우리가 일반적으로 떠올리는 감옥의 이미지에서, 한번 들어가면 일정 기간 동안 특별한 허락 없이 나오기 어려운 어두운 공간이며 동시에 혼자만의 독립된 공간이기 때문에 그 의미를 차용하여 자궁으로 표상하는 것 같다. 성장 작업에서 입태 공간이 감옥일 때는 파괴해버리고 싶은 부정적 자기를 머무르게 하는 공간으로 삼는 것이다. 그러다가 여러 측면의 부정적 자기가 하나의 긍정적 자기로 통합되어 자기가 추구하는 이상적 수준으로 새롭게 향상되면 자기를 입태시킬 공간을 값지고 아름다운 잉태 공간으로 대체한다.

어쩌면 어린이들의 사유에서도 인간의 성품은 긍정적 측면과 부정적 측면을 함께 지닌다고 원천적으로 이해하고 있는 것 같다. 그리하여 밝고 맑은 자신의 본성을 회복하기 위한 진화 과정에서 어두운 자기를 잉태시킬 때는 그 공간을 감옥으로 선택하는 것 같다. 잉태 공간을 감옥으로 선택하다가 궁전으로 대체해 나가는 놀이 과정을 지켜보면 어린이들의 '존재에 대한 사유'도 어른들과 마찬가지로 매우 원천적이다. 마치 신화에 등장하는 야누스가 두 얼굴을 지닌 것과도 상통하고, 분석심리학자인 융이 우리의 성품 한 측면에 그림자가 존재한다고 언급한 것과도 상통하고, 기독교적 사유에서 인간에게 원죄가 있다는 것과도 상통하고, 불교적 사유에서 인간은 참다운 본성을 가리고 있는 무지에 의해 생명을 받게 된다는 것과도 상통한다.

- 자궁으로 표상되지 않을 경우에는 감옥이 저주받은 존재라고 여겨지는 자신이나 또는 적대적 타인에게 가혹한 처벌을 내리는 공간으로 표상된다.

개구리와 올챙이

- 개구리는 올챙이가 자라며 팔과 다리를 붙인 모습으로 뭍으로 나갈 수 있는 존재다. 마치 꼬리를 흔들며 헤엄치는 정자가 난자를 만나 생명을 품게 된 후, 두부와 척추로 구성된 올챙이 모습의 초기 태아가 팔과 다리와 다른 여러 신체 기관을 완성하여 양수를 떠나 세상 밖으로 나오는 아기의 출생 과정과 유사하다. 그런 까닭일까? 어린이들의 놀이에서 자신의 출생 과정을 개구리 또는 올챙이에 빗대어 표현하는 경우가 많다.

- 만족스럽지 못한 자신으로부터 품격이 높아진 자신으로 변했다고 느낄 때에도 어린이들은 자신을 개구리 왕자로 등장시킨다. 아마도 개구리에서 고귀한 왕자로 변한 동화 속 주인공처럼 느끼고 싶어서인 것 같다.

- 때때로 같은 어린이가, 다른 때와 달리 개구리가 팔짝 뛰는 모습으로 등장하는 것을 보여줄 때가 있다. 이런 경우는 출생의 가능성을 미리 암시해주는 것일 수 있다. 동영상을 통해 밝혀진 바로는, 실제 출산할 때 태아는 개구리헤엄처럼 두 다리를 힘차게 박

차고 태어난다.

개미와 두더지

– 이들은 미로처럼 땅을 뚫고 지내는 생물이다. 놀이에서 이들은 난자를 찾아 복잡하고 미세한 인체의 복부를 여행하는 정자, 착상할 위치를 찾는 수정란, 자궁에서 움직이는 태아를 상징할 때가 종종 있다.

거북이

– 거북이는 물뭍동물이어서 그럴까? 물속에서 자라서 세상으로 나오는 태아를 상징할 때가 종종 있다.

– 거북이는 단단한 등딱지를 집으로 삼아 몸을 보호할 수 있고 동시에 수명도 긴 존재다. 그래서일까? 자궁 속 삶에서 생명의 안전을 강조할 때 거북이를 등장시키기도 한다.

– 가족이나 또래로부터 상처를 많이 받은 어린이의 상징일 때가 있다. 피해를 당할 것 같은 위험한 상황에서 단단한 껍질 속으로 몸을 빨리 숨길 수 있기 때문인 것 같다.

계산기 조작과 가게 놀이

– 계산기 조작과 가게 놀이는 대체로 자궁에서 자라는 태내기에 많이 등장한다.

– 치료자와 물건을 사고파는 역할을 좀 더 많이 즐길 때는 대체로 자궁 안에서 일심동체인 엄마와 소통하고 교감한다는 교류의

색조가 짙다.

- 계산기의 숫자 누르기를 더 즐기는 경우에는, 손가락으로 눌러 커지는 숫자를 통해 배 속의 자기가 나날이 성장하는 것을 즐기는 듯한 색조가 짙다.

"곰 세 마리가 한집에 있어……" 노래

- 곰은 북반구 사람들에게 사랑받는 동물이며, 경외심을 느끼게 하는 동물이다. 토테미즘이나 애니미즘에 많이 등장하면서 인류의 먼 조상처럼 향수를 자극하는 동물이기도 하다. 미국의 어린이들이 테디베어를 좋아하는 것이나 우리의 단군신화에 웅녀로 등장하는 것을 생각하면 우리의 사랑을 받는 동물이란 것이 이해하기 쉬울 것이다.

그래서일까? 어린이들의 탄생 작업에서는 엄마 배 속에 들어가는 자기를 곰으로 상징하는 경우가 많이 등장한다.

- 대물 애착으로 선택된 곰은, 곰 자체가 곧 어린이 자신이며 때로는 엄마이기도 하다. 태아기 또는 영아기의 엄마와 일심동체라는 밀착감을 느끼고 싶은 마음의 반영이어서 애착 관계를 유지하는 중간 대상으로서 가치가 높은 놀잇감이다.

- 그런 상징을 기반으로 삼은 노래가 바로 "곰 세 마리가 한집에 있어……" 이다. 이 노래는 원형적 색채를 머금은 상태로 가족 구성원과 그 구성원들의 단란한 응집을 노래하기 때문에 어린이들이 좋아할 수밖에 없다.

공과 공 놀이

– 공은 우주 만물의 기본이 되는 모양을 하고 있다. 따라서 놀이 언어로는 우주의 원리, 생명의 원천에 해당되는 의미가 있으며, 동그라미라는 도형에 그 의미를 압축해 담는다.

– 구멍이나 바구니 또는 상자에 들어가는 공, 골인해 들어가는 공, 찍찍이에 붙는 공은 음양의 상징으로 암시될 때가 많다.

– 치료자와 하는 공 놀이는 배 속에 들어간 태아, 태어난 후의 영아 시절을 건너는 성장 작업에서 엄마와 나누는 교감을 의미한다.

– 성장 작업이 시작되기 전, 놀이치료 초기 단계에서는 치료자의 태도를 탐색하면서 상호 결속을 다지려는 시도인 경우가 많다.

– 공 놀이의 반복은 불안을 경감시키며 유능감과 성취감을 높이는 데 자주 등장하는 원천적 의미인 경우가 많다.

공구의 조작과 공구 놀이

– 볼트와 너트는 음양의 만남, 드릴의 사용은 착상, 공사 놀이는 불만스러운 자신의 생애를 이상향에 가깝게 처음부터 다시 재건하는 작업을 의미한다.

구멍에 동전을 넣고 물건이 나오는 자판기

– 자판기 위에 자리 잡은 구멍에 동전을 넣을 때는 입태의 상징으로, 자판기 아래에 들어 있는 공간을 빠져나오는 물건 등은 이 세상에 태어나는 출생 장면의 상징으로 많이 등장한다.

깃털 머리 장식, 동물의 뼈나 조개로 만든 장신구

- 사냥과 낚시 등에 능한 남성으로서의 우월감을 상징한다.
- 원시적 집단의 생존에 책임을 지닌 남성 지도자를 상징한다.
- 지도자의 상징임은 지구의 궁벽한 곳에 거주하는 소수 민족들이 관광객을 위해 조상들의 전통 의례와 무용을 보여줄 때 치장한 모습을 생각하면 이해하기 쉬울 것이다.

끈이나 실 또는 리본 사용하기와 풀칠하기 또는 접착테이프 사용하기

- 어린이들은 만들기 작업에서 여러 종류의 재료를 사용하거나 여러 활동을 보여준다. 그런데 그 가운데서 때로는 주의를 기울여야 하는 재료의 사용이나 활동을 보일 때가 있다. 대체로 태내 시절에 자신의 성장과 발달의 기반이 되는 자궁을 만드는 것을 의미하는 실뜨기 작업, 사물과 사물을 끈으로 연결하는 작업, 엄마와 자신의 생명을 이어주거나 서로 붙어 있음을 의미하는 리본 묶기, 풀칠하기, 접착테이프 사용하기 등이 그렇다.

끝말잇기

- 축적된 어휘와 지식을 자랑하기 위한 놀이일 수 있다.
- 치료자와 신뢰감을 구축하기 위한 놀이일 수 있다.
- 성장 작업에서는, 태아가 탯줄을 통해 엄마와 교감하고 소통하는 것을 상징할 수 있다.

나비

- 어린이들의 놀이치료에서 나비는 허공을 자유롭게 날아다니는 존재여서 자유로운 영혼을 상징할 때가 많다. 이를테면 저 세상에서 이 세상으로 이동할 때의 존재, 또는 반대로 이 세상에서 저 세상으로 이동하는 존재로 많이 등장한다. 즉, 허공을 의지한 우주적 존재였다가 이 세상에 내려와 시간과 공간이 존재하는 엄마의 자궁에 들어가는 존재이기도 하고, 반대로 일단 존재했던 자신이 덜 성숙했기 때문에 미련 없이 이 세상을 벗어나서 성숙한 자신으로 승격되어 다시 이 세상으로 환생하기 위한 죽음의 존재로 돌아갈 때 많이 등장한다. 치료 작업에서 어린이들은 자신이 만족스러워질 때까지 죽음과 환생을 여러 번 거듭하며 자신을 진화시킨다.

- 나비는 알에서 애벌레로 변신하고, 애벌레가 변신하여 고치에 깃들었다가, 고치를 벗어나 날아다니는 변신의 과정을 거친다. 놀이에서 보이는 어린이들의 성장 작업에서는 이렇게 한 생애에 걸친 변화 과정을 마치 엄마의 자궁에서 변화를 보이는 자신의 태아 시절의 성장과 발달의 모습으로 표현할 때가 많다.

- 때때로 애벌레는 기어 다니는 아기, 초기의 태아, 어린 남근을 상징할 때가 있으며, 고치는 태아가 깃들어 있는 자궁을 상징하고, 나비는 세상에 태어난 자신 또는 환골탈태한 자신을 상징하기도 한다.

낚시와 낚싯줄

- 성장 작업에서 낚시는 수렵에 능하므로 생존 경쟁에서 경쟁력이 있고 유능한 남성임을 여성에게 자랑하는 마음을 표하는 수단이다.

- 또는 집단의 생계를 책임지는 리더십과 책임감 있는 지도자를 나타내는 수단이다.

- 생존의 전략과 재능을 자녀에게 잘 물려주는 자랑스러운 가장임을 표현하는 수단이다.

- 낚싯줄을 건 낚시는 잉태 작업에서 탯줄로 연결된 태아의 상징으로 많이 차용된다.

눈사람

- 존재감이 없어 스러지기 쉬운 허약한 존재를 나타낸다.

- 성장 작업에서는 초기의 태아로 상징되는 경우도 많다.

- 옆으로 뉘면 무한대의 모양이어서 그럴까? 시간의 한계에 걸리지 않고 생사를 반복하는 영적 존재를 상징할 때도 있다.

다림질, 목욕, 빨래, 세례, 청소, 세차, 장신구를 장식하기, 화장 놀이

- 등장인물이 자신일 경우에는 불만족스러운 현재의 자신을 만족스러운 자신으로 승화시키기 위한 표현이다.

- 등장인물이 엄마일 경우에는 자신을 잉태해줄 이상적 엄마를 세우는 작업이다.

대변

- 우주적 존재의 시기에는 영웅이 되기 위한 경쟁에서 상대를 공격하고 자신을 방어하는 수단이다.

- 변기 안의 대변은 양수에 의지해서 자라는 태아를 상징한다.

- 자아가 출현하는 시기에서는 자신의 높은 존재감과 강한 소유욕을 나타낸다.

드라큘라, 뱀파이어, 흡혈박쥐

- 이들은 어둠을 타고 활동하며 피를 빨아 먹으며 생명을 보존하는 존재다. 그래서일까? 놀이에서 이들은 적을 물리치고 승리를 거머쥐는 존재이기도 하고, 때로는 어두운 태내에서 피를 만들며 생명을 키우는 태아의 상징이기도 하다. 특히 박쥐는 동굴에 거꾸로 매달려 사는 동물이기에 거꾸로 누워 있는 태아의 상징으로 더 자주 등장한다.

로봇과 진화 캐릭터

- 우주적 존재에서 개성을 갖춘 개별적 존재로 분화할 때 많이 등장하며 전투 상황에서 종횡무진 무용을 자랑하는 자기의 표상이다.

- 태내기를 지날 때, 태아로서 나날이 변화하며 성장하는 자신의 모습을 로봇의 변신으로 많이 상징한다. 그리고 자유롭게 변신이 가능한 로봇을 비롯하여, 태아의 성장과 변모를 상징하는 것으로 포켓몬처럼 점차 진화하는 캐릭터들도 있다.

망토, 모자, 왕관, 지팡이

- 위계질서가 갖춰진 사회적 집단에서의 우월한 성취, 전투 또는 경쟁에서의 승리, 지략과 품위를 갖춘 권위적 지도자를 상징한다.

- 지도자의 상징임은, 고대 그리스와 로마의 정치 지도자들의 의상, 천주교 지도자들의 의상, 왕관과 망토와 지팡이를 소지하고 행진하는 각종 미인대회 우승자를 생각하면 이해하기 쉬울 것이다.

- 지팡이에는 지도적 역량에 더해 마술적 힘을 지닌다는 상징도 포함된다. 민중을 이끌고 이집트를 탈출하려 홍해의 물살을 가르는 모세의 지팡이, 세속과 멀리 떨어진 심산유곡에서 오래 수련한 도사가 한 손에 지팡이를 쥐고 주문을 외우며 경이로운 도술을 보여주는 이야기 속 장면, 관현악에서 제각각 소리를 내는 악기의 음조를 조화롭게 빚어내는 지휘자의 지휘봉, 동화 속 마녀가 마술을 행할 때 사용하는 지팡이 등을 생각하면 이해하기 쉬울 것이다.

모래

- 긴장을 풀고 잠재된 의식으로 안내하므로 자기의 새로운 탄생 작업을 촉진하는 좋은 놀잇감으로서 대지와 엄마와 바다의 상징으로 많이 활용된다.

- 비행기가 모래에 내려앉는 것은 우주 공간에서 이 세상으로 내려오는 것, 또는 입태의 조짐이기도 하다.

- 모래를 무덤처럼 쌓아 올린 것은 엄마의 자궁을 의미할 때가

많다.

- 동식물 모형을 모래에 묻고 꺼내기를 반복하는 것은 여러 차례 환생을 거듭한다는 의미일 때가 많다.

- 모래에서 보물찾기를 하는 것은 진정한 자신의 존재를 찾는 것을 의미한다.

- 동물들이 모래에서 헤엄치는 놀이는 양수에서 자라는 태아를 상징할 때가 많다.

- 묻혀 있던 모형이 모래에서 모습을 드러내는 것은 출생의 표현일 때가 많다.

모래시계

- 성장 작업에 등장하는 모래시계는 생명을 지닌 존재가 시간이 없는 세계에서 시간이 존재하는 세계로 이동했음을 의미한다. 따라서 한 생명의 잉태를 알리는 신호로 여길 수 있다.

- 모래시계의 모양은 위와 아래의 생김새가 맞선꼴로 똑같다. 따라서 잉태된 아기가 엄마와 자신이 일심동체라는 것을 알리려는 의미로 차용하기에 좋다.

모래에서 걸러내 자석에 묻은 철가루

- 과학적 호기심 또는 과학적 지식에 대한 확인과 자랑을 나타낸다.

- 태내 시절을 건너는 시기에는 자궁에서 자기의 신체 기관을 구성해 나가는 연금술을 의미한다.

- 모래를 양수로 상징하고 모래를 벗어나는 것의 표현은 아기의 출생을 나타낸다.

- 자아의 출현 이후에는 돈을 모으기 위한 채광을 표현한다.

목걸이, 반지, 발찌, 팔찌(수갑)

- 이들은 모두 자기가 누구라는 신분으로 명확하게 밝혀져 탄생했다는 것을 상징한다. 군인들이 군번이 적힌 목걸이를 착용하는 것, 또는 산부인과에서 신생아의 신분을 밝히기 위해 걸어주는 팔찌와 발찌, 출신 학교의 마크나 이름을 새긴 반지 등을 생각하면 이해하기 쉬울 것이다.

- 수갑은 처벌과 범죄를 다루는 권위의 표상으로 쓰이기도 하지만, 놀이실에서는 많은 경우 엄마와 일심동체라는 상징으로 쓰이기도 한다. 똑같은 모양으로 쌍을 이룬 팔찌 같아서이며, 기능은 팔목을 묶는 것이라서 그럴까, 엄마와 헤어질 일 없는 한 몸이며 사랑으로 묶여 있다는 것을 느끼고 싶은 태내기와 영아기의 마음을 표현할 때가 있다.

무당춤

- 인류사에 비추어 무당춤은 천제나 관혼상제 의식과 많이 관련되어 있다. 어린이의 성장 작업에서도 무당춤은 원형적 의미를 내포하고 있으면서, 자신의 탄생을 축복하는 분위기, 자신의 심정적 아픔을 날려버리는 의식, 가족을 잃은 슬픔을 달래는 것의 의미로 등장할 때가 많다.

문어와 오징어

- 문어는 대머리 같은 생김새를 하고 있기 때문인지 지략가 및 권위자의 상징이기도 하다.
- 문어는 다리도 많고 적과의 싸움에 유리하도록 변색과 변형을 잘하기 때문인지 기만술이나 전략적 공격성을 표현할 때 많이 등장한다.
- 문어도 오징어도 먹물 쏘기를 할 수 있어 남성의 유능감을 상징할 때가 있다.
- 많은 다리로 칭칭 감아 먹잇감을 포획해서인지 먹이 사냥을 잘한다는 상징이기도 하다.

미끄럼 놀이, 사다리 타고 내리기

- 미끄럼 놀이와 사다리 타고 내리기는 수정란의 착상 과정을 암시할 때가 많다.

미로 또는 험준한 산과 계곡

- 그동안 살아온 인생의 행로 또는 앞으로 살아갈 인생의 행로를 나타낸다.
- 새로운 탄생 작업에서는 난자를 만나기 위한 정자의 여행길, 또는 수정란이 된 다음 착상할 자리를 찾아가는 여행길의 표현일 때가 있다.

미라, 유령이나 좀비 같은 유사 인간, 해골

- 생존 경쟁에서의 낙오자들을 의미한다.

- 이 세상의 존재로 환생하기 위해 세월을 기다리는 전생의 존재를 상징한다.

방석, 의자, 침대

- 수정란이 착상 지점을 찾기 위해 험난한 여행을 마치고 태아로서 안주하는 자리다.

- 영아 시절에 젖을 먹이고 안아주며 사랑으로 품는 엄마의 가슴을 의미한다.

- 때때로 침대는 입태를 위한 남녀 화합의 상징일 때도 있고, 때로는 성 정체감이 형성되는 시기에 남녀 역할 모방으로서 남녀의 환상적 만남을 상징할 때도 있다.

버섯

- 머리가 벌어지지 않은 버섯은 남성의 생식기를 표현할 때가 많다.

- 머리가 우산처럼 넓게 벌어진 버섯은 집 모양처럼 생겨서 자궁을 표현할 때가 많다.

병원 놀이

- 어린이 자신이 아팠던 경험을 재현하여 그 아픔의 기억을 소산시키는 것이다.

– 엄마로부터 충분히 공급받지 못한 애정과 보호의 손길을 보상하는 것이다.

– 몸과 마음의 상처를 스스로 다독여 건강한 자아를 재구성하는 것을 나타낸다.

– 환자가 엄마인 경우에는 부족한 엄마 이미지를 이상향에 가깝게 승격하는 것을 의미한다.

보라색

– 우주의 만상을 빛에 의존하여 지각할 경우, 눈으로 볼 수 있는 세계와 눈으로 볼 수 없는 세계의 경계 지점에 위치한 빛깔이어서 그럴까? 대체로 보라색은 3차원으로 지각하는 현실에서 벗어난 좀 더 차원이 높은 세계의 상징으로 자주 표현되는 색깔이다.

– 심층을 반영하는 성장 작업에서는 파랑과 빨강의 음양이 합쳐져 나타나는 색깔이 보라색이므로 태아를 상징하는 경우가 많다.

– 보라색이 태아와 관련 있다고 유추할 수 있는 사례를 하나 소개하면 다음과 같다. 취학 전 남자 어린이가 태아기를 지나는 시기의 한 회기에서 순서대로 보여준 놀이의 내용이다. 즉 ① 엄마와 함께 보자기로 서로의 다리 한 짝을 묶고 세 다리를 만들어 한 몸이 되었다. 이때 사용된 보자기는 마치 자궁처럼 느껴졌다. → ② 그러고는 놀이실 바닥에 레고 소품으로 원형의 길을 만들었다. → ③ 원형의 길 가운데를 태극 무늬 중앙의 곡선처럼 보라색 끈으로 나누었다. 이때 보라색 태극 무늬 중앙선은 마치 파란색인 아빠와 빨간색인 엄마의 합일을 의미하는 선, 그리고 보라색은 엄

마와 아빠의 합일로 생명이 움트는 태아를 연상시켰다. → ④ 엄마와 어린이가 서로 한 다리를 묶어 한 몸이 된 세 다리로, 함께 태극 무늬의 보라색 중앙 곡선과 레고로 만든 원형의 길을 밟고 돌았다. 이때의 놀잇감인 레고는 마치 태아의 몸을 구성하기 위한 요소를 연상시켰고, 네 다리 중 하나씩 묶어 만든 세 다리는 임산부와 태아의 일심동체를 연상시켰으며, 원형 길 돌기는 생명의 움직임이 시작되었음을 알리는 느낌이었다.

보물섬과 보물 찾기 지도

- 성장 작업에서 보물섬은 대체로 새로운 탄생을 위한 잉태 공간을 의미하며, 보물을 찾기 위한 지도는 잉태 공간을 둘러싼 복잡한 인체의 모습이거나 또는 잉태하기까지의 주변의 복잡한 상황이나 과정을 의미할 때가 많다.

보물을 실은 기차 운행

- 기차는 인생의 행로, 또는 난자를 만나려는 정자의 운동이나 착상하기 위해 수정란이 배 속을 여행하는 것을 의미할 때가 많다. 따라서 보물을 실은 기차는 유전자를 품은 생명의 씨앗이 존재의 여행을 하는 것이거나, 또는 '시한부로 변화하는 나' 속에 존재하는 '시공간으로부터 자유롭고도 불변하는 진정한 나'를 실어 여행하는 핵심적인 자기 존재의 여행이라 할 수 있다.

부채

– 주로 탄생과 관련된 성장 작업에서 마법을 행하거나 초능력을 보여주는 사람 또는 주문을 외워 신비로운 일을 펼치는 주술사가 사용하는 도구로 자주 등장한다. 굿을 진행하는 무당이 잘 사용한다는 점, 점술사가 부채를 흔들며 점을 쳐주는 텔레비전의 장면들, '부채 도사'라는 텔레비전 프로그램을 떠올리면 이해하기 쉬울 것이다.

블랙홀

– 문제 해결이 암담함을 표현한다.

– 만물이 등장하기 이전의 우주 환경을 의미한다.

– 자기의 새로운 잉태 작업에서는 엄마의 자궁을 나타낸다.

블루마블

주사위를 던져 나온 숫자대로 말을 움직여 말판 위에 그려진 지구의 여러 도시를 지나면서 원하는 도시를 사거나 자신의 땅에 건물을 지을 수 있는 게임인데 어린이들이 꽤 즐기는 놀이에 속한다. 그런데 이 놀이에서 많은 어린이들이 자신만이 대한민국 소재의 땅을 소유하기를 원한다. 소유를 즐기는 블루마블 게임에는 다음과 같은 상징들이 담겨 있다.

– 대한민국 소재의 땅을 소유함으로써, 우주적 존재였던 자기로부터 개별화된 존재로 분화되었기 때문에 자신만의 독특한 정체성을 갖추었음을 알리는 것이다.(→ 개별화 시기)

- 개별화된 자기가 정신적 존재이기 때문에 몸을 갖추려면 잉태가 필요하므로, 무인도 또는 대한민국 소재의 땅을 잉태 공간의 상징으로 삼고 싶다는 마음을 표현하는 것이다. 무인도 또는 대한민국 땅에 머무르는 경우에 특별 보너스를 주는 규칙을 정해도 좋다.(→ 입태 또는 착상의 시기)

- 게임하면서 치료자와 주고받는 교감을 통해, 태내의 자기와 엄마가 서로 소통하고 있음을 알린다.(→ 태아의 시기)

- 내가 많은 땅의 주인이 되었음을 알리는 것으로써, 자신에게 자아가 출현하기 시작했음을 알림과 동시에, 자기애와 소유욕을 표현하는 것이다.(→ 자아의 출현 시기)

요즘 어린이들의 블루마블 게임은 치료자 세대의 어린 시절 땅따먹기 놀이와 같은 의미를 지닌다. 그런데 땅따먹기가 어디 어린이들만 즐기는 놀이인가? 어른들의 땅 투기, 그리고 남의 나라 땅을 차지하려는 국제적 도발이나 전쟁 또한 어른들의 땅따먹기는 아닌지?

비행기

- 성장 작업에서 비행기는 입태 이전 허공에 의지해 지내는 정신적 존재일 때가 많다. 따라서 허공을 날던 비행기가 하강하여 어떤 착륙 장소나 문 앞에 내려앉으면 입태를 예고하는 것일 때가 많다.

- 성장 작업의 의미가 아닌 경우에는, 자유로운 영혼을 추구하거나 공상적 생각이 많은 것을 의미할 수 있다.

– 인지 발달 차원에서는 3차원 공간 지각이 가능해졌음을 의미할 때가 있다.

쌍둥이

– 두 모습의 자기. 둘 중 하나는 버려야 할 자기이며 나머지 하나는 이상적인 자기다.

– 하나로 통합되어야 하는 양가적 갈등 상태의 자기이거나 모순된 자기를 의미한다.

– 쌍둥이 중 하나는 서로 마음이 통하는 의존 대상, 나머지 하나는 그 의존 대상과 교감하고 사회적 접촉을 원하는 자기다.

– 실제 쌍둥이 형제를 의미한다.

– 하나는 태어난 자기, 나머지 하나는 입태 당시 쌍둥이였다가 자궁에서 임신 초기에 자연 도태된 태내 형제를 나타낸다.

– 엄마와 일심동체를 느끼고 싶어 하는 태내기 성장 작업에서는 엄마와 자기를 나타낸다.

생식기 공격

– 새로운 탄생을 위한 성장 작업에서 자신의 존재가 영웅화되는 시기 또는 성 정체감 형성 시기에 많이 등장하는 놀이다. 특히 남성성의 우월감, 또는 짝짓기 경쟁에서 우월감을 강조하고 싶은 마음을 반영하는 경우가 많다. 필자와 놀이하던 한 어린이는 영웅이 되기 위해 로봇끼리 경쟁하는 역할 놀이를 하다가, 자신을 나타내는 로봇에 격렬하게 맞서는 적을 향해 발차기를 하며 이렇게 말했

다. "로봇엔 왜 고추가 없는 거야, 짜증나게……."

- 여자 어린이의 경우에도 여성으로 개별화되는 작업을 할 때, 자신이 좋아하는 남성을 탐하는 다른 여성의 하반신을 무자비하게 공격하는 상황을 표현하기도 한다.

손가락 빨기

- 입태하기 위한 음양 화합의 놀이 단계에서는 남녀의 만남을 의미할 수 있다.

- 때로는 아기가 젖꼭지를 중간 대상으로 삼아 엄마와 일심동체를 표현하듯, 엄마와 한 몸인 것을 느끼고 싶어 손가락에 탯줄의 의미를 부여하는 어린이도 있다.

- 영아 시절을 나타내는 놀이 단계에서는 젖꼭지를 물고 싶은 구강기 욕구의 보상이다.

- 성 역할 모방 시기의 놀이 단계에서 남녀의 만남을 의미할 수 있다.

- 때로는 손가락 빨기 대신 귀 후비기와 코 후비기가 나타나는데 이것도 남녀의 만남을 통해 느낄 수 있는 존재감을 상징하는 행동일 수 있다.

수도꼭지 또는 수도꼭지를 트는 물 놀이

- 소방대원의 소방 호스처럼 남성의 생식기 또는 생식 능력의 긍지를 상징할 때가 많다. 한 예를 들면, 필자와 성장 작업을 하며 남성성에 관심이 생기는 시기(프로이트의 남근기에 해당)에 이른

어떤 남자 어린이는 "씨 발라 먹어"라는 노래 가사를 한동안 자주 불렀고 만화책을 고르면서도 꼭 "18번" 만화를 고른다고 하거나 굳이 목이 마른 것이 아닌데도 귀가할 때 필자에게 보란 듯이 물컵을 자신의 고추와 정수기의 수도꼭지에 동시에 밀착시키고 물을 따라 마셨다. 이즈음 놀이에서는 소변을 보는 화장실 출입이 잦았고, 집에서는 자신이 아빠보다 우월하다고 강조하며 우쭐대는 행동이 증가했다.

신발

- 현존하는 자기를 나타낸다.
- 시간과 공간에 걸리지 않고 자유로운 영적인 자기를 의미한다.
- 성장 작업에서 어른 신발 속에 들어간 작은 신발은 태아를 표현하는 경우가 많다.
- 어린이가 어른 신발을 신는 행동은 빨리 어른이 되고 싶은 자기를 표현하는 것이다.

악어

- 물뭍동물인 악어가 종종 양수를 벗어나 세상으로 나가는 태아의 상징일 때가 있는데, 특히 외부의 어떤 위험에도 강하게 맞서서 살아남는 강인한 태아를 표현한다.
- 자신을 괴롭히는 포악한 양육자 또는 포악한 또래의 상징일 때도 있다.

아기 양육 놀이

- 엄마와 애착 관계 손상을 보상하는 성장 작업이다.
- 따스한 모성애와 부드러운 엄마의 손길을 기다리는 마음을 나타낸다.
- 성인기 여성 역할의 예행 연습이다.

반려동물 기르기

- 스스로 자기를 극진히 돌보는 양육의 상징일 수 있다. 영아 시절 엄마에게 만족스러운 보살핌을 받지 못한 어린이들에게 많이 나타난다.

엄마의 죽음

- 성장 작업에서는 만족스러운 엄마로 차원을 높이기 위해 만족스럽지 않은 엄마를 파괴한다는 의미다.
- 실제로 경험한 엄마의 죽음은 어린이의 깊은 상처를 하소연하거나, 스스로 마음을 달래기 위한 표현이다.
- 임신 중 자살을 기도했던 엄마의 상처를 어린이가 물려받아 태어난 이후 그 아픔을 달래거나, 또는 임신 중 엄마 마음에 영향을 받아 무기력감에 젖은 어린이가 자신도 죽고 싶은 마음이 들 때의 표현이다.

요리 만들기

- 태내기의 아기를 놀이하는 시기에는 엄마와 공유하는 섭생을

의미한다. 엄마의 입덧이 심했던 경우에는 태내기에서 요리 만들기가 자주 등장한다.

- 출생 이후 영아기 놀이에서는 엄마의 사랑을 느끼고 교류하려는 욕구의 보충일 때가 많다.

- 성 정체감 형성기의 여자 어린이 놀이에서는 장래에 수행할 모성 역할의 예행 연습이다.

원형과 나선형의 그림 또는 운동

- 원형은 일반적으로 우주의 근본 이치를 간단히 표현하는 모양이고, 원형과 나선형의 움직임은 우주의 근본적 운동을 간단히 표현하는 움직임의 모양이다. 그런데 어린이들의 놀이치료 과정에서는, 자신이 심리적으로 만드는 잉태 공간에 들어가 새로운 생명이 움트고 있음을 알릴 즈음에 원형과 나선형의 그림 또는 움직임이 많이 등장한다. 예를 들면, 모래 상자에 원형 또는 나선형의 그림을 흔적으로 남겨놓는 일, 또는 팽이를 빙글빙글 돌리거나 자신이 직접 빙글빙글 돌거나, 자신이 중심에 앉아 원형으로 돌아가는 기차를 조작하며 노는 활동과 같은 것들이다.

인어 공주

- 여자 어린이에게는 물속에서 헤엄만 칠 수 있고 육지에서 살기가 어려운 인어 공주가 배 속의 태아를 상징할 수 있다.

- 개별적인 자기로 분화하는 성장 작업에서 인어 공주는 아직 약점이 남아 있기 때문에 온전한 자기가 되기 이전 상태다. 그래서

온전한 자기로 분화하기 위해 좀 더 업그레이드시켜야 한다는 암시를 담고 있다.

인형 뽑기, 상자 안의 인형

- 많은 동물 인형 가운데 하나를 선택하는 인형 뽑기는 대체로 태어날 자기를 의미한다.
- 상자에서 기계손으로 인형을 집어 올리는 놀이는 제왕절개의 경험을 표상할 때가 있다.
- 투명 상자 안에 아기가 있는 놀이는 인큐베이터 시절의 경험을 표상할 때가 있다.

장기 알로 알 까기

- 영웅으로 분화하는 시기에는 영웅의 승리감이나 유능감 키우기 또는 영웅심의 자랑을 표현하는 놀이다.
- 태내 시절의 표현에서는 장기판의 격자무늬가 엄마의 자궁을 상징하며, 치료자와 알 까기 게임을 즐기는 것은 임신한 엄마와 태아인 자기가 소통하고 교감함을 상징한다.
- 사회적 관계의 인식이 출현하는 시기에는 장기 알에 부여된 지위와 권위를 빌려 사회적 관계에서의 역동을 인식하며 권위를 행사해보는 훈습의 표현이다.

주사위

- 성장 작업을 하는 어린이는 입태 시기 또는 태내기를 지날 때

주사위에 대한 관심이 높아진다. 무언가를 던져 운명을 점치듯, 점괘의 연장선상에서 주사위에 관심이 생기는 듯 여겨지며, 어떤 운명을 지닌 내가 엄마의 자궁에 들어가게 되었다는 의미로 해석될 때가 많다.

주차장과 주유 놀이

- 주차장은 달리던 자동차가 안착하는 장소다. 놀이에서도 수정란이 안착하는 장소로 자주 차용된다.
- 주유 놀이는 생의 활기를 불어넣고 에너지를 쌓아 나감을 의미할 때가 많다.

짝짓기

- 입태하기 위한 음양의 만남을 표현하는 경우가 가장 많다.
- 때로는 엄마와 일심동체나 애착 관계를 의미한다.

치료자에게 집적거리기

- 성장 작업에서는 입태하기 위해 치료자에게 관심을 기울이는데, 집적거리는 것은 그 관심을 부정적으로 표현하는 것이다. 평소에 청개구리처럼 반어법을 많이 구사한다든지, 반동적 행동을 많이 보이는 어린이에게 흔하다. 그러나 비록 언행이 청개구리 같아도 그네들이 치료자를 향해 품는 마음은 사실 긍정적이다.
- 전이 감정의 색채를 띠고 격정적 감정을 표현하는 성장 작업에서는 과거에 경험했던 적개심과 울분을 억압했다가 자유롭게 토

로하는 출구로 치료자를 택한다는 의미가 있다.

탑

- 과거와 미래를 이어 세상에 우뚝 서는 존재 또는 역사적으로 이름을 날리는 존재를 의미한다.
- 성장 작업에서 개별화 시기에는 훌륭한 인물로 세상에 등장한 자기다.
- 입태 상황에서는 태아가 된 자기를 나타낸다.
- 성장 작업에서 자아가 출현하는 시기에서는 자기의 주장을 관철하고 자존심을 소중히 여기는 자기다.

텐트 또는 변기 안의 똥

- 텐트 또는 물이 담긴 변기는 성장 작업의 많은 경우에 자궁을 상징하고, 변기 안에 들어 있는 똥은 소유욕이 강하고 유아독존인 자기를 의미할 때가 많다. 그러므로 텐트 또는 변기 안의 똥이 의미하는 것은 "이 잉태 공간은 아무도 침범해 들어올 수 없는 나만의 은밀한 공간입니다."라는 선언이라 할 수 있다.
- 같은 어린이의 텐트 놀이에서, 어린이만 텐트 안에 있거나 또는 어린이와 치료자가 함께 텐트 안에서 교류하다가, 어린이는 텐트 안에 있고 치료자는 밖에 있으면서 까꿍 놀이 등 서로 다른 공간에서 교류하기로 이동하는 경우는 그 의미가 다를 수 있다. 즉, 어린이만 텐트에 있거나 치료자와 함께 텐트에 있을 때는 대체로 태내에서의 성장을 의미하지만, 서로 다른 공간에서 텐트 창을 통

해 마주하며 교류하는 것은 "내가 이제 세상 밖으로 나갈 예정입니다. 나를 맞이할 준비를 하세요."라는 암시일 때가 많다.

투쟁 놀이

- 인간이나 동물, 로봇이나 유령 같은 특정한 적이 없이 모두를 상대로 싸우는 혼란한 싸움은 성장 작업에서 개별화된 자기를 등장시키기 위한 작업이다.
- 또래 관계에서 피해자 입장이었던 어린이에게는 그동안 겪은 많은 피해 의식을 경감시키는 성장 작업이며 갈등의 정화 작업이다.
- 똑같은 모형 사이의 싸움은 양가적이고 모순되는 두 모습의 자기에서 이상적인 하나의 자기로 통합해 나가는 성장 작업이다.
- 상사와 부하의 역할이 다른 조직적이고 전략적인 투쟁 놀이는 사회적 관계를 이해하고 타인의 감정을 조망하는 능력이 생겨서, 사회적 기술의 향상을 위해 훈습하는 것이다.
- 승부를 가리는 것이 목적이 아니고 치료자와의 교류 증진을 위한 싸움 놀이는 태아와 임산부와의 일심동체를 느끼고 싶어하는 태아기 성장의 재건 작업이다.

퍼즐 놀이와 블록 조립

- 여러 부분으로 조각나 있거나 여러 차원으로 나뉘어 있다고 여기는 자신을 하나로 건강하게 통합해 나가는 과정에서 많이 등장한다.

- 성장 작업에서는 입태 이후, 자신의 몸을 구성하는 과정에서 많이 등장한다. 이를테면, 초기 배아의 상태에서 태아가 뼈와 살, 혈관과 내장 기관 등을 조직하면서 온전한 신체를 갖추기 위해 짜임새 있게 구성해 가는 것이다.

상징으로 가득한 역할극

어린이들이 놀잇감으로 연출하는 가상의 드라마에는 상징적 표현들이 가득 들어 있다. 상징적 표현들로 각색되는 이야기 속에는 어린이가 처한 요즈음 현실 이야기도 있고, 어린이들의 장래 소망도 있고, 과거의 상처들도 담겨 있다. 치료자가 주의 깊게 살피는 것에 훈련이 되면, 때로는 대수롭지 않은 듯 보이거나 스쳐 지나가기 쉬운 아주 단조로운 이야기 속에도 어린이를 좀 더 깊게 이해하는 데 필요한 중요한 단서들이 숨어 있음을 알게 된다. 필자의 경험으로는 맥락을 잡기도 힘들고 예상하지 못한 뜬금없는 이야기가 아무 데서나 툭툭 튀어나오는 경우일수록 그런 경우가 더 많기도 하다. 그러므로 치료자는 ① 자동차인지, 캐릭터인지, 음식물인지 등 어떤 놀잇감을 사용하는지와 ② 병원 놀이인지, 싸움 놀이인지, 소방 놀이인지 등 어떤 내용인지와 더불어 ③ 이야기 줄거리가 자연스럽게 흐르는지 또는 종횡무진하여 갈피를 잡을 수 없는지 등을 살피며 단서 포착에 세심한 주의를 기울여야 한다.

놀잇감을 빌린 언어든, 말을 빌린 언어든, 몸짓을 빌린 언어든, 어린이가 꾸미는 이야기 내용들은 자신의 인지 발달 수준에 따라, 이야기가 짜임새 있게 전개되는 경우가 있고, 전혀 논리적으로 합당하지 않은 엉뚱한 순서로 뒤죽박죽 연결되기도 한다. 비유하자면, 이야기 진행이 자연스러운 경우는 마치 목걸이에 꿰인 구슬을 하나씩 하나씩 손가락으로 짚어 나가는 것처럼 여겨지지만, 반대로 이야기 흐름이 제멋대로 튀는 경우는 마치 여기저기 흩어져 있는 구슬들을 주워 모아 가지런히 줄에 꿰어 목걸이를 만들어야 할 것처럼 여겨진다. 어린이들이 연출하는 드라마의 이야기들이 만약 꿰이지 않고 흩어진 구슬처럼 여겨진다면 치료자가 그 이야기들을 모아 가지런히 정리할 필요가 있다. 또 다른 비유를 들어 설명하자면, 마치 그림 퍼즐의 흩어진 조각들에서 단서를 찾아 서로 이어가며 원래의 그림으로 완성해 나가는 과정처럼, 치료자는 어린이의 종잡을 수 없는 이야기들에서 단서를 찾아 그네들이 우리에게 알려주고 싶은 마음을 논리 정연하게 파악할 수 있어야 한다. 만일 어린이가 꾸며 나가는 이야기가 무질서하고 맥락에 맞지 않는다면, 어린이의 인지 발달 수준이 그에 미치지 못했거나 또는 어린이의 정서적 혼란이 심한 경우라 할 수 있다. 다음에 예시되는, 초등학교 3학년 남자 어린이가 한 회기 동안 꾸민 이야기를 살펴보자.

사례

① 모래 상자에서 모래를 헤치며 ② "화석 발굴"이라고 ③ 혼자

서 말하고는 ④ 울타리를 꺼내 아무렇게나 모래 상자 속에 흩어 놓았다. ⑤ 모래 상자에서 일어서며 ⑥ "예산 부족으로 연구 중단"이라고 다시 혼자 말했다. ⑦ 놀이실 가운데서 뱅글뱅글 돌더니, ⑧ 놀잇감 선반에서 자동차들을 꺼내 놀이실 바닥에 일렬종대로 늘어놓고 ⑨ 다시 모래 상자로 돌아와 울타리를 만지작거리다가 ⑩ "비행기가 주차장에 있어요."라고 치료자를 보고 말했다. ⑪ 자동차 도로를 놓고, 비행기 두 대를 꺼내 도로 위에서 굴리더니 대한항공 비행기에는 탑승 장치를 붙여놓고, 나머지 아시아나 비행기는 허공에 날리며 "블랙홀 과녁에 들어갑니다."라고 치료자를 보며 말했다. ⑫ 그리고 허공을 날던 비행기를 손에 쥔 채 "바다에 빠졌어."라고 말했다. ⑬ 오랫동안 나무토막과 상자를 이용하여 복잡한 미끄럼틀을 만들고 "정성을 담아"라고 치료자에게 말했다. 기차를 꺼내 정성 들여 만든 미끄럼틀에서 기차를 굴렸다. 미끄럼틀에서 굴린 기차가 내려가면 쏙 들어가도록 미끄럼틀 끝에 커다란 배를 붙여놓았다. 어린이 자신은 놀이실 바닥에 옆으로 누운 자세를 취한 채 커다란 기차가 배에 들어가도록 여러 번 반복해서 굴리고는 치료자를 향해 말끝의 억양이 높아지게 말했다. 승리를 거머쥔 사람처럼 기뻐하며 "봐봐요. 들어가지요."

성장 작업의 측면에서 앞에서 표현된 내용들의 의미를 풀어보면 다음과 같다.

① 모래 상자에서 모래를 헤치며 - 모래 상자에 관심이 생기고 마른 모래를 만지작거리는 행동은 치료자와 신뢰가 쌓이고 여러

종류의 긴장에서 해방감을 느끼기 시작할 때 나타나는 행동이다. 또한 마른 모래는 무의식 세계로 이끌어줌과 동시에 손으로 만지는 감촉이 부드럽고 물 같아서 양수에서 자라던 시절의 향수를 자극하는 데 긍정적 효과가 있다.

② "화석 발굴"이라고 - 화석은 어느 한 옛날 존재했던 생명체가 오래도록 자기 존재를 존속시키려 이 세상 어딘가에 흔적을 남겨 두었음을 의미한다. 비록 마음은 몸을 떠나 있지만 새로운 계기가 찾아와 새로운 생명으로 부활하는 미래를 기다리고 있는 몸인 것이다. 어린이들의 놀이에서는 한 세상에서 다음 세상으로 이어질 자기, 즉 시간의 연속성 안에 놓인 자기가, 미래의 어느 시기에 온전한 몸과 마음을 갖춘 새 생명으로 잉태될 수 있게 화석이나 유령이나 피라미드 속의 미라나 해골인간 등으로 자기 존재를 남겨 둘 때가 흔히 있다.

③ 혼자서 말하고 - 치료자에게 잡다한 이야기를 들려주거나 답을 듣기 위한 목적이 아닌 건성 질문을 던지는 치료 초기, 치료자와 눈을 맞추고 호흡을 나누며 신뢰감을 형성하거나 정감적 교류가 중요한 성장 작업의 전반기를 지나면, 좀 더 깊숙한 내면을 돌이켜 보는 자신만의 시간이 중요해진다. 그럴 때 어린이들은 해설을 곁들이기도 하고 여러 인물의 대화를 혼자서 연기하며 놀잇감으로 연출하는 드라마에 몰두한다. 그러면 치료자는 가급적 어린이의 마음이 흘러가는 놀이의 흐름을 방해하지 않도록 주의하는 것이 좋다.

④ 울타리를 꺼내 아무렇게나 모래 상자 속에 흩어놓았다. - 울

타리는 외부의 침입을 막는 내 집의 경계선이다. 놀이치료의 성장 작업에서는 조만간 잉태될 안전 공간에 들어갈 마음을 품고 있다는 암시다. 그러나 여기서는 울타리가 아무렇게나 던져져 있으니 아직은 그 마음을 실현시키는 시간을 좀 더 기다려야 한다는 뜻을 담고 있다.

⑤ 모래 상자에서 일어서며 – 연극 1막에서 2막으로 바뀌는 것과 같은 의미다.

⑥ "예산 부족으로 연구 중단"이라고 다시 혼자 말했다. – 앞 장면에서 울타리를 모래 상자에 아무렇게나 흩어놓은 것처럼 아직은 새로운 탄생을 위한 마음의 준비가 더 필요하다. 즉, 아직은 이상적 내가 되기에는 미흡한 점이 남아 있기 때문에 나의 힘과 노력의 보완이 필요하다는 표현이다.

⑦ 놀이실 가운데서 뱅글뱅글 돌더니 – 놀이실에서 둥글게 도는 움직임은 우리가 몸담은 우주의 물리적 운동 내지 순환의 원리를 지닌 생명의 운행을 표현하는 몸짓으로 여겨진다. 즉, 우주의 원리를 품고 돌아가는 삼라만상처럼, 자신도 피가 돌고 숨결이 드나드는 하나의 생명이 되려 한다는 선언이자 예언적 몸짓이다. 쉼 없이 돌아가는 우주 운행의 법칙이며 생명의 동력임을 보여주는 이 원형 운동은 어린이들의 일상적 놀이에서도 종종 발견할 수 있다. 예를 들면, 기찻길 위를 빙글빙글 돌도록 기차를 작동해놓고 놀던 어린이가 다른 놀이로 주의를 전환해서, 기차 놀이에 관심이 사라진 것으로 여겨 누군가가 그 기차의 작동을 멈추면, 어린이는 정작 기차 놀이에 관심도 없으면서 기차가 계속 돌아가도록 작동해

놓은 채 이런저런 다른 놀이에 열중한다. 또 다른 예를 들면, 방안에 녹음기, TV, 음향 기기를 틀어놓아 소리에 관심을 기울이던 어린이가 다른 놀이로 전환해서, 주의를 돌린 놀이에 방해가 되려나 싶어 소리를 없애면, 어린이들이 곧바로 소리를 되살린 채, 주의를 바꿔 놀던 일에 다시 관심을 기울이는 것이다. 이는 마치 우리가 의지를 동원하여 숨을 쉬는 것은 아니지만 호흡이 중단 없이 들락날락한다는 것을 당연한 것으로 익히 알면서 일상의 갖가지 행동을 연이어 취하는 것처럼 여겨진다.

⑧ 놀잇감 선반에서 자동차들을 꺼내 놀이실 바닥에 일렬종대로 늘어놓고 – 성장 작업이 진행될 때 종횡무진 누비는 것이 아니고 줄지어 늘어서는 자동차들은 대체로 잉태를 위한 정자의 운동 또는 태아와 임산부를 연결해주는 끈(탯줄)을 상징할 때 많이 등장하는 놀잇감이다.

⑨ 다시 모래 상자로 돌아와 울타리를 만지작거리다가 – 여기서의 모래 상자는 잉태 공간, 보드라운 모래는 양수의 감촉, 울타리는 잉태 공간을 안전 공간으로 세우는 작업이라는 의미를 담고 있는 상징적 언어다.

⑩ "비행기가 주차장에 있어요."라고 치료자를 보고 말했다. – 비행기는 하늘을 누비는 사물이다. 어린이들은 자신의 생명이 지상에 존재하기 이전에 시간과 공간의 제약이 없이 하늘과 지상을 자유롭게 드나드는 존재였음을 선언한다. 때로는 하늘을 누비는 비행기가 자기의 존재였기도 하고 때로는 나비나 잠자리, 독수리, 용, 영혼의 존재인 드라큘라였기도 하다. 이렇게 허공을 무대로 삼

던 존재가 지상에 내려앉으려면 안주처가 필요하다. 여기서 표현된 비행기의 주차장은 곧 공간을 이동하는 각종 차량들이 멈추는 장소이기도 하고 잉태 공간인 엄마의 자궁이기도 하다. 이 놀이의 주인공도 엄마의 자궁이 마음에 떠올랐으니 시선을 주지 않던 치료자에게 시선을 돌린 것이다. 치료자는 곧 놀이실에서의 엄마이기 때문이다.

⑪ 자동차 도로를 놓고, 비행기 두 대를 꺼내 도로 위에서 굴리더니 대한항공 비행기에는 탑승 장치를 붙여놓았고, 나머지 아시아나 비행기는 허공에 날리며 "블랙홀 과녁에 들어갑니다."라고 치료자를 보며 말했다. – 여기서 비행기 두 대는 모두 어린이 자신을 나타내는 하나의 비행기다. 아시아나 비행기는 넓은 허공을 종횡무진 누비던 범우주적 존재인 자신이고, 대한항공 비행기는 자기만의 특성을 지닌 개별화된 자신으로 곧 우주적 존재에서 분화된 존재를 암시한다. 어린이들의 성장 작업에서는 정체성이 분명하게 개별화된 자신을 표현할 때 태극기, 무궁화, 서울, 대한민국, 독도, 애국가 등이 많이 등장한다. 그리고 비행기에 탑승 장치를 붙여놓은 것과 블랙홀 과녁에 들어갔다는 말은 허공의 정신적 존재가 몸을 갖추려 자궁에 들어가는 것을 암시하는 표현이다. 탑승 장치는 허공에서 지상으로 발을 내딛는 장치이며 블랙홀은 새로운 생명을 품고 있다가 외부 공간으로 내보내는 어두운 창조 공간을 의미하기 때문이다. 이 놀이의 주인공은 독백으로 자신과 이야기를 나누다가 잉태를 의식한 이후에는 지속적으로 치료자를 보면서 이야기를 건네고 있다.

⑫ 그리고 허공을 날던 비행기를 손에 쥔 채 "바다에 빠졌어."라고 말했다. - 자궁에 들어간 존재는 몸과 마음을 다 갖춘 새로운 유기체로서의 태아가 되고 태아는 양수에 의지해서 자란다. 여기서 바다에 빠졌다는 표현은 바로 양수에 의지하는 태아가 된다는 표현이다.

⑬ 나무토막과 상자를 이용하여 복잡한 미끄럼틀을 만들고 "정성을 담아"라고 치료자에게 말했다. 기차를 꺼내 정성 들여 만든 미끄럼틀에서 기차를 굴린다. 미끄럼틀에서 굴린 기차가 내려가면 쏙 들어가도록 미끄럼틀 끝에 커다란 배를 붙여놓았다. 어린이 자신은 놀이실 바닥에 옆으로 누운 자세를 취한 채 커다란 기차가 배에 들어가도록 반복해서 여러 번 굴리고는 치료자를 향해 말끝의 억양이 높아지게 말했다. 승리를 거머쥔 사람처럼 기뻐하며 "봐봐요. 들어가지요." - 성장 작업에서 미끄럼틀은 대체로 음양 화합에 성공한 수정란이 자궁에 안주하기 위한 착상 과정을 암시할 때가 많다. 생명의 힘을 움직이는 태아가 되기 위해서는 착상 과정도 결코 쉬운 과업이 아니다. 이 놀이의 주인공은 착상 과정이 쉽지 않고 세심하게 온 힘을 기울여야 하는 과업임을 "정성을 담아"라는 말로 표현했고, 착상에 성공한 기쁨을 미끄럼틀 끝에 놓인 배에 쏙 들어가는 기차를 보면서 "봐봐요, 들어가지요."라는 말로 표현했다. 더불어 자신의 남성적 자존감을 표현하려고 미끄럼틀을 굴러 내려가는 차량을 기차로 표현했다.

놀이에 등장하는 인물과 인격

어린이들의 상징 놀이에는 여러 종류의 인격이 등장한다. 관심을 갖고 주의 깊게 들여다보면, 놀이 속 인물의 활동을 통해 어린이가 심층적으로 새롭게 탄생하려는 성장 작업에서 나름대로 의미 있는 해석이 가능할 때가 있다. 우선 인물 모형의 사용 여부에 따라 임상적 해석이 가능한 경우가 있다. 만약 인간관계를 거의 차단하고 있거나 또는 상호 간 관계 맺기에 어려움을 겪는 어린이라면 놀이치료를 진행하는 오랜 시간 동안 인물 모형을 거의 사용하지 않다가 인간관계에 대한 준비가 조금이라도 갖춰진 후에야 인물 모형을 사용한다. 다음은 어린이들이 사용하는 인물 모형이나 어린이들이 가상하는 인격이 어떤 역할을 수행하며 활약하느냐에 따라 어린이들의 성장 작업이 어떻게 흘러가는지를 파악할 수 있다. 이제 성장 작업 진행 과정에서 발달 순서에 따른 차이를 살펴보자.

1. 자신이 우주적 존재인 발달 시기에서는 인물 모형이 놀이의 드라마에 등장하더라도 동물이나 차량이나 기타 여러 모형과 똑같이 평등한 존재여서 인간이 갖춘 합리적 사유 능력은 발휘되지 않는다. 겉모습만 인간일 뿐이고 성질은 다른 존재들처럼 하늘을 날거나 용암도 삼키며 몸도 굳었다가 녹았다가 커졌다가 작아졌다가 아주 자유롭게 조절하는 재주를 지닌다. 포클레인이나 비행기와 합체한 몸이 되어 화산을 뚫고 들어가기도 하고, 유령의 탈을 쓰거나 사자를 삼킨 채 공룡의 등에 올라타기도 한다. 회오리바람이 되어 사라질 수도 있고 번쩍이는 번개로 몸을 바꿔 온 누리를 공포로 물들이기도 한다. 이 시기에 등장하는 인물 모형이나 인격은 어지러운 싸움은 하지만 승리에 집착하지 않으며 주인공이라는 느낌도 들지 않는다.

2. 우주적 존재로부터 영웅적 존재나 신화적 존재로 분화되는 개별화 시기에는 변신이나 합체를 통해 싸움에 능한 로봇, 치열한 전쟁을 승리로 이끄는 영웅 캐릭터, 혼탁한 세상을 평정하고 고통스러워하는 존재들을 구제하는 성인의 모형이나 인격이 주인공으로 많이 등장한다. 예를 들면, 초능력을 발휘하며 종횡무진 활약하는 만화 주인공인 슈퍼맨이나 배트맨, 삼국지에 등장하는 영웅들, 신통을 부리는 그리스의 신들, 단군이나 주몽처럼 나라를 세운 위대한 인물 등이다. 혼탁한 세상 분위기가 주조를 이루는 이 시기에 자주 등장하는 영웅적 인물 또는 한결같이 등장하는 하나의 신격화된 인물은 어린이 자신이 추구하는 이상적 자기 이미지

의 투사인 경우가 많다. 그리고 이렇게 가상에 의해 세계를 구하는 인물로 창조된 정신적 인격은 다음 단계의 성장 작업으로 나아가면서 몸과 마음을 갖추고 세상에 출현하기 위한 현실적 존재로 바뀌게 된다.

3. 엄마 배 속의 아기가 될 것을 예언적으로 표현하는 시기에는 장차 인간 세계에 내려올 훌륭한 아기를 점지해주는 인격이 등장한다. 하나님, 부처님, 예수님, 신선, 크기를 가늠하기 어려우며 신통묘용을 지닌 거인, 멋진 선물을 주고 가는 산타 할아버지, 다른 차원의 세상에서 덕망이 있어 존경받는 위대한 할머니 또는 위대한 할아버지와 같은 존재들이 여기에 해당된다. 어린이들의 가상놀이에 등장하는 신격 존재로부터 점지받고 탄생하는 이야기는 마치 우리네 문화에서 이야기되는 태몽처럼 느껴질 때가 많다.

4. 엄마의 배 속 아기가 되기 위해 아빠와 엄마가 필요한 시기에는 왕과 왕비 또는 왕자와 공주의 만남이 많이 등장한다. 흔히 알려진 동화 속 주인공, 이를테면 잠자는 공주를 깨우기 위해 험난한 길을 떠나는 이웃 나라의 왕자, 독을 삼킨 백설 공주를 살리려 입을 맞추는 왕자, 무도회장에 남겨진 구두의 주인공을 찾는 왕자, 귀한 왕자와 공주를 얻기 위해 온 정성을 다해 기도하는 왕과 왕비 등이다.

5. 배 속에 들어가려는 순간을 암시하는 놀이에서는 날개 달린

캐릭터 인형, 망토를 어깨에 걸친 캐릭터 인형 등이 공중에서 활약하다가 지상에 있는 산하 어딘가로 하강하거나 안착한다. 때로는 모래 상자에 들어가 묻힌다. 더러 피라미드에 누워 있던 미라, 해골 인형이나 좀비 인형, 유령과 같은 존재들이 환생하기 위한 다른 차원의 공간으로 이동한다. 또는 오랜 세월 화석이 되어 있었거나 얼음 속에 묻혀 있던 인물이 현생의 인간이 되어 비밀의 공간으로 이동한다. 때로는 영웅 로봇이나 캐릭터가 치료자의 머리 위나 어깨에 앉기도 하고 아늑하고 어두운 공간, 블랙홀, 심지어는 감옥(감옥이지만 관념적으로는 죄수가 있는 곳이 아닌 자궁을 상징하는 경우도 많다.)에 들어가기도 한다. 배부른 트렁크나 빙글빙글 돌아가는 레미콘 트럭에 인물을 배치하는 경우도 이에 해당될 때가 있다.

6. 배 속의 아기가 된 놀이에서는 인물의 모형이나 의인화된 모형들이 어떤 그릇이나 바구니나 상자나 어둡고 은밀한 폐쇄 공간 등으로 들어가고, 때로는 먹으며(태아기의 섭생), 때로는 전화 놀이를 즐기며(엄마와의 소통과 교감), 때로는 시간의 흐름을 탄다. 예를 들면 아기 인형이 항아리에 들어가 새벽닭이 우는 것을(출산일) 기다리며 잠을 자거나, 아기 곰이 지퍼 달린 필통 속에 들어가 암호를 풀거나 "열려라 참깨" 하며 밖으로 나오거나(출생), 보자기를 뒤집어 쓴 아기가 바구니에 들어가 웅크린 자세로 잠자거나, 욕조나 세탁기 안에 아기 인형이 들어가거나, 변기에 아기가 들어가는(배변의 의미가 아닌) 놀이 등이다. 때로는 자신에게 피가 흐른다는 것을 암시하려고 드라큘라를 등장시켜 피를 빨아 먹는 놀이를 연

출하기도 한다.

7. 배 속의 아기가 되어 나날이 성장하며 발달하는 것을 나타내는 놀이에서는 포켓몬, 트랜스포머 또는 팔다리의 자유로운 해체와 합체가 가능한 로봇 등의 변신 캐릭터들이 모양이 바뀌거나 기능이 점점 더 향상되는 캐릭터로 변화한다. 아주 작은 한 점의 배아에서 시간이 흐를수록 매우 다른 모습으로 변화하는 태아의 성장과 발달의 과정을 생각하면 그럴 법하다. 때로는 엄마와 함께 쇼핑 카트나 유모차에 실린 아기가 계산기를 다루는 (계산기의 숫자는 날짜의 흐름을 뜻한다.) 시장 놀이에 동참한다.

8. 그런데 배 속의 아기가 된 이후의 놀이에서는 자신을 잉태한 엄마와 교감을 느끼려고, 드라마를 연출하는 감독처럼 어린이 스스로 인물 모형을 활용하여 이야기를 꾸며 나가는 가상의 역할 놀이에서 한 걸음 더 나아가, 치료자와 직접적 소통과 상호 교류를 이루는 놀이가 증가한다. 앞에서 예를 든 것처럼, 엄마와 소통하고 교감하기 위해 연출하는 전화 놀이에서 자신은 아기 역할을 맡고 치료자에게 엄마 역할을 맡긴다. 음식 놀이에서는 치료자와 함께 음식을 나눠 먹는다. 때로는 엄마의 불러 가는 배를 상징한 풍선을 활용하여 치료자와 직접적으로 풍선을 주고받으며 놀거나, 치료자와 자신의 몸을 직접 끈으로 묶어놓고 놀기도 한다.

9. 이 세상에 태어난 아기가 되었을 때에는 로봇과 같은 가상

의 인물 모형이나 곰 인형 같은 의인화된 모형이 아닌 실제 아기를 닮은 아기 인형이 많이 등장한다. 그리고 대체로 아기 인형이 가상의 역할 드라마에서 주인공이 된다. 놀이는 주로 아기에게 수유하거나, 음식을 먹이거나, 유모차에 앉혀 산책시키거나, 안고 업어서 얼러주거나, 목욕시키거나, 병원에서 치료를 받게 하는 등 일반 가정에서 흔히 관찰되는 양육 환경을 재현하는 내용이다. 그러나 아기 인형이 아니더라도 동물 모형을 빌려 엄마와 아기를 짝 지어 엄마와 아기의 애착 관계를 즐기는 경우도 꽤 있다. 이를테면 엄마 등에 업힌 아기 곰, 엄마 오리를 졸졸 쫓아다니는 아기 오리, 젖꼭지를 물고 있는 아기 돼지의 연출 등이다.

10. 자아가 생겨서 욕심도 부리고 자기 주장을 관철하려 떼쓰고 반항하는 일이 많아지는 시기(프로이트의 항문기에 해당)의 놀이에서는 캐릭터나 인물 모형이 변기에 앉아 대변을 보는 놀이, 또는 '똥'이나 '방귀', '똥침' 등의 말과 행동으로 상대의 심기를 건드리거나 공격하는 놀이가 많다. 발달심리학의 눈으로 보아 이 반항의 시기를 건널 즈음 많이 등장하는 인물 캐릭터 중 하나가 아마 만화 주인공 '짱구'일 것이다. 아무래도 만화 속에서 엄마를 자주 당황스럽게 하는 짱구가 곧 놀이실에서 드러내고 싶은 어린이들의 반항심을 잘 대변해줘서인 것 같다.

참고로 대소변과 관련된 놀이에서는 그 내용에 따라 발달 시기의 해석이 달라질 수 있으므로 좀 더 면밀한 관찰이 필요하다. 즉, 우주적 존재에서 영웅적 존재로 개별화되는 작업에서는 대체로 대변과 소변 모두 자기의 우수한 존재감을 드러내기 위한 공격의 수단으로 등장할 수 있다. 항문기로 이동하면 소변보다 대변이 좀 더 많이 등장하는데 이 시기의 대변은 생존 경쟁을 위한 원천적 공격성뿐 아니라 자기의 소유 또는 주장을 드러내는 마음의 표현일 수 있다. 또 남근기로 이동하면 대변보다 소변의 등장이 더 많아지는데 이 시기의 소변은 생존 경쟁을 위한 원천적 공격성을 포함하여 자신의 남성성에 대한 자존감을 드러내거나 집단 안에서 지배적 위치에 있음을 자랑하고 싶은 마음의 표현일 수 있다.

그러면 개별화 시기의 대변과 소변의 공격이 모두 등장하는 싸움 놀이는 어떤 색채를 띠는지 살펴보자. 개별화 시기의 싸움 놀이에서는 대체로 공격을 가하는 주인공이 연령대의 구별이 없다. 또한 공격의 대상은 구체적 인격이 부여된 특정 존재이기보다는 생존 경쟁을 위해 무조건 패퇴시켜야 하는 다수의 보편적인 적이다. 반면, 대변이 등장하는 항문기의 싸움 놀이에서는 공격의 주인공이 바로 항문기 연령대에 속한다. 또한 공격의 대상이 구체적으로 드러나는데 주로 항문기를 지나면서 갈등을 일으킨 상대인 경우가 많다. 이를테면 어린이의 주장을 강압적으로 꺾었거나 대소변 훈련을 모질게 시켰던 부모일 수 있다. 그런데 모형을 사용하여 어린이 스스로 주도하며 이야기를 전개해 나가는 가상 놀이에서는 공격의 대상이 상징적 놀잇감이지만, 치료자와 직접적 관계를 맺으며 전개하는 상호적 가상 놀이에서는 치료자가 직접적으로 공격의 대상이 된다. 이럴 때 치료자는 항문기 시절의 어린이에게 갈등을 일으켰던 대상의 치환이며 또한 치료자에게 공격성을 드러내는 놀이 전개 과정은 곧 어린이의 갈등이 정화되는 과정이다. 종종 어떤 어린이들은 평상시에는 용변 후 변기의 물을 꼬박꼬박 잘 내리다가도 이 시기를 건널 즈음에는 치료 시간 중간에 용변을 보는 경우도 늘고 또 변기가 막힐 만큼 많은 양의 대변을 보고도 변기의 물을 내리지 않을 때가 있다.

치료자를 공격의 대상으로 삼아 놀이를 진행하는 경우, 치료자는 놀이실 안에서 행해지는 가상의 공격 행동이 현실 생활에까지 일반화되어 아무 데서나 나타나지 않도록 허용과 한계의 경계를 분명히 가르쳐야 한다. 공격 행동의 허용은 반드시 가상 상황이며 승화된 방식이어야 한다. 예를 들어, 어린이가 치료자에게 똥 모형으로 서로의 얼굴을 때리는 놀이를 제안하면 치료자 대신 동물 인형의 얼굴을 때리게 하거나 또는 서로의 얼굴 가면을 만들어 벽에 붙여놓고 공격하도록 상황을 바꿔주는 것이 좋다. 만일 일상적 상황에서 허용되기 어려운 공격 놀이를 허용한다면, 일상과 가상의 경계가 무너져 놀이실 안에서의 안전은 무너지고 평상시 인간관계에서 마찰을 일으킬 것이다.

11. 타인과의 관계에 눈을 뜨고 자신의 성 정체감에 눈을 뜨는 성장 작업에서는 소변을 배설하는 인물, 생식기를 공격하는 인물, 군인이나 소방대원이나 경찰관처럼 제복을 입는 무리, 결혼의 성사를 위해 환상적이고 로맨틱한 감성을 표현하기 좋은 남녀의 모형이 등장한다. 동화 속 주인공인 왕자와 공주의 캐릭터 인형들은 이 시기 어린이들의 호기심을 자극하는 데 아주 좋다.

또한 자신의 성 역할을 구체적으로 표현하고 훈습하는 데 도움이 되는 인형들이 등장하는데, 여자 어린이는 아기를 돌보고 주방 일과 가사를 담당하는 데 어울리는 여성 인형과 가장의 역할에 어울리는 남성 인형을 많이 등장시킨다. 그런데 재미있는 모습은, 여자 어린이들은 울타리 안에서 행해지는 성 역할에 맞는 인형을 많이 등장시키는 반면, 남자 어린이들은 울타리 밖에서 행해지는 집단 활동에 어울리는 인형들을 많이 등장시킨다. 예를 들면, 적들을 상대하여 조직적이고 전략적인 군사 행동을 도모하는 졸병들과 수장, 불을 끄기 위해 동원되는 영웅적 소방대원들, 범죄자를 추적하기 위해 지략을 사용하는 경찰과 경찰 간부 등이다.

앞에서 언급한 항문기의 대변 관련 놀이는 생존 경쟁과 자존감 유지를 위한 원천적 공격성과 소유욕의 상징이다. 이와 비교하여 남근기의 소변 관련 놀이는 종족 보존을 위한 남성 본연의 공격성과 함께 집단에서 우두머리인 남성으로서의 리더십과 자존감의 표현으로 이해할 필요가 있다. 그래서 대변 관련 놀이는 남자 어린이와 여자 어린이 모두에게서 볼 수 있는 놀이지만, 소변 관련 놀이는 대부분 남자 어린이에게서 발견되는 놀이다. 어떤 어린이의 군인 놀이는 대포를 쏘는 것보다 소변 세례가 더 위력을 발휘하기도 했다. 때로는 소변 관련 놀이의 한 유형으로서, 마치 남성이 자신의 생식 능력을 자랑하며 뽐내는 듯, 화재 현장에 출동한 소방관이 소방 호스를 길게 뻗어 종횡무진 움직이는 영웅처럼 물줄기를 시원하게 내뿜어 화재를 진압하기도 한다.

풍선 놀이에 담긴 생명 인식

어린이들의 성장 작업을 관찰하다 보면, 그들의 마음 깊은 곳에 담겨 있는 우주관이나 생명 현상 등에 관한 앎이나 철학적 사유에 놀랄 때가 많다. 그 가운데 필자의 관심을 끌어당긴 특별한 경험은, 바람을 잔뜩 불어 넣은 풍선 속에 작은 풍선을 넣으려 애쓰고, 그 작업이 결코 쉽지 않은데도 성공할 때까지 포기하지 않는 마음이었다.

태아기에 종종 등장하는 이 놀이에서 작은 풍선은 태아였던 어린이 자신이고 그것을 품은 바깥의 큰 풍선은 배가 부른 엄마를 상징하는 것처럼 여겨진다. 상식적으로 우리가 아는 바 풍선의 둥그런 모양은 크게는 우주에 떠 있는 천체의 모양이고 작게는 미립자의 모양이기도 하며, 순환의 이치를 보이는 자연계의 원리를 기호로 표상할 때의 모양이기도 하다. 어린이들이 이런 풍선 놀이를 통해 우리에게 전해주는 철학적 암시는 어쩌면 엄마나 아기나 원천적으로는 서로 다르지 않은 하나의 큰 우주적 자아를 공유하고 있으며, 동시에 서로 각기 다른 성품을 지닌 개별적 존재라는 가르침이다.

좀 더 구체적으로 설명하면 어려운 시도 끝에 한 어린이가 배가 많이 부른 붉은 풍선 안에 푸른 풍선을 아기처럼 작게 불어 집어넣었다고 가정해보자. 두 개의 풍선은 겉으로 보면 하나는 크고 붉으며 나머지 하나는 작고 푸르러 서로 다르다. 이를 엄마와 태아로 비유하면 두 존재의 외모와 성품이 각기 달라 개별적인 것과 같다.

그러나 붉은 풍선이나 푸른 풍선이나 외형은 서로 달라도, 풍선을 존재시키는 본질, 즉 그 안의 공기는 서로 똑같다. 이는 엄마의 본성과 태아의 본성은 원천적으로 서로 다르지 않고 똑같은 하나의 본성이라는 의미이며 곧 하나로 관통하고 있는 우주적 자아를 서로 공유하고 있다는 뜻이다. 우리가 지닌 각각의 개념들이 서로 다른 개별적 경험으로 축적된 사견과 편견으로 이루어진 것이고, 또 자기가 지닌 그런 고정관념들이 이기적인 것임을 자각하면서 크고 넓은 시각으로 서로를 바라보면 하나로 상통하는 공감대와 인류애를 서로 나눌 수 있다는 뜻이기도 하다.

덧붙여 이야기하건대, 똑같은 풍선 놀이라 하더라도 어린이의 출생과 발달의 역사에 따라 그 함의가 달라질 수 있다. 만일 어떤 어린이가 풍선에 물을 넣느라 많이 애쓰는 수고로움을 생각하면 그것을 터뜨리기가 매우 아까울 것 같은데도 미련 없이 과감하게 터뜨리기를 즐거이 반복한다면 아마도 다음과 같은 함의들을 추측해볼 수 있을 것이다. 즉, 태아로서 결코 쉽지 않은 발달 과업을 성공리에 마친 뒤 양수를 터뜨리며 또 다른 새로운 인생의 출발선에 선 자신의 탄생을 축복하는 마음일 수 있을 것이다. 더불어 그 이후에 지속적으로 밟을 인생 여정에 대한 도전을 축복하는 마음일 수도 있을 것이다. 아니면 반대로, 고달팠던 탄생의 순간과 그 이후 수수께끼처럼 전개된 삶을 성찰하며 인생이란 무엇인가에 대한 답을 찾으려는 철학적 사유에 몰입한 마음일 수도 있을 것이다.

풍선 속의 풍선 놀이를 보면, 어쩌면 어린이에게는 어른을 능가하는 철학적 사유 능력이 있을 것 같다는 느낌을 지울 수 없다. 발달적 측면에서 보더라도 자타 분별의 대상 관계를 인식하기 이전, 즉 태아 시절과 영아 시절에는 엄마와 일심동체로 존재하고 있었다는 과거사를 아주 잘 회고하고 있음을 대변한다는 느낌을 주기도 한다.

이야기를 이어 가는 표현 과제

초등학교 고학년 어린이들에게는 때때로 놀이 이외에 이야기 꾸미기 과제를 내주어 자신의 갈등을 정화하고 성장 작업을 이어 가게 할 수 있다. 아래 예시들은 필자가 이야기 첫머리를 제시해주고 어린이들로 하여금 뒤에 이어지는 이야기를 마음대로 창작하게끔 작성된 것들이다. 물론 중학생 이상 성인 내담자에게까지도 활용할 수 있다. 우리가 상상하는 이상으로 갈등의 정화와 성장 작업이 잘 반영되므로 아주 유용한 과제라고 여겨져 여기에 소개한다. 이야기 첫머리는 갈등 상황이나 성장 작업의 진행 시기를 고려하여 지었으며 여기에는 무작위 순서로 제시했다. 아래 예시들은 참고 자료일 뿐, 성장 작업을 돕는 현장의 치료자들은 나름대로 자신이 만나는 어린이의 상황에 맞춰 얼마든지 이야기의 첫머리를 만들어 제시해도 좋을 것이다.

- 하늘에 있는 해님과 달님과 별님이 여러 곳을 돌아보게 나들

이 가자고 합의했어요. 그러고는 어느 날 드디어 땅으로 내려왔습니다.

– 첼로와 바이올린이 무대 위에서 연주하는 날입니다. 청중을 기쁘게 하고 싶은데 막상 무대 위에 올라앉으니 마음이 몹시 떨립니다.

– 두 송이 장미꽃이 화분에서 자라고 있었습니다. 그런데 어느 날부턴가 한 송이가 시들시들해지네요.

– 나는 알록달록 예쁜 무늬를 지닌 강아지입니다. 그런데 유감스럽게도 내가 잠자는 집은 좀 지저분해요. 바닥도 그렇고 지붕도 그렇고…….

– 나는 진열장의 신발입니다. 나를 찾아주는 주인을 오랫동안 기다리며, 누가 나와 함께 많은 나날을 기쁨과 슬픔과 행복을 나누며 보낼지 매우 궁금해했습니다. 이제 나는 기다리던 나의 주인을 만나 아주 많이 설렙니다. 나의 주인이 되신 그대를 소개해주실래요? 깊은 이해와 믿음으로 교류하고 싶어서 그렇답니다.

– 나는 가지마다 가득가득 꽃을 피우려고 겨우내 살을 에는 차가운 바람을 견뎠습니다. 드디어 따사로운 햇살이 내 곁에 살그머니 다가왔어요. 나는 부지런히 봄소식을 알리려 얼굴을 내밀었습니다. 부드러운 바람이 나의 뺨을 가볍게 스치고 지나가네요.

– 나는 아주 어린 병아리입니다. 엄마 곁에 붙어서 아장아장 걸음마도 배우고 어리광도 부리며 세상을 살아가는 데 필요한 많은 것을 배우고 있었어요. 그러던 어느 날 아주 커다란 독수리가 날아와 무서운 발톱으로 갑자기 엄마를 채 갔습니다.

- 간밤에 나는 아주 기분 좋은 꿈을 꾸었어요. 신선한 아침 공기를 흠뻑 들이켜고 싶어 창문을 활짝 열었습니다. 그런데 웬일입니까? 간밤에 온 세상은 하얗게 변했고 마을은 보석처럼 눈부신 햇살이 비추어 반짝거립니다.

- 나는 떠나가는 가을이 아쉬워 친구들과 함께 단풍 숲을 거닐었습니다. 그리고 그 숲에서 우리들이 만든 아름다운 추억들을 오래도록 간직하고 싶어 빨갛게 물든 단풍잎을 책갈피에 끼워 넣었습니다.

- 내 친구는 슬픈 느낌의 음악을 들을 때면 가끔씩 나에게 반복해서 물었어요. "슬픔이라는 커튼 안에 감춰진 우리 마음은 얼마나 아름다운 것일까?"라고요.

- 인적이 드문 남쪽의 작은 섬에서 두 그루의 향나무가 서로 의지하며 자라고 있었습니다. 바위에 부딪치며 철썩거리는 파도 소리, 밤이면 찾아와 하소연하는 소쩍새의 울음, 봄이면 섬 전체를 붉게 물들이는 진달래꽃 잔치 등등 보고 듣는 모든 것을 함께 느끼며 이야기를 나누는 사이좋은 친구였습니다. 그런데 어느 날 체격이 우람한 몇 명의 남자들이 찾아와 두 그루 중 한 그루의 향나무를 뿌리째 뽑아 육지로 옮겼습니다.

- 나는 비늘이 화려하고 튼튼하여 함께 사는 동료들의 부러움을 아주 많이 사는 황금 물고기입니다. 그러나 동료들이 나를 부러워할 때마다 나는 도리어 나만의 깊은 슬픔을 느낍니다. 왜냐하면 동료들이 낚시꾼의 미끼에 걸릴 때마다 나는 내 비늘을 하나씩 잃는 운명을 지녔기 때문이지요. 애꿎게도 날씨가 화창하여 오늘은

낚시꾼들이 많이 모였습니다.

- 꿈속의 나는 여러 병사들과 함께 궁성을 향해 말을 달렸습니다. 궁성에 도착하지 못하면 죽음을 각오해야 하는 달리기 게임이었지요. 전력을 다하여 질주하느라 거의 지친 몸이 되었을 즈음 나는 궁성의 문 앞에 도달했습니다. 궁성을 지키던 병사 몇몇이 나에게만 문을 열어주고 재빨리 닫는 바람에 함께 달리던 병사들은 안타깝게도 그만 죽어야 하는 몸이 되었습니다.

- 나는 친구들과 여행을 떠났습니다. 이집트에 도착하여 피라미드를 보기로 했습니다. 듣던 대로 스핑크스와 피라미드의 위용은 대단해보였어요.

- 나는 가느다란 가지에 매달린 꽃입니다. 그런데 오늘은 비바람이 아주 사납고 심술궂어요. 나는 온 힘을 기울여 가지에서 떨어지지 않으려 애를 쓰고 있습니다.

- 봄 날씨가 화창하네요. 오늘은 소풍날입니다. 나는 다른 친구들과 달리 소풍 가방 속에 들어 있는 것이 별로 없습니다. 설레는 마음도 없고, 엄마의 손맛이 담긴 도시락도 없어요.

- 오늘은 오랜만에 아빠를 만나는 날입니다. 마음이 설레어 간밤엔 잠도 설쳤습니다. 우리에게 또 어떤 추억이 만들어질지 기대가 큽니다.

- 온 누리에 봄이 찾아왔어요. 나도 태어나서 처음으로 개울을 벗어나 뭍으로 올라왔습니다. 연두색 어린 싹들이 개울가 곳곳에서 나를 반기듯 손을 내밀어주었습니다. 그중 어떤 새싹이 내게 물었어요. "지난겨울은 몹시 추웠지? 어떻게 지냈니?"

- 오늘은 어린이날입니다. 나도 푸른 하늘을 머리에 이고, 한 손에는 풍선을 들고 노래를 흥얼거리며 동물원 여기저기를 기웃거렸어요. 그러다가 울타리 안에서 엄마 등에 업혀 그네를 타고 있는 아기 원숭이를 봤어요.

- 엄마가 동생을 낳으러 병원에 간대요. 그래서 며칠간 엄마를 보기 어렵대요. 아직까지 나는 엄마 없는 시간은 생각해본 적이 없어요. 할머니와 아빠가 내 곁을 지켜줄 거라 했지만 내게는 엄마가 최고거든요.

- 나는 화분에 심긴 어린 난초입니다. 내가 꽃을 피우려면 많은 시간을 참고 견뎌야 하지만 일단 꽃이 피면 그윽한 꽃향기가 많은 사람들에게 기쁨을 줍니다. 나는 가끔 물을 마시면 돼요. 오늘 아침에는 나에게 매일같이 속삭여주는 나의 주인이 물을 주면서 말했습니다. "아침 햇살이 따스하구나. 간밤에도 잘 잤지?"

- 우리 마을 느티나무 옆에는 우물이 있습니다. 아무리 가물어도 한 번도 마르는 일이 없이 풍부한 물이 솟아 나왔죠. 나는 매일 매일 우물을 들여다보며 우물에 비치는 내 얼굴을 바라보곤 했어요. 오늘도 우물에 비친 내 얼굴을 봤습니다.

- 솜이불처럼 보드라운 구름이 산봉우리를 감싸고 있어요. 드넓은 하늘 어디로부터 흘러와서 머문 것일까요? 또 얼마나 머물다가 어디로 갈까요? 얼마나 많은 그림 솜씨를 자랑하며 떠날까요?

- 엄마와 나는 백화점에 갔어요. 행여나 잃어버릴까 봐 손을 꼭 잡고 다녔죠. 그러다가 아차 하는 순간 엄마 손을 놓쳤어요. 사방을 둘러봐도 엄마는 보이지 않았습니다. 나는 그만 울음을 터뜨리

고 말았어요.

- 추석 명절이 돌아왔어요. 가족과 함께 성묘하러 집을 나섰습니다. 아빠는 오가는 길에 할아버지와 할머니 이야기를 가끔씩 들려주셨어요.

- 오늘은 매우 허기지는 날입니다. 친구들과 운동장에서 축구를 했거든요. 점심시간에 급식을 놓쳤기 때문에 그 배고픔이 더 크게 느껴지네요. 느닷없이 엄마가 없는 내 친구가 생각났어요. 자주 끼니를 거르는 그 친구는 얼마나 많이 배고팠을까요?

- 오늘 우리 학급에서 장기를 자랑하는 시간이 있었습니다. 친구들은 저마다 자랑거리를 보여주며 흥겨워했어요. 그런데 나는 한쪽에 웅크린 채 고민에 빠져 있었습니다.

한 줄 시를 이어서 두 줄 시 만들기

아래 시구는 초등학교 고학년 이상의 어린이들에게 감수성과 표현력을 높이기 위해 종료에 가까워질 시점에 치료자가 제시할 만한 짧은 시구다. 어린이는 치료자가 제시한 시구 뒤를 이어 자신의 마음이 움직이는 대로 두 줄 또는 그 이상의 짧은 시를 완성하면 된다. 간혹 치료자의 예상 밖으로 어린이의 놀라운 생각들이 표현되고, 어린이 스스로 자신의 창작 능력을 새롭게 발견하고 만족스러워한다. 물론 중학생 이상 성인에게도 유용하며, 치료자가 예시하거나 동참해주는 것이 촉진적이다.

- 날갯짓 흥겨운 민들레 홀씨
- 수묵화 채비한 목련 꽃망울
- 기지개 켜라는 참새들의 아침 인사
- 외투 자락 벗어 던진 아기 걸음마
- 찬바람에 얼굴 가린 한겨울 반달

- 구름을 가득 채운 울 밑의 물 항아리
- 손 모아 기도하는 고추잠자리
- 날개까지 눈을 달고 날아오른 호랑나비
- 돌탑 꼭대기에 올라앉은 조약돌
- 거미줄에 매달린 영롱한 빗방울
- 눈 덮인 돌다리의 강아지 발자취
- 쩌렁쩌렁 울리는 천둥소리
- 댓돌 위 가지런한 하얀 고무신
- 저녁놀 내려앉은 대나무 숲길
- 대문 열어놓은 하늘가 무지개

3장

/

상처를 치유하는 놀이

문제 행동과 증상 이해하기

최근에는 틱 때문에 병원 치료가 필요한 어린이들이 점점 늘어나고 있다. 그런 추세에 맞춰 틱의 발생 원인과 치료적 접근에 관한 연구도 많아지고 있다. 그러나 여기서는 놀이치료 진행 과정에서 증상이 더 심해지는 현상을 이해하기 위해, 기존 연구들과는 조금 다른 관점에서 틱에 관해 설명하고자 한다. 여기서 하는 설명은 어쩌면 틱에만 국한되는 것이 아니라 말더듬, 야뇨, 탈모 등 어린이들에게서 많이 발견되는 다른 정신 병리적 현상에도 해당될 수 있다.

우리가 건강한 성품을 유지하려면 자아의 기능이 잘 길러지고 효율적으로 발휘되어야 한다. 자아의 기능에 관해 언급하자면 관점에 따라 많은 설명을 붙일 수 있겠지만, 여기서는 간략하게 '자신의 생리적 조건과 정신적 기능을 잘 조율하여 외부 환경과 접촉을 원활하게 유지하는 것'이라고 정의해보겠다.

자아의 기능 가운데 대표적인 것을 꼽자면 아마도 생존을 위협하는 것으로부터 자기를 보호하는 능력일 것이다. 또한 생존 보호를 위해 생리적 기능과 심리적 기능이 서로 보완하며 균형과 조화를 이루도록 최적의 유기적 관계를 맺을 것이다.

생존 보호를 위한 심리적 기능에서 우리가 특히 주목하는 것은, 어쩌면 심리적 고통을 덜어내기 위해 각자가 편한 방식으로 선택하는 심리적 방어 기제(억압, 투사, 합리화, 부인, 승화 등)일 것이며 또 각자가 처한 상황을 파악하고 그 상황이 자신에게 유리한지 불리한지에 따라 어떻게 대처하는 게 좀 더 적응적이고 현명한지를 따지는 현실 검증 능력일 것이다.

생존 보호를 위한 생리적 기능은 다각적 시각에서 설명이 필요하다. 우리 몸을 구성하는 각 기관과 조직은 조화로운 평형을 유지하기 위해 총체적으로 움직일 텐데, 거기에는 수면과 호흡, 소화와 배설을 적절히 조절하는 내장 기관이나 내분비 기관들의 기능과 협력, 감각과 운동 및 사고와 기억 등의 인지 기능을 담당하는 대뇌의 움직임, 감정 조절을 위해 적절히 균형을 맞추는 생화학 물질의 생성, 질병의 위험을 물리치기 위한 면역 체계의 작동 외에도 다른 많은 움직임이 포함될 것이다.

자아의 기능은 우리의 생존을 보호하려 위에서 살펴본 바와 같은 심리적 기능과 생리적 기능이 각각 독립적으로 또는 서로 도우며 계속 작동한다. 그러면서 외부의 여러 경로를 통해 끊임없이 침투하는 갖가지 물리적 위험과 심리적 위협 요인들을 제거하거나 견디면서 적절히 감당해주고 있다. 아마도 자아의 기능이 감당해야 하는 위협 요인으로는 천재지변을 비롯하여 생로병사와 관련된 각종 고민과 불안정한 사회적 상황으로 인한 긴장과 스트레스를 예로 들 수 있겠다. 그리고 외부에서 밀려드는 각종 위협 요인을 적절히 견디고 대처하고 극복하면서 잘 감당해 나가면, 일반적으로 자아의 기능이 건강하고 원활하게 작동되고 있다고 말하며 동시에 원만한 성품을 유지해 나간다고 여긴다.

그렇다면 위와 같은 맥락에서 볼 때, 우리가 자주 마주치는 어린이들의 정신 병리적 현상을 어떻게 설명할 수 있을까? 아마도 위협을 감당하는 자아 기능의 보호 세력보다 외부에서 침투하는 위협 요인의 세력이 더 크기 때문에 어린이들의 병리 현상이 발생한다고 설명할 수 있겠다. 그리고 틱, 말더듬, 탈모, 피부 질환, 호흡 불안정, 수면 불안정, 야경, 섭식 장애, 배설 장애 등등 각 개인마다 병리 현상이 다르게 나타나는 이유는, 개인의 체질과 성향에 따라 위협에 대응하는 방법이나 방어 기능의 취약점이 다르기 때문일 것이다. 이것은 마치 유유하게 흐르던 냇물이 좁은 물길, 굽은 물길, 넓은 물길, 돌무덤, 웅덩이를 만나면 물살이 그 장애를 극복하려 적절히 급해지거나 완만해지거나 휘돌아 가는 것과 비슷하다고 하겠다. 몸과 마음의 균형과 조화를 이루기 위해 고도로 긴밀하고 정교하게 협력하는 자아의 기능 역시 순조로운 흐름을 타다가 어떤 위협적 상황에 부닥치면, 몸과 마음 중 어느 한 곳에 돌파구를 열어 생존 보호의 전략으로 삼는 것이다. 그렇게 만들어진 돌파구가 적정 수준을 벗어나는 것이 어쩌면 곧 병리 현상으로 나타나는 것일지도 모른다. 다시 말해 어린이들에게서 보이는 틱과 말더듬 등의 정신 병리 현상은, 백혈구가 병균과 싸우며 체열을 올리는 것처럼, 각종 위협에 대비하여 생존하려고 선택한 자아 기능의 전략적 돌파구라 할 수 있다.

다음으로는 틱이나 말더듬, 야뇨 같은 병리적 현상이 왜 반복해서 나타날까를 생각해봐야 할 것 같다. 해답을 얻기 위해 먼저 우리의 몸과 마음을 좀 더 들여다보자.

첫째, 우리 몸은 평온을 깨뜨릴 만큼 예상치 못한 강한 자극을 받으면 즉각적으로 공포를 비롯하여 희로애락과 관련한 강한 정서적 반응과 신체적 반응을 일으킨다. 예를 들면, 느닷없이 급박하고 높은 비상 사이렌 소리를 들으면 갑작스러운 공포를 느끼면서 반사적으로 몸을 피할 곳을 찾거나 어깨를 움츠리거나 동공이 커지거나 오금이 얼어붙거나 오줌을 지리는 것과 같은 신체적 반응이 이에 해당한다.

둘째, 자아의 기능이 감당하기 어려운 수준의 강한 스트레스가 지속적이면, 그 스트레스에 대응하는 정서적 반응과 신체적 반응 또한 지속적으로 나타난다. 예를 들면, 말없이 가출한 엄마를 기다리던 어린이가 엄마의 빈자리를 느끼며 우울하고 슬픔이 깊어진 첫날 그 긴장을 이기지 못해 머리카락을 잡아당겼는데, 이틀이 지나고 열흘이 지나도 엄마가 돌아오지 않아 그 긴장을 이기기 위해 지속적으로 머리카락을 잡아당기는 행동이 이에 해당한다.

셋째, 감당하기 어려운 강한 스트레스에 대해 반사적으로 일으킨 어떤 신체적 반응이 한번 생기면, 또 다른 강한 스트레스를 받을 때에도 과거에 그랬던 신체 반응이 되풀이해서 일어난다. 예를 들면, 엄마의 학대로 오줌을 지리게 된 어린이가 또래들에게 집단 구타를 당하면서 자기도 모르는 사이에 오줌을 지리는 현상이 이에 해당한다.

넷째, 위협적 긴장과 스트레스를 견디려고 오랫동안 일정한 신체 반응을 지속시켰다면, 그 신체 반응은 일상에서 보여주는 우리의 다른 습관처럼 소거하기 어렵게 자동화된다. 예를 들면, 시험성적을 올리려고 긴장하며 생긴 한숨 쉬기가 수학여행에서 낯선 상황을 마주하기가 버거워 또 한숨을 쉬고, 이런 일 저런 일로 긴장이 지속되어 습관처럼 한숨을 쉬더니 나중에는 시험이 없을 때에도 수학여행이 없을 때에도 자신이 알지 못하는 가운데 한숨을 쉬는 것과 같은 경우가 이에 해당한다.

다섯째, 우리 몸은 강한 자극의 스트레스에 대응하는 방식으로 일으킨 일정한 신체 반응을 자극과 반응의 연합 작용으로 몸에 저장하고 기억해 두었다가, 나중에 유사한 자극을 받으면 자극과 연합된 반응을 다시 보여준다. 예를 들면, 한강대교에서 갑작스러운 추돌 사고를 만나 숨이 막히고 심장이 급하게 뛰는 경험을 했는데 영동대교를 건너면서도 이유 없이 숨이 막히고 심장이 급히 뛰는 경우나, 낙엽이 지는 가을에 부모를 잃어 깊은 상실감 끝에 체중이 급격히 감소하는 경험을 했더니 가을을 지날 때마다 체중이 감소하는 현상이 이에 해당한다. 우리말에 뱀을 보고 놀란 가슴은 새끼줄 보고도 놀란다거나 자라를 보고 놀란 가슴은 솥뚜껑 보고도 놀란다는 말이 이에 해당하는 경우다.

스트레스에 대응하는 우리의 감정과 신체 반응은 한편으로는 이성으로 제어가 가능한가 하면, 위에서 살펴본 바와 같이 이성으로 제어가 어려운 현상들이 나타나기도 한다. 간략히 다시 정리하면, 제어가 어려운 격렬하고 혼란스러운 감정과 행동을 야기한 어떤 강력한 원인적 자극이 일단 우리의 몸과 마음에 입력이 되면, 그 자극이 지속적일 때 반응도 지속적으로 일어나고, 마찬가지로 일정 시간이 지난 후에 그와 유사한 자극이 다시 올 때에도 역시 같은 반응이 일어난다.

마지막으로 어린이들의 놀이치료 과정에서 간헐적으로 나타나는 틱이나 말더듬 같은 증상이나 행동을 어떻게 이해해야 하는지 생각해보자.

대체로 틱이나 말더듬, 야뇨처럼 심리 상태와 관련된 여러 병리적 현상은 놀이치료 초기에는 사라지는 경우가 많다. 이것은 치료자와 신뢰가 쌓이고 친밀감이 높아져 행복감이 커져서 나타나는 초기 효과로 볼 수 있다. 치료 초기에 어린이는 치료자에게 지지와 수용과 공감을 받으면서 따뜻한 상호 교류를 새롭게 경험하면 의식 활동과 자아 기능이 원활해진다. 그리하여 자신을 외부의 위협으로부터 적절히 보호하는 심리적 방어 기능과 현실과 합리적으로 조율해 나가는 현실 검증 능력이 길러지며 오랫동안 어린이를 괴롭혔던 문제 행동들이 슬그머니 사라진다.

그러다가 치료자와 깊은 교감이 진행되는 치료 중기로 접어들면 마음이 충분히 이완되면서 그동안 위험 요인으로부터 자신을 보호하거나 자존감을 유지하려 애쓰던 일정한 정도의 방어 기능이 느슨하게 풀려버린다. 그와 동시에 의식의 영역에서 잘 제어하고 있던 이성적 현실 검증 능력은 느슨해지는 반면 무의식 수준의 충동적 본능이 자유롭게 활동하면서 일상적 활동이 무질서해진다. 그리하여 치료 초기에 사라졌던 틱, 말더듬, 야뇨 같은 병리적 현상이 오히려 더 극성스럽게 다시 나타난다.

한동안 자신의 마음 깊은 곳에 묻어 두었던 무의식적 욕구와 충동이 치료자와 교감하고 이해받으면서 자유롭게 분출되며 정화되어 나가면 치료 중반기에 극성스럽게 드러나던 문제 행동들도 자연스럽게 잦아든다. 그와 동시에 어린이들은 새롭게 변모한 자신의 여러 가지 심리적 기능을 바람직하게 발휘한다. 그러면서 새로이 발견한 자기에 대한 믿음과 더불어 성숙해진 자아의 기능을 폭넓게 되살려 자신의 주변 환경과 합리적이고도 조화롭게 어울리는 바람직한 삶이 어떤 것인지를 하나씩 하나씩 터득해 나간다. 그런 훈습이 스스로 만족할 수 있는 수준에 오르면 드디어 새롭게 탄생하는 뿌듯한 자기와 마주 서게 되는 것이다.

치료 초기에 사라졌던 문제 증상이나 행동은 왜 치료 중반에 극성스러워지다가 치료 후반에 이르러 다시 사라지는 것일까? 앞의 설명에 따르면 스트레스에 대응하며 문제 증상이나 행동이 일어나지 않도록 제어하는 자아의 능력에 상한선과 하한선이 있다고 유추해볼 수 있다. 달리 말해 스트레스의 강약에 따라 이를 감당하는 자아 기능의 통제 능력 범위가 상하 양쪽의 임계점 구간 내에 속해 있으면 문제 증상이나 행동이 나타나지 않고 상하 양쪽의 임계점을 벗어나면 문제 증상이나 행동이 나타난다고 볼 수 있다.

이번에는 치료의 진행 과정에서 보여주는 의식과 무의식의 활동성, 스트레스의 강도, 스트레스를 제어하는 자아의 통제력 등 세 가지 변인의 상호 관계의 측면에서 좀 더 살펴보자.

첫째, 의식의 활동은 위축되지 않았지만 스트레스에 대처하는 자아의 기능이 불안정하여 병리적 현상을 안고 놀이치료에 의뢰된 어린이의 경우, 치료 초기에는 치료자의 협력에 힘입어 스트레스 강도 보다 그것을 감내하는 자아의 기능이 임계 구간의 상한선 이상으로 높아지므로 문제 증상이나 행동이 사라지는 것이라고 볼 수 있다.

둘째, 치료 중반에는 치료자와 결속이 강해지고 현실 적응에 효율성을 발휘하던 이성적 방어 기제가 느슨해진다. 그리하여 무의식의 활동이 의식의 활동보다 활발해지고 일상생활 전반에 걸쳐 스트레스로부터 마음을 푹 놓으므로 충동적이고 본능적인 욕구가 커진다. 달리 말하면, 겉으로 보이는 행동에 퇴행이 따르고 자아 기능도 임계 구간의 하한선 아래로 떨어져 치료 초기에 사라졌던 문제 증상이나 행동이 다시 드러난다. 즉, 치료 중반의 병리적 현상들은 그것을 억제하려 노력했던 자아의 통제 능력이 임계 구간의 하한선 아래로 뚝 떨어짐으로써 스트레스가 비록 약해진 상태라 하더라도 더 극성스럽게 드러나는 것으로 볼 수 있다.

셋째, 치료 후반에 이르면 치료 중반을 거치면서 활성화되었던 무의식 영역의 충동성과 본능적 욕구가 잦아들면서 자신을 괴롭혔던 갈등이 정화된다. 이는 외부 환경과의 접촉과 조율을 이성적이고 합리적인 의식의 활동으로 회귀한다는 뜻이기도 하다. 스트레스를 감당하는 능력에도 많은 진전이 있어 임계 구간의 상한선이 높아져 그간 오래도록 괴롭혔던 병리적 현상으로부터 해방된다는 뜻이기도 하다.

일반적으로 치료 중반에 빈번하던 문제 증상이나 행동들이 후반에 이르러 지속적으로 보이지 않게 되면 치료 종료를 계획한다. 그런데 많은 경우의 어린이가 정작 종료 시기에 가까워지면, 우리가 어떤 특별한 계기가 생기면 지난날을 회상하듯 자신의 치료 과정 전체를 되돌아보기도 한다. 이 시기를 거치며 간혹 어떤 어린이들은 비록 잠시이긴 하지만 문제 증상이나 행동을 다시 보여주다가 멈춘다. 앞에서 언급했던 대로, 어떤 자극을 받으며 우리 몸의 기억 장치에 입력된 연합 반응이 자연스럽게 나타나는 현상은 아닌가 여겨진다.

드물기는 하지만, 문제 증상이나 행동이 치료 종료에 도달해도 사라지지 않는 경우가 있다. 대체로 어린이의 주변 상황이 매우 열악하여 개선의 여지가 적을 때 그렇다. 그렇지만 치료의 경험으로 쌓아 올린 자아 기능과 성숙해진 성격으로 놀이치료가 종료된 후 문제 증상이나 행동이 서서히 소거되고 호전될 가능성은 열려 있다.

또한 자아 기능이 강화된 상태로 무난하게 종료가 이루어졌더라도 살다 보면 때때로 예측할 수 없는 강력한 스트레스를 다시 만날 수 있다. 이런 경우 역시 자아 강도보다 스트레스 강도가 높기 때문에 일시적으로 문제 증상이나 행동이 잠시 다시 나타날 수 있지만 그것이 지속적이지 않는 한 크게 염려할 상황은 아닌 경우가 많다. 그러나 만일 문제 증상이 사라지지 않고 지속적으로 나타난다면 다시 만성화되지 않도록 망설이지 않고 치료를 재개하는 것이 바람직하다.

어린이 심리 치료와 성인 치료의 차이

우리는 개인의 독특한 성향, 취향, 사회적 교류의 세련성, 지능의 활용, 감정 표현 양식, 의사소통 방식, 방어 기제의 활용, 현실 검증 능력 등 전인적 인성(personality)의 구성에 필요한 각 요소들이 짜임새 있게 잘 조직되어 있고, 그 운용에 통제력이 잘 발휘될 경우, 그 사람의 '인성이 원만하다'고 일컫는다. 그러나 어느 측면에서건 사회생활에 적응하기 어려운 범주를 벗어났을 때 그 인성을 병리적이라 여기고, 적응적 수준으로 회복시키려 노력한다.

놀이치료도 어린이 인성의 병리적 측면을 적응적 수준으로 회복시키는 과정에 속한다. 그런데 어린이의 병리적 측면을 보는 시각이 어떠냐에 따라 문제의 이해와 처방이 달라진다. 대부분의 우리는 겉으로 드러나는 증상이 유사하기 때문에 어린이의 병리적 현상을 성인의 경우에 준하여 생각하기 쉽다. 그러나 성인에 준하는 시각은 오류의 함정에 빠지기 쉽다.

어린이의 병리적 현상은 인성 구성에 필요한 요소들이 잘 통합된 상태로 발달이 완료되기 전에 나타나는 현상일 수 있다. 이를테면 인지적 측면의 발달은 앞서 있어 책에서 얻은 지식은 풍부하지만, 사회성 발달은 그 속도가 늦어 사람들과 눈 맞춤도 어렵고 언어적 소통도 어려운 경우를 들 수 있다. 비유컨대 집을 떠받치는 기둥이 한쪽은 튼튼하지만 다른 쪽이 약하고 짧아 집이 기울어져 무너지기 쉬운 형국이다. 이런 경우에 적절한 처방은 어쩌면 약하고 짧은 기둥을 튼튼하고 긴 기둥으로 바꾸는 것이다.

그러나 성인의 병리적 현상은 어린이들과는 그 결이 달라서, 인성 구성에 필요한 요소들이 일단 잘 통합된 상태로 발달이 완료되었다가, 어떤 이유로 그 통합에 균열이 생겨 나타나는 현상일 수 있다. 이를테면 정상적으로 기능하던 인간관계에서 미숙하게 퇴행을 한다든가, 규칙적인 일상생활이 깨지고 먹고 잠자는 리듬이 제멋대로 바뀐다거나, 정상적 사고가 망가져 횡설수설하는 경우들이다. 비유컨대, 똑같이 굵고 튼튼한 기둥으로 균형을 잘 맞춰 집을 세웠지만 지진이 나서 그런 것인 양, 어떤 이유로 집을 세운 기둥은 모두 무너지고 집이 통째로 무너지는 형국과 같다. 이런 경우에 적절한 처방은 어쩌면 다시 기초를 다지고 집을 복원하는 일이다.

앞에서 언급한 대로 발달이 진행되고 있는 어린이에게 드러나는 병리적 현상은 미발달, 미분화의 차원이고, 성인의 병리적 현상은 제반 기능의 통합이나 분화의 발달이 완료된 이후의 와해라는 차원에서 이해해야 한다. 그러므로 어린이들을 치유하는 접근 방법도 성인에 준해 판단하는 인식의 오류에서 벗어나야 할 것이다.

자폐 스펙트럼 장애

자폐아들에게는 그들만의 특성과 특이한 행동이 있다. 자폐아들은 대체로 타인과 상호적으로 교류하는 의사소통이 어렵고, 사회적인 관계 맺기가 어려우며, 자신의 분신처럼 여겨 애착하는 물건이 있고, 기이하고 독특한 행동을 똑같이 반복적으로 행한다는 공통점이 있다. 아직 밝혀지지 않은 자폐아들의 특성과 행동의 원인을 두고 대뇌 생리의 결함이나 면역 체계의 이상 등 저마다 여러 견해를 내놓고 있다. 여기서는 일반 어린이들이 놀이치료의 성장 작업에서 드러내는 발달 단계 내지 심층 의식에 견주어 자폐아들의 행동을 이해해보고자 한다.

엄마와 상호 교감이 어렵다

신생아 시기의 발달 상황을 보았을 때 정상적인 발달 속도를 보여주는 다른 아기들과 달리, 자폐아들은 엄마의 자상한 손길이 닿거나 다정하고 친숙한 어조의 목소리를 들어도 안심을 하거나 반가움을 표현할 줄 모른다. 또 백일이 지나고도 엄마는 물론 가족 이외의 사람들이 예쁘다고 얼러주어도 즐거움을 표하거나 서로 웃음을 교환할 줄 모른다. 그런데 이런 특성은 차후에 이어질 엄마와 애착 관계를 이루는 발달 과업을 성취하고 발전시키는 데 취약하다는 뜻이기도 하며, 엄마를 비롯한 다른 사람들에게도 관심을 갖고 소통하면서 사회적 관계를 맺는 발달 단계로 진행하기 어렵다는 뜻이기도 하다. 영아기 초반부터 보이는 이런 약점은 자폐아들에게서 공통적으로 관찰되는 언어 발달과 사회성 발달의 큰 결함이 지속적으로 이어지는 배경이 되기도 한다.

자폐아들에게서 관찰되는 이런 특성을 놀이치료의 성장 작업 측면에서 생각해보면 어쩌면 자기 존재에 대한 인식이 아직 우주적 존재로부터 개별적 존재로 분화되지 않은 상태인 것에 견줄 수 있다. 그러나 자폐아의 놀이치료에서도 종종 치료자를 놀라게 하는 경우를 만나는데, 이는 바로 시간은 오래 걸리지만 이들이 자기를 우주적 존재였던 상태에서 개별적 존재로 분화시키고 엄마의 자궁에 들어가는 심층적인 상징 놀이를 진행하면서 비로소 그동안 무관심했던 엄마와의 밀착 관계를 새롭게 구축하며 그 이후에 기대할 수 있는 사회성 발달 과업도 순차적으로 밟는다는 점이다.

이름을 불렀을 때 반응이 약하다

엄마와 애착 관계를 맺을 시기에, 정상적 발달 단계에 있는 아기들은 엄마가 보이지 않으면 엄마의 기척이 있는 곳으로 기어가 엄마를 찾는다. 그러나 자폐아들은 엄마가 보이지 않는데도 불안해하거나 엄마를 찾는 모습을 잘 보이지 않는다. 엄마가 이름을 불러도 소리 나는 방향으로 고개를 돌리지 않고, 엄마의 소리가 나는 장소로 가려는 마음을 내지도 않는다. 이는 자신의 이름이 다른 사람과 구별되는 자기만의 독특한 정체성을 알려주는 하나의 단서임을 모른다는 뜻이다. 즉, 더불어 존재하는 세상 만물 가운데 내가 누구인가 하는 개별적 존재의 인식이 없다는 뜻이다. 이런 현상 역시 앞에서 언급한 대로 사람들과의 상호 교감을 모르는 상태로 놀이치료의 성장 작업 가운데 아직 자신의 존재가 개별화되지 않고 우주적 존재에 머물러 있음을 의미한다. 필자의 경험으로는 이런 성향 역시 성장 작업이라는 치유 과정을 거치면서 개선될 수 있다.

숫자를 익숙하게 여긴다

자폐아들은 언제나 일정하게 반복되는 정형적인 환경이나 행동을 선호하는 대신 작은 변화에는 민감하다. 그래서 낯선 환경, 낯선 인물, 낯선 상황에 직면하면 많은 경계심을 보인다. 수시로 마주하는 낯선 것에 대한 경계심을 누르고 안정을 취하려 자신에게 익숙한 자극을 찾는다. 숫자는 자폐아들이 반기고 안정을 취하는 데는 좋은 자극에 속한다. 이들은 의도적으로 학습시키지 않았는데도 다른 무엇보다 먼저 숫자에 관심을 보이고 각 숫자 모양의 차이를 정상 발달 어린이보다 이른 연령에서 변별한다. 또한 숫자 사이에 숨어 있는 비밀스러운 법칙을 스스로 알아내 이른 연령에서 수 개념을 발달시키고 달력의 변화를 알며 시계를 읽는다.

자폐아들은 일반 사물의 명칭에는 그다지 관심이 없는데도 왜 숫자에는 일찍부터 익숙한 반응을 보일까? 아마도 엄마와의 관계에서 안정감을 찾으려 하지 않는 것은 물론 주변 사물에도 그다지 관심을 보이지 않는 성향의 자폐아들에게는, 자신이 인식하려는 의도가 없어도 출생 초기부터 자연스럽게 빈번하게 마주하는 자극이 달력이나 시계에서 볼 수 있는 숫자이기 때문인 것 같다. 숫자들은 항상 같은 모양을 유지하는 동시에 집 안의 어느 일정한 장소에 거의 매일 안정적 모습으로 눈에 띄므로 자폐아들에게 안전 기지 역할을 해주는 듯하다. 더욱이 대인 관계나 대물 관계에 대한 호기심보다 규칙적 변화에 더 민감한 그들에게는, 일정한 틀을 유지하는 달력의 날짜 배열, 일정한 시간 간격의 규칙적 리듬을 보이며 변화하는 디지털시계의 숫자 변화, 아날로그시계 속 시곗바늘의 위치 변화가 오히려 더 호기심을 자극하는 요인이 되기도 하는 것 같다.

한편 숫자라는 자극은 낯선 것과 마주하기를 꺼려하는 자폐아들에게는 낯섦을 덜어주는 위안 자극이 될 수 있다. 왜냐하면 달력과 시계는 아무리 낯선 장소라도 쉽게 만날 수 있고, 집에서부터 눈에 익숙해진 숫자가 곧 자신을 안정시켜줄 수 있기 때문일 것이다. 자폐아들에게는 숫자들이 곧 낯선 외부의 위험에서 위안을 얻을 수 있는 은신처로, 엄마 대신 선택한 안전 기지이며 애착 대상이 될 수 있다.

필자가 만났던 몇몇 자폐아들은 숫자를 볼 때 그 의미를 무심히 지나치기에는 약간 아쉬운 듯하면서도 궁금증을 자아내는 행동을 보이기도 했다. 즉, 놀이실에서 달력이 눈에 띄면 일부러 누운 자세를 취하고 얼굴을 옆으로 기울여 숫자를 주의 깊게 바라보는 어린이가 종종 있었다. 심지어 서 있을 때조차 굳이 고개를 기울여 마치 누운 자세에서 바라보듯 달력의 숫자를 관찰하는 경우도 있었다. 이렇게 흥미로운 행동은 왜 나타나는 것일까? 추측건대 어쩌면 달력의 숫자를 아기 시절에 누워서 보았던 형태 지각 상태로 되돌려놓고 기억을 더듬는 노력인지도 모르겠다. 놀이실이라는 공간은 우리를 버거운 현재로부터 과거로 돌아가게 하는 마음의 고향이며, 특히 낯선 것에 민감한 동시에 애착 인물을 정해놓지 않은 자폐아들에게는 안전 기지 역할을 대신해주기 때문일 것이다.

지하철 타기를 좋아한다

어린이들은 대부분 지하철 타기를 좋아한다. 더구나 심리적 성장을 위한 치유 작업이 진행되는 동안에는 지하철 승차가 평소와 다른 의미로 더 흥미를 끄는 모양이다. 땅굴을 지나가는 것이 마치 심층적으로는 새로운 탄생을 위해 어두운 자궁으로 들어가는 기분이기도 하고, 온전한 하나를 이루려는 음양 화합의 과업을 성취하려 미로를 달리는 정자의 여행을 느끼게도 하며, 길게 이어진 차량들은 자궁 속의 자신과 엄마를 한 몸으로 이어주는 탯줄같이 느껴지게도 해주는 모양이다. 일반 어린이들도 그럴진대, 지하철 승차와 더불어 지하철역마다 표지판에 적혀 있는 숫자를 보는 일, 거미줄처럼 여러 색으로 이리저리 얽혀 있는 지하철 노선도를 손에 쥐고 다니는 일은 자폐아들에게 더할 나위 없이 흥미로운 일이다. 자폐아의 치료교육에 경험이 있는 치료자라면 아마도 자폐아들을 만나는 동안 그들의 손에 지하철 노선도가 쥐어져 있는 경우를 자주 보았을 것이다. 치료실에서 어린이를 만나는 경우가 아니어도 지하철로 출퇴근하는 치료자라면 아마도 승객 가운데 눈에 뜨일 만큼 혼자서 이리저리 오가며 지하철 승차를 즐기는 듯 여겨지는 자폐 성향의 청소년들을 가끔 목격했을 것이다. 지하철이 안겨주는 심층적 의미가 자신과 엄마를 연결하는 자궁과 관련이 있어서일까? 필자의 경험으로는 치료 기간 동안 엄마의 승용차로 이동하는 경우보다 엄마와 함께 지하철을 타고 오가는 경우가 많을 때 엄마와 애착 관계가 더 친밀하게 맺어지는 것을 발견할 수 있었다. 물론 어린이와 엄마가 서로 소통하고 교류하는 것이 승용차보다 지하철을 타고 오가는 경우에 더 많기 때문이기도 하겠지만, 지하철이 상징하는 심층적 의미도 무시할 수 없을 것 같다. 어쩌면 자폐 성향의 어린이들에게 엄마와 애착 관계를 증진시키기 위한 방편으로 다소 불편한 점이 있더라도 승용차보다 지하철 이용을 권장하는 것이 더 나을지도 모르겠다.

물건에 집착하고 같은 행동을 반복한다

자폐 성향 어린이들은 엄마가 자신의 심정적 소통 대상으로서 중요한 존재이기보다는 위험을 막아주거나 의식주의 편의를 제공해주는 존재로서의 의미가 더 커 보인다. 무료하거나 낯선 상황에서 느끼는 불안을 내려놓고 싶을 때면 엄마를 찾기보다 자신이 애착하는 사물을 더 찾는다거나 늘 보여주던 독특한 습관을 똑같이 반복하는 행동을 보아도 그렇게 여겨진다. 만일 어떤 자폐아가 라면 봉지를 늘 손에 쥐고 다니며 양손으로 만지작거리며 바스락 소리를 듣고 불안을 덜 수 있다면, 보통 사람들의 눈에는 하찮게 보이는 그 라면 봉지가 바로 자폐아에게는 훌륭한 위안처가 되어준다. 또한 자신의 머리를 자해하듯 세차게 두드리며 뱅글뱅글 도는 기이한 행동을 수없이 반복하더라도 그 행동이 자신의 존재감과 더불어 안전감을 느끼게 해준다면, 우리의 눈에 위험스럽고 기이하게 보이는 그 행동이 바로 자폐아에게는 스스로 의미 있게 선택한 안식처다. 어쩌면 그들의 이런 독특한 성향은 언제나 그대로인 상태를 유지하는 사물이나 행동을 통해 안정을 찾으려고, 엄마 대신 선택한 안전 기지일지도 모른다. 만일 자폐아들이 애착하는 물건을 빼앗기거나 자기에게 익숙한 상동 행동을 제지당한다면, 이는 자신의 보호와 위로를 얻는 안전 기지로서 일반 어린이들이 선택하는 엄마의 품속을 잃는 일과 같을 것이다. 필자의 경험으로는 자폐증이 가벼운 어린이들의 경우 심층을 이해하는 관점에서 치료교육이 진행되면, 그들이 치료자와의 관계 증진을 징검다리 삼아 엄마와의 애착 관계에 눈을 뜨면서, 기이한 사물 애착과 반복 행동이 서서히 줄어들었다.

반향 언어를 사용한다

자폐아들은 타인에게 관심이 생기고 인간관계 맺기에 자연스럽게 눈뜨는 발달 수준에 이르기까지 꽤 많은 시간이 필요하다. 주변 사람들, 특히 가족들은 그렇게 되기까지 수많은 좌절의 파고를 넘어야 한다. 자폐아들은 같은 공간 안에서 타인과 어울려 있는 것 같은 때에도 눈으로도 마음으로도 타인에게 관심을 보이지 않는다. 그리하여 보는 것, 듣는 것, 말하는 것의 소통이 대체로 양방향이 아니라 자기 입장을 중심으로 소통하는 한방향이다. 예를 들어, 헤어지는 인사를 나눌 때에는 자신의 손바닥을 자기 눈에 보이게 하고 상대에게는 자신의 손등을 보여주며 '빠이빠이' 손짓을 한다. 이는 상대방의 손바닥이 보이는 '빠이빠이' 동작을, 자신의 위치에서 보이는 그대로 재현하는 것이다. 빵을 먹고 싶어 상대에게 요청할 때에도 마치 타인의 의향을 묻듯 "빵 주세요."가 아닌 "빵 먹을까?"라고 자기 자신에게 말한다. 즉, 상대가 자신에게 빵을 먹을 것인지 물을 때의 상대방 화법을, 상호 소통의 화법이 아닌 자기중심의 일방향 화법으로 재현하는 것이다. 대화를 나눈 내용에 관한 자폐아들의 정보 처리 방식은 흡사 사진기에 담긴 어떤 물상이 찍힌 그대로 스크린에 방영되듯, 자신이 들어 입력된 내용 그대로를 반사하는 것인 듯하다. 자폐아들과 하는 대화는 메아리의 울림처럼 상대방의 말을 그대로 따라하는 반향 언어로 이뤄질 때가 많다. 이런 현상은 자신의 존재에 대한 인식이 취약함은 물론, 자신과 타인의 구별이 가능한 발달 시기에 이르지 못하고 있음을 반증한다. 일반적으로 건강하게 발달하는 어린이라면 놀이치료의 성장 작업으로 미루어볼 때, 자기 존재에 대한 개별화 작업의 성공 → 태내기와 신생아기를 건너는 동안 엄마와의 애착 관계 맺기의 성공 → 엄마에게 의존하던 것에서 자기를 분리하고 자기 보호를 위한 자아가 출현함으로써 타인과 어울릴 때 이해관계가 복잡해지는 것을 인식할 수 있게 된다. 그런 점에 비추어볼 때 반향 언어를 사용하는 자폐아들에게는 자기와 타인을 분리하고 상대방 입장에서 조망하도록, 즉 자타의 관계에 대한 인식을 촉진시켜주는 것이 화용 언어 발달에 도움이 된다고 말할 수 있겠다.

성조숙증과 자기 생존

요즘 어린이들은 예전 어린이들에 비해 신체 발달은 빠른 편이고 정신적 성숙은 느린 편이다. 그래서 훌륭히 성장한 겉모습을 보고 마음도 제법 성숙해졌으리라고 짐작하여 이야기를 나누다보면 그 둘 사이의 불균형에 종종 놀랄 때가 있다. 몸과 마음 사이의 발달 불균형이 점점 늘어나는 것은 식생활 문화의 변화, 평균 자녀 수 감소와 부모의 과잉보호, 환경오염, 개방적인 성문화 등 여러 가지 사회적 분위기와 환경이 변화한 데 따른 결과일 것이다. 예전에 비해 최근에는 이런 현상과 관련하여 단순한 발달 불균형을 넘어 좀 더 주목해야 하고, 나아가 심리치료를 고려할 필요가 늘어나는 추세다. 이른바 사춘기 이전에 나타나는 성조숙증이 빠르게 증가하는 상황이다. 심리적 원인이 커서 유발된 성조숙증 때문에 관심을 기울여야 할 어린이들은 체격에 비해 심성 발달 연령이 터무니없을 정도로 어리다. 그러다 보니 이 어린이들은 일상적으로 부딪치는 문제를 해결하는 능력이 부족하고, 사회적 어울림에 서툴러 또래들 사이에서도 고립되고, 자기 자신의 잠재력에 대해서도 자긍심이 아주 낮다는 공통점이 있다. 이것을 개인사 중심으로 좀 더 심층적 차원에서 들여다보면, 임신 또는 출생 과정에서 환경 조건이 아주 열악하여 어떻게 해서든 살아남아야 하는 과제, 즉 취약한 환경에 맞서 자기 생존이라는 삶의 과제에 대부분의 에너지를 쏟아부어야 했던 상황이 바탕에 깔려 있음을 알 수 있다. 그런데 불행하게도 생애 초기에 자기 생존의 화두에만 관심이 집중되어 그 이후에 계속 성취해야 할 삶의 과업에 에너지를 쏟을 여유가 없으면, '이 세상에 존재하는 나는 아무개이며 이러이러한 특성을 갖춘 사람이야.'라는 자기개념을 확실하게 세우는 성장 작업으로 나아가기 어려워진다. 그러므로 이 세상에 존재하는 나는 아무개라는 개별화된 자기 정체성의 재건은 필연적으로 가장 먼저 요구되는 발달 과업이며 바로 심리치료가 필요한 까닭이기도 하다. 치료적 여건 아래에서 이렇게 자기개념이 확실히 세워진 후에는 그 다음 단계의 성장 작업, 곧 태아기와 영아기의 경험을 좀 더 새롭고 풍요롭게 다지는 정신 세계의 재건이 필요하다. 실제로 어린이들이 놀이치료에서 공사장 놀이를 즐기는데 이런 놀이가 바로 자기의 재건 작업과 관련될 때가 많다.

물리적이든 심리적이든 생애 초기에 불량했던 여러 환경 조건을 치료적으로 재건하고 스스로 만족하는 수준에 이르면, 그것은 다시 다음 단계의 성장 작업, 즉 엄마와의 애착 관계 또는 타인과의 사회적 관계를 원만하게 다지는 발달 과업으로 전진하는 발판을 마련하는 것이 된다. 이렇게 차근차근 순서를 밟아 심성의 발달이 진행되어 사회적으로 적응하는 능력이 향상되고 자신의 존재감이 크게 성장하게 되면 어린이들의 발달 불균형이 많이 극복될 수 있다.

그러면 심리적 성숙의 미진과 성조숙증과는 어떤 관련이 있을까? 앞에서 언급한 바와 같이 심리적 성숙의 지표가 되는 자기 정체성에 대한 인식이 모자라고, 사회적 성숙의 지표가 되는 주변 사람들 사이에서 자존감이 허약하면, 오히려 그 반동으로 자기의 존재감을 생체의 발달로 드러내려는 성향이 강해진다. 그리고 그 존재감 표현은 세련된 이성적 기능의 발휘가 위축되는 대신 마음 밑바닥에서 자유롭게 활동하는 원초적 본능들이 더 강한 색채를 드러낸다. 원초적 색채가 강한 존재감은 지구상 많은 종의 경우에서처럼 자연스럽게 생식 기능을 활성화하는 경향을 보인다.

열악한 생의 조건을 뛰어넘기 위해 생식 기능을 발현해 종을 번식시키려는 원초적 생태는 우리 주변의 생물에서도 발견할 수 있다. 예를 들어 여름철 뙤약볕에서 무럭무럭 자라던 고추와 호박 등은 볕이 줄고 찬바람이 불면, 생존의 위협이 다가오고 있음을 알고 부지런히 꽃을 피우고 남아 있는 짧은 시간 동안 더 많이 열매를 맺는다. 또 늦가을의 국화는 찬바람이 강해져 줄기와 잎이 마를수록 더 강렬한 향을 공기에 퍼뜨린다. 살이 통통하게 오른 닭에 비해 그렇지 않은 닭이 산란율이 더 높은 경향이 있다고 한다. 우리가 잘 아는 이야기 속의 흥부는 삶이 척박하고 가난하지만 많은 자녀를 두었다. 비록 재미있게 꾸민 이야기에 그친다 하더라도 그 이야기를 엮은 작가는 아마도 삶의 조건이 나빠질수록 종족 번식에 더 정성을 기울이는 생물의 속성을 일찍이 이해하고 있었는지도 모르겠다.

심리적으로 미성숙하면서 도리어 성조숙을 보이는 부작용은 빨리 치유할수록 좋다. 비유컨대 그 부작용은 마치 봉오리 상태의 꽃을 강제로 벌려 활짝 핀 꽃처럼 만들어 놓은 것같이 부자연스러운 것이다.

참고로 언급하자면 지금까지는 성조숙증에 관련하여 존재의 위협을 느끼게 하는 외부 환경의 척박함 때문에 종족 번식을 위한 생식 기능을 활성화한다는 측면에서 설명했다. 그러나 이와 반대로 나이를 먹을수록 어깨에 얹히는 삶의 무게가 두려워 아예 어른의 보호를 받는 어린 시절에 멈춰 있기로 마음을 쓰면서 도리어 성의 발달도 느려지는 경우가 있다. 이를테면, 어리광을 많이 부리는 사춘기 청소년에게 제2차 성징이 나타나지 않아 부모의 애를 태우는 경우다. 좀 더 심각한 경우에는 신체 나이가 성년인데도 직면하는 문제를 스스로 해결하지 못한 채 무능한 어른으로 남아, 자신의 거의 모든 문제를 부모가 해결하도록 의존하게 된다.

다문화 가정 어린이의 자기 정체감

다문화 가정이 늘어나면서 동시에 한국 사회에 적응하는 데 어려움을 겪는 다문화 가정의 어린이도 많아지고 있다. 우리가 다문화 가정의 어린이들에게 좀 더 관심을 기울여야 할 이유는 여러 가지가 있겠지만 그 가운데 특히 주목할 점은 어머니가 외국인인 다문화 가정의 어린이들이 발달시켜야 하는 자기 정체감일 것이다.

어린이들은 부모 양측의 영향을 다 받으면서 성장한다. 그러나 어린이에게, 그들이 소속된 국가의 일원으로서 그 국가의 전통적 가치관을 훈습시키고 전승해주는 것은 아무래도 아버지보다는 일반적으로 접촉이 훨씬 더 많은 어머니 쪽일 것이다. 국적이 같은 어머니에게서 이어받는 양육 철학과 양육 방식, 정서 교류 방식, 도덕관념과 사회적 태도 등을 비롯하여 그 밖의 많은 전통적 가치관은 어쩌면 같은 국가에서 함께 살아가는 다른 사람들과 마찰이 없이 좀 더 편안하고 긍정적으로 교류할 수 있도록 도울 것이다.

이런 설명이 그럴 법하다고 여길 수 있는 까닭은, 많은 사람들이 할머니보다는 외할머니를 더 친근히 여기고, 고모보다는 이모를 더 친근히 여기는 경향에서 찾을 수 있을 것이다. 생각건대 어머니는 외할머니로부터 전통적 가치관과 양육 방식을 물려받고, 이모도 또한 그럴 것이기에 친할머니와 고모보다는 외할머니와 이모와 공감이 훨씬 더 쉽다는 것이 어쩌면 자연스러울 수 있다. 또 다른 경우를 예로 들어보자. 삶의 배경이 서로 다른 상태에서 가족이 된 시어머니와 며느리 사이에서, 며느리의 생활 방식이 거슬려 며느리를 미워하는 시어머니는 많은 경우 그 며느리가 낳은 손주도 미워한다. 아무래도 시어머니와 다른 문화적 배경에서 자란 며느리와 그런 며느리의 영향을 받고 자란 손주와 시어머니 사이에 심리적 공감대가 적기 때문에 그럴 것이다.

여담이지만, 나라 없이 기나긴 세월을 여러 나라에 흩어져 다른 민족들과 섞여 지내면서도 같은 민족의 동질성을 잃지 않으려 애쓰고 살아온 유대인 민족도, 유대인 여성과 이민족 남성이 결혼해 낳은 자녀는 유대인 민족의 동질성을 인정하지만, 유대인 남성과 이민족 여성이 결혼해 낳은 자녀에게는 유대인 민족의 동질성을 그다지 인정하지 않는다고 한다. 그들도 이민족 어머니에게서 자라는 자녀들이, 유대인과는 다른 이민족 전통의 양육에 영향을 받는다는 생각에서 그런 것이 아닐까?

이와 같이 어머니가 자녀에게 끼치는 영향이 크다는 것을 감안한다면, 한국의 정신적 유산에 충분히 익숙해지지 않은 외국인 어머니를 둔 자녀들이 한국의 또래들과 어울리면서 느끼는 이질감이 얼마나 큰 고민일지는 충분히 짐작하고도 남음이 있다. 그들은 아버지가 한국인이고 한국 문화의 틀 안에 존재하기 때문에 겉으로 느끼는 자신은 분명히 한국인이다. 하지만 유전 인자의 반을 똑같이 나눈 아버지의 영향에 비해 심리적으로는 유전 인자의 절반보다 훨씬 더 많은 영향을 어머니로부터 받기 때문에 마음속에 키워온 한국인으로서의 정체감에 의구심이 생길 수 있다. 나는 정말 한국인과 잘 어울리는 동질적인 한국인인가? 내 피에 흐르는 반절의 다른 나라는 어떤 나라이며 나는 그 나라의 어떤 점을 마음속에 간직하고 태어났을까? 등등 여러 가지를 궁금해하며 한국인 속에서 적응해야 하는 과제를 안고 있을 것이다. 이들의 고민을 덜어주려면 한국의 전통에 훈습된 친할머니와 고모들에게 양육과 관련해서 도움을 받는 것이 좋다. 치료자들도 점점 늘고 있는 다문화 가정의 어린이들을 좀 더 진지하고 폭넓게 이해하기 위한 다각적 시각과 노력으로 도와야 하는 현실이 우리 앞에 놓여 있음을 잊지 말아야 할 것이다.

4장

/

치료자를 위한 조언

태아기와 신생아기의 중요성

대부분 사람들은 태아 시절이나 신생아 시절의 경험이, 성인이 되어서도 바뀌기 어려운 인성을 형성하는 데 정말로 큰 영향을 끼칠까에 대해 의구심을 품는 듯하다. 아마도 태아나 신생아는 감각 능력이나 운동 능력 등 각 신체 기능이 매우 연약하고 아주 짧은 기간이기에 그동안 뭘 배우고 알까 하는 단견 때문인 것 같다. 그러나 비록 짧은 시간이지만 태아와 신생아를 연구하는 학자들의 연구 발표들은 그 영향이 꽤 크다는 사실을 증명해준다.

필자의 기억에 의하면, 태교 연구가 비교적 앞선 스웨덴의 한 연구결과에서 임산부가 6월에 자살을 기도했던 경우의 태아는 태어나고 자라서 어른이 되는 동안 6월이면 자신도 모르게 죽고 싶은 마음이 들었다는 보고가 있었다. 또 다른 연구(애니 머피 폴)를 보면 임신 중에 외상 후 스트레스 장애로 어려움을 겪은 엄마에게서 태어난 자녀도 엄마처럼 외상 후 스트레스 장애 때문에 어려움을 겪는 사례도 있다.

그런데 놀이치료실에서 표현되는 어린이들의 놀이를 세밀하게 눈여겨보면 태아 시절의 경험이나 신생아 시절의 경험이 그 이후 겪는 어린 시절의 경험보다 훨씬 더 많은 영향을 끼친다는 사실이 많이 발견된다. 예를 들면, 놀이치료에서 종종 발견되는 사례이기도 한데, 자신의 성별은 여성인데도 남성 취향의 놀이나 남성 취향의 외모 꾸미기를 좋아한다든지, 놀이에서 표현하는 자기를 남성이라 여길 만한 상징으로 표현한다든지, 여러모로 남성의 느낌이 들어 그 이유를 탐색해 들어가면, 많은 이유가 있겠지만 그 가운데 태아가 아들이기를 바라던 부모의 소망이 남달리 컸다는 것도 알 수 있다. 생각하기에 따라서 우리는 유아 교육의 중요성을 인식하는 것 이상으로 태아 이해 내지 신생아 이해와 교육에 지금보다 더 많이 주목해야 할 것이다.

만일 한 어린이가 임신 중절의 위기를 경험했고 태어난 이후에도 형과 비교를 당하면서 편애를 경험했다고 가정하자. 그 어린이의 마음의 상처는 단순히 편애에만 국한되지 않는다. 임신 당시에 경험한 생존의 화두는 그 이후에도 지속적으로 삶과 죽음의 경계를 뛰어넘어야 하는 애절한 몸부림으로 이어질 것이며, 이 세상의 한 존재로서 느끼는 존재감을 성취하기 위해 엄마로부터 위로받으려는 애착 관계에 대한 집착도 강렬할 것이다. 또한 형과 비교되면서 경험하는 열등감을 이겨야 하는 절대적이고 커다란 명제를 가슴에 안고 지내야 할 것이며, 가족으로부터 소외당하지 않기 위해 관심을 끌려는 많은 시도를 할 것이며, 자신이 껍데기만이 아니고 생명이 숨 쉬는 존재라는 확신을 얻기 위해 많은 사람들의 경청을 기대할 것이다. 아마 이런 기대를 충족하지 못하면 자신의 존재가 마치 유령인간인 것처럼 살아가는 내내 고통스러워할 것이다. 따라서 태아기와 신생아기의 상흔을 지닌 어린이라면 그들의 아픔이 단순한 것이 아니라 존재감의 유무, 생사와의 싸움과 관련된 깊은 쓰라림이라는 것을 이해할 필요가 있다.

모든 행동에는 의미가 담겨 있다

놀이치료 현장에서 경험이 쌓이면 쌓일수록 소소하게 알아두면 도움이 될 상식들이 많이 체득된다. 일상생활에서는 별 뜻 없이 넘어갈 수 있는 일들이겠지만 치료 현장에서는 결코 소홀히 넘길 수 없는 많은 정황들이 있다. 치료의 알파에서 오메가에 이르기까지 발생될 수 있는 모든 상황에 대해 치료자의 민감하고 세세한 관심이 필요한 경우도 많고, 순간순간 표출되는 어린이의 언행이나 창의적 활동이 아무리 단순해 보이더라도 다중의 암시를 감추고 있는 경우도 많다. 여기서는 치료자가 좀 더 눈여겨보면 좋을 여러 가지 사항을 소개해보겠다.

아기 짓과 아기 인형 돌보기

어린이들이 치료 과정에서 보여주는 퇴행의 시기에는 아기 짓이 많이 등장한다. 이는 엄마와 애착 관계가 아주 중요했던 발달 시기에 어린이가 자신이 원하는 만큼(아기에 따라 원하는 개인차가 크다.) 엄마의 따스한 공감과 손길이 충분하지 못했다고 생각되었을 경우, 또는 유아 초기의 어리광이 엄마에게 만족스럽게 수용되지 않았을 경우에 그것을 보상하려는 노력을 의미한다. 때로는 동생이 태어난 이후 동생에게 나눠준 엄마의 사랑을 도로 충분히 채우려는 노력일 수도 있다.

엄마 사랑의 아쉬움을 달래보려는 어린이의 놀이는 대체로 아기를 극진히 돌보거나 질병을 치유하는 드라마로 연출된다. 대부분의 여자 어린이들은 (때로는 남자 어린이도 아기 엄마가 되지만) 지나간 어린 시절의 아쉬운 마음을 달래는 동시에 엄마가 된 이후의 역할을 시연하는 발달 과업 수행의 차원에서도 아기 돌보기 드라마에 정성을 다한다.

어떤 경우에는 마치 혈맥이 통하는 듯이 어린이와 아기 인형이 극진히 소통하면, 치료자의 눈앞에 마술이 펼쳐지듯, 아기 인형의 얼굴과 동작에서도 살아 움직이는 표정이 비친다. 어찌 보면 치료자의 주관적 착각일 수도 있겠지만, 한갓 놀잇감에 불과한 아기 인형의 얼굴과 자세에 녹아든 어린이의 감성을 목격하는 일은 아주 기이한 경험일 수 있다. 이런 느낌은 사실 어린이와 일치된 치료자의 공감이 없으면 경험하기 어렵다. 누군가는 이러한 경험이 치료자의 어린 시절에 대한 투사와 전이 감정이라고 해석할지도 모르겠다. 그러나 분명한 것은 아기 인형의 얼굴에 드러난 아픔은 어린이가 아파했던 과거며 아기 인형의 얼굴에 드러난 행복은 스스로 치유하며 새롭게 경험하는 어린이 자신의 현재며 미래다.

치료자에게는 놀이치료 장면에서 어린이와 공유하는 매 순간의 경험이 사실 치료자 자신이 성숙하는 시간이기도 하다. 성장 작업의 드라마를 차곡차곡 연출해 나가는 어린이와 함께 호흡하다 보면 누구라도 피할 수 없이 마주치는 인생의 갖가지 파도와 흐름에 몸과 마음을 맡기고 과거와 미래를 출렁출렁 넘나들 수 있기 때문이다.

그런데 때로는 어린이들의 놀이가 비단 치료자뿐 아니라 엄마들에게도 성숙의 계기를 마련해주기도 한다. 특히 친정어머니로부터 따뜻한 모성애와 육아법을 전승받지 못했거나 맞벌이하느라 육아 경험을 쌓지 못한 엄마들에게는 더욱 그렇다. 곁에서 보는 어린이의 놀이 진행은 곧 엄마들이 기억 속에 감춰 두었던 어린 시절 자신의 상처와 엄마로서의 모자람을 어루만지는 치유 경험이기 때문이다. 이런 치유 과정을 거치며 어쩌다가 엄마도 어려져 어린이와 마찰을 일으키기도 하고 치료자에게 어린이같이 투정을 부리는 경우도 있다. 치료자는 이럴 수 있다는 것을 예측하면서 엄마와 어린이 모두를 충분히 잘 수용하고 자칫 예측 못하게 일어날 수 있는 여러 어려움을 잘 버텨 나가야 한다.

층계로 내려가기를 좋아할 때

어린이들이 놀이치료를 하며 종종 사다리 타기나 미끄럼 타기 놀이를 즐길 때가 있다. 대체로 수정란이 된 후 자궁에 안주하여 태아로서 성장할 준비를 하는 착상의 시기를 표현할 때 그렇다.

착상 시기 외에도 간혹 출생 시 엄마의 산도를 통과해 세상 밖으로 나올 때 상징이 되기도 한다. 착상을 암시하는 시기에 많이 등장하는 놀이에는, 사다리가 달린 소방차 놀이, 출발지에서 미끄럼 타듯 층계를 내려가 목적지에 닿는 그림을 그려 놀이를 전개하는 사다리 게임 등이 있다.

어린이와 치료자가 함께 사다리 타는 게임판을 만들 때에는, 목적지에 도달하여 무언가를 획득하도록 스티커를 붙이거나 그림을 그려 넣어주는 것이 좋다. 이왕이면 안정적으로 착상에 성공하고 엄마와 생명을 공유하는 태아가 되어 자궁에서 잘 자라고 있음을 의미하는 다음과 같은 목록들이면 꽤 고무적일 것이다. ① 자기 존재를 표상할 수 있는 사물이거나, ② 안주처 또는 휴식의 감성을 느낄 수 있는 자리를 표상하는 것이거나, ③ 엄마의 사랑이나 엄마와의 공존을 느끼게 해주는 것이거나, ④ 태아의 몸 구성을 표상하는 스티커나 그림들이면 충분할 것이다. 좀 더 구체적으로 예를 들면, ① 자기 존재를 표상하는 것으로는 별, 꽃, 조개, 곰, 깃발, 보석, 물고기, 반지 따위가 있으며, ② 안주와 은신처의 느낌을 주는 표상으로는 항아리, 바구니, 방석, 의자, 침대, 예쁜 집 등이 있고, ③ 엄마의 사랑이나 엄마와의 공존을 느낄 수 있는 표상으로는 하트, 젓가락, 쌍가락지, 아이스크림, 리본 등이, ④ 자신의 몸 구성을 표상하는 것으로는 피자, 만두, 송편, 김밥, 무지개 색의 케이크나 떡 따위가 있다.

놀이치료 과정에서의 놀이도 그렇거니와, 착상의 시기를 건널 즈음에는 공교롭게도 엘리베이터 대신 계단을 통해 아래층으로 내려가기를 좋아하는 어린이가 종종 있다. 이럴 때에는 어린이와 엄마가 손을 잡고 함께 계단을 내려가도록 권유하는 것이 좋다. 엄마의 손을 잡음으로써, 어린이가 태아기와 영아기를 회고하며 엄마와의 결속을 다지고 재건하는 데 도움이 될 수 있기 때문이다.

까치발 걷기

식물도 마찬가지겠지만 동물들도 유심히 살펴보면 환경의 변화와 위험으로부터 자신을 보호하거나, 종족을 보존하거나, 생존 경쟁에서 우월성과 존재감을 드러내기 위해 오랜 세월에 걸쳐 진화해 온 흔적이 곳곳에 남아 있음을 알 수 있다. 배설물로 냄새를 풍기기도 하고, 입을 크게 벌리기도 하고, 깃털을 세워 몸을 부풀리기도 하고, 키를 돋우려 하는 것들도 그런 흔적에 속한다.

놀이치료 현장에서도 어린이들의 무의식적 행동에 어쩌면 진화과정의 결과인 것 같은 현상들이 종종 발견된다. 심지어 어떤 경우에는 그런 현상들이 동물의 생태와 많이 닮아 놀랍기도 한데, 놀이실에서의 어린이들이 일정 기간 까치발로 걷는 행동도 그 가운데 하나인 것 같다. 아마도 키를 더 늘려서 자신이 우월한 존재임을 강조해 알리려는 행동인 것처럼 여겨진다. 그리고 치유의 힘은 감탄스럽게도 한동안 보이는 까치발 걷기도 자연스럽게 사라지게 한다.

까꿍 놀이

유아들이 다른 사람들과 관계를 인식하고 즐기는 초기 놀이에 까꿍 놀이가 있다. 어린이는 까꿍 놀이를 하면서 엄마가 눈에 보이지 않더라도 잠시 후면 다시 나타난다는 것을 인지하고 또 엄마가 보이지 않을 때 생길 수 있는 불안에서 안심해도 되는 상황을 알아가기 시작한다. 또한 까꿍 놀이를 통해 엄마와 끈끈한 정을 나눌 수 있게 된다. 따라서 까꿍 놀이는 엄마와 애착 과정을 거칠 때 많이 필요하며, 그렇게 애정이 담긴 교류를 나누는 인간관계를 통해 사회성 발달의 기초를 닦게 된다.

일상생활에서 까꿍 놀이는 유아기 초기에 많이 볼 수 있다. 성장 작업을 진행하는 어린이는 임신 기간을 거칠 때 임산부와 태아의 교감의 상징으로도, 출산을 예고할 때에도, 그 이후 영아 시절의 애착 관계를 학습하는 시기에도 까꿍 놀이를 등장시킨다. 성장 작업 중인 어린이가 까꿍 놀이를 하면 치료자는 이를 기꺼이 수용하고 이해하는 물론이거니와 엄마 상담을 통해 임신 기간 동안 엄마와의 교감, 영아 시절의 엄마와의 애착이 어떠했는지 관심을 기울여 잘 살필 필요가 있다.

업어 달라거나 안아 달라는 요구

어린이들이 태아 때 엄마와 일심동체를 느끼고 싶어 하던 욕구, 또는 아기 때 엄마와 신체 접촉을 통해 교감하고 안정을 취하려던 욕구가 채워지지 않았다면, 성장 작업의 해당 시기에 이르러 종종 치료자에게 업어 달라거나 안아 달라고 요청한다. 이것은 모성에 대한 짙은 향수를 달래려는 요구지만, 체구가 작은 어린이가 아니라면 치료자가 그 요구를 들어주기가 쉽지 않다. 그렇다고 어린이의 요청을 거절하면 마음이 편치 못하다. 이럴 때 치료자는 다음과 같이 적절히 타협할 수 있다. "○○아, 선생님이 허리가 아파서 안아주거나 업어주는 것은 자칫 다칠까 봐 조심스러워. 제대로 안아주거나 업어주는 건 어렵지만 대신에 선생님이 이 자리에 앉은 채 ○○이를 가슴에 꼭 안아서 품어주거나, 등 뒤에 몸을 붙여 업는 것으로 하면 어떨까?"

치료 진행 중 이유 없는 아픔들

치료를 진행하는 동안 어린이들이 특별한 이유 없이 아파하는 경우가 있다. 이유를 찾지 못해 병원에도 가보지만, 진단 결과에도 아무런 이상 소견이 나타나지 않는다. 이런 아픔은 대략 다음과 같은 이유들 때문에 생긴다.

첫째로는 어린이가 실제로 아팠던 경험을 해당 시기의 성장 작업에서 재현하고 극복하는 경우다. 예를 들어, 이유 시기에 구토를 많이 했던 어린이라면, 성장 작업에서 이유 시기에 이르러 까닭 없이 자주 구토 증상을 보일 수 있다. 그러나 이렇게 성장 작업 도중 나타나는 이유 모를 아픔은 해당 시기를 지나면 저절로 사라지는 일시적 현상이다. 만일 유아기에 탈골이 생겼고 그 후에도 탈골로 자주 고생했던 어린이라면, 유아기를 거치는 성장 작업 중에 탈골에 관한 상징 놀이가 나타날 것이며, 동시에 탈골의 고통을 해소하는 상징 놀이도 나타날 수 있다. 그렇게 상징 놀이를 통해 고통과 고통의 해소를 경험하고 나면 놀이치료가 종료된 후, 탈골의 빈도가 많이 낮아지거나 탈골이 사라질 수도 있다.

둘째로는 치료가 종료 시점에 가까워지면서 치료실 안에서의 자신의 성장 과정을 되돌아보며 아픈 경우다. 이 경우 역시 발달적으로 아픔을 경험했던 시기를 건너는 시간들을 되돌아봄으로써 나타나는 것이지만, 아픔을 재현하고 극복하는 의미라기보다는 몸이 기억했던 아픔이 유사한 상황이 되새겨짐으로써 표면화되는 것이다.

셋째로는 과거의 어떤 특정 정서나 에피소드와 연합되어 아팠던 신체 반응이 몸의 기억 장치에 저장되어 있다가, 치료 과정을 다시 더듬어봄으로써 그 기억이 살아나고, 동시에 그와 연합되었던 아픔도 잠자고 있다가 따라서 표면화되는 것이다.

넷째로 과거의 갈등과 연합된 아픔은 아니지만, 새롭게 태어나기 위한 치료 과정 전반에 걸쳐 온 에너지를 소모했다가, 정신적으로 이완되는 상황에 이르러 나타나는 아픔인 경우가 있다. 우리가 어떤 일에 잔뜩 긴장했다가 막상 긴장이 풀리면 온몸이 아픈 것과 같은 이치다.

어린이들이 갈등 상황에서 겪은 당시의 아픔은 마음이 몸에 흠집을 내는 아픔이지만, 위에 언급한 네 가지 경우의 아픔은 갈등과 연합되어 몸이 기억해 둔 아픔을 가볍게 재현하며 지나가는 것이므로 크게 염려하지 않아도 된다.

어린이의 외로움

우리는 대부분 외로움이 무엇인지 자주 경험하기 때문에 그 감정이 어떤지도 잘 이해한다. 누구나 예외 없이 경험하는 감정이기에 이웃의 누군가가 외롭다고 하소연하면 그 기분을 최대한 공감할 수 있다고 착각하기 쉽다. 때로는 어른이기 때문에 어린이의 외로움 정도는 잘 다독일 수 있다고도 착각하기 쉽다. 생각하기에 따라서는 어린이의 외로움을 어른이 공감하는 게 어렵지 않을지도 모른다. 오랜 세월 파도에 휩쓸리고 부딪히며 거칠고 모난 돌멩이가 둥글게 다듬어지고 단단한 차돌이 된 것처럼, 아무래도 어른은 어린이들보다 모진 세파에 시달린 경험이 더 많기 때문이다.

그런데 적어도 치료자는 어린이가 하소연하는 외로움이나 또는 새로운 탄생 작업에서 어린이들이 극복해 나가는 외로움과 그 아픔을 위와 같은 단편적인 생각으로 이해하면 안 된다. 왜냐하면 어린이들의 외로움을 경험 부족에서 오는 불안 또는 여러 사람들과 홀로 떨어졌을 때 느끼는 고립감과 슬픔으로 축소해 이해하기 쉽기 때문이다.

자신이 거듭나는 성장 작업에 몰입했을 때의 어린이들은 그 사유 능력이나 의식이나 감정의 광활함과 깊이가 일상적이고 평범한 어른의 생각을 훨씬 뛰어넘는다. 어린이들이 느끼는 외로움도 그렇다. 단지 인간관계의 틈바구니에 혼자 남겨져 느끼는 외로움과 슬픔의 차원이 아니다. 생애 전반에 걸쳐 처절하게 경험해야 하는 것이며, 숙명처럼 피할 수 없는 것이며, 일생 내내 그림자처럼 달고 다녀야 하는 것이며, 누구에게서도 위로받을 수 없는 것이며, 다만 스스로 어깨에 짊어지고 감당해야 하는, 그래서 치료 작업을 통해 승화시키려 노력하는 실존적 외로움이기 때문이다.

치료 현장에서 어린이들이 인식하는 실존적 외로움은 오로지 홀로 혼신의 힘을 다해 엄마의 좁은 산도를 뚫고 세상 밖으로 나와야 하는, 생애 최초의 외로움을 두 손에 꼭 쥔 채 허공에 울음을 토했다가, 모진 세상 헤치고 살다가 노쇠해진 생애 마지막 순간에도 아무도 동행해주지 않는 저승의 문턱을 오로지 홀로 넘어가야 하는 뼈저린 외로움이다. 생의 처음부터 끝까지 홀로 끌어안아야만 하는 외로움의 스펙트럼이 실로 형언할 수 없이 넓고도 깊다.

그래서일까? 치료 중간중간 어린이들은 그런 외로움을 달래는 나름의 의식을 행한다. 먼 조상이 길흉화복의 질곡에서 벗어나려 노래와 춤을 곁들여 천제 의식을 행했듯, 어린이들도 치료적 필요에 따라 노래와 춤 잔치를 벌인다. 예를 들면, 휴지를 잘게 찢어 허공에 날리며 덩실덩실 춤을 추거나 무속인처럼 종이나 부채, 혹은 방울이나 술이 달린 막대기를 흔들며 주문을 외우듯 읊조리거나 아프리카 원주민이나 아메리카 원주민들처럼 원형으로 돌며 엉덩이춤을 춘다. 이런 의식에서 어린이들은 종종 장난감 악기를 사용하기도 한다. 어린이들이 표현하는 이런 의식은 어쩌면 인도의 베다, 중국의 시경, 우리나라의 영산재나 종묘제례에서 엿볼 수 있는 것과 같이 옛날부터 전해 내려온 음률과 춤이 어우러진 예술,

기타 여러 민족들이 후손들에게 운율을 섞어 구전으로 전해준 시문학 작품 등에 그 기원이 있을지도 모른다.

로봇은 왜 주로 남성일까?

어린이들이 많이 즐기는 놀잇감에서 로봇은 빠질 수가 없는 것 같다. 로봇은 거의 남자 어린이에게 호기심을 불러일으키는 놀잇감이다. 그런데 어린이의 놀이에 등장하는 로봇은 대체로 남성이며, 초능력이 있고, 날개를 펄럭이며 하늘을 무대 삼아 종횡무진 활약한다. 아무리 눈여겨보아도 로봇에서 여성성을 찾기는 어렵다. 우리 선조들도 하늘에는 남성을 부여했고 땅에는 여성을 부여했다. 어린이들의 마음은 순수해서 그런 원형적 본성을 배우지 않아도 잘 알고 있다는 뜻이 아니겠는가? 로봇 외에도 다양한 표현이 동원되는 어린이의 놀이를 관찰하면 할수록, 아득한 옛날부터 인류가 전승해준 여러 방면의 원형적 지식을 어린이들은 선험적으로 잘 알고 태어난다는 확신이 커진다.

놀잇감은 어떻게 배치할까?

과녁의 위치는 어디가 좋을까?

남자 어린이들의 승화된 공격성은 총, 화살, 다트 등을 과녁에 겨냥하는 것으로 발현되는 때가 많다. 이런 원천적 성향이 스민 공격 놀이 저변에는, 첫째로 적을 물리치고 살아남아야 하는 생존 경쟁의 기술을 스스로 다듬고 고취하는 자기 재능의 연마(영웅 분화의 시기에 해당), 둘째로 배우자를 마중하기 위해 손색없이 준비된 자랑스러운 남성임을 알리는 자기의 존재감(음양 화합의 시기에 해당), 셋째로 이 세상의 으뜸인 존재가 되어 우주적 지위를 가진 엄마 배 속에 들어가 태아가 된다는 예언(입태의 시기에 해당)의 뜻이 있다. 따라서 어린이들이 성장 작업을 이어 가는 놀이치료실 안에서는 자신으로 표상되는 총알, 화살, 다트 화살이 과녁에 맞으면 다음 단계의 놀이는 아마도 태아가 된 자신을 표상하는 놀이일 것이다.

성장 작업의 순서에 맞춰 총알, 화살, 다트 화살 등이 과녁에 맞고 다음 단계의 태아가 되려면, 아무래도 자궁을 상징하는 놀잇감에 떨어지는 것이 바람직하다. 그렇다면 과녁의 위치는 과연 어디가 좋을까? 아마도 아무런 관련이 없는 위치이기보다는, 자궁의 상징이 될 만한 모래 상자나 커다란 바구니 등에 떨어지기 좋게끔 벽면에 달려 있는 것이 바람직할 것이다. 과녁에서 떨어져 모래 상자나 바구니에 담기는 화살이나 총알은 태아를 표상하기에 충분하다. 또는 어린이를 기다리는 엄마의 기척이 잘 느껴지도록 과녁을 벽면에 걸거나, 놀이가 끝난 후 엄마를 만나는 출입문에 두는 것도 좋을 것이다. 이런 맥락에서 농구대도 어쩌면 엄마가 기다리고 있는 방향에 위치시켜도 좋을 것이다.

순식간에 입에 사물을 넣는 행동

어린이들이 어떤 사물이 마음에 들어 욕심이 생기면 다른 사람들이 그것을 차지하지 않도록 은밀한 장소에 감춰 두거나, 자신의 주머니 속에 몰래 집어넣거나, 침을 발라 둔다. 크기가 작은 물건이라면 슬쩍 입에 넣기도 한다. 이런 행동들도 어쩌면 자기 이익을 챙겨 생존 경쟁에서 이기려고 진화시켜 온 생태의 한 모습일지 모른다. 그런데 일상에서 별로 나타나지 않던 어린이들의 이런 행동들이 놀이치료실 안에서는 예측하거나 대처할 사이도 없이 언제라도 돌발적으로 나타날 수 있다.

그러므로 놀이실 안에서는 어린이의 실제 연령이 사물을 입에 넣는 유아기를 넘겼다 하더라도, 혹 퇴행의 시기를 건너는 동안 아주 작은 사물을 무심코 입에 넣을 수도 있음에 대비하는 것이 필요하다. 입에 넣었다가 불행하게 기도가 막히는 일이 발생하지 않도록 예방 조치로 입에 넣어 위험해질 놀잇감은 애초부터 놀이실에 비치하지 않는 것이 좋다.

보자기의 유용성

성장 작업을 위한 놀이실에 크고 작은 보자기를 여러 장 비치해두면 매우 쓸 만하다. 요즘 어린이들에게는 보자기가 일상적으로 흔히 접촉하는 사물이 아니라 얼핏 관심 밖에 있다가, 놀이실에 적응하고 나면 관심이 늘어나는 놀잇감 중 하나다. 요즘 세대에게 보자기가 낯선 건 당연한 일이겠는데, 초등학교 졸업이 가까운 어린이가 보자기를 묶을 줄 몰라 필자가 가볍게 놀란 적이 있다. 생각해보니 요즘에는 보자기가 별로 필요치 않다. 예전처럼 시장 가는 일도 드문 데다, 선물은 포장지로 포장하고 보자기 대신 종이가방에 넣으면 되기 때문이다. 알록달록 작은 헝겊들을 모아 정성들여 꿰매 예술적 작품으로 만들어 오래도록 사용한 조상들을 생각하면 참 아쉬운 일이기도 하다. 두 가닥 끈을 엇갈리게 조이고 매듭지어 묶는 어려운 운동화 끈은 맬 줄 알아도, 보자기의 네 귀퉁이를 묶어 매듭을 지을 줄 모르다니, 책에서 얻는 지식과 달리 일상적 지혜를 얻는 데에는 참으로 여러 가지 실제적 경험이 훨씬 중요하고도 값진 일인 것 같다.

놀이실에서 보자기는 여러모로 유용하다. 필자의 경험으로는 보자기는 어린이의 창의력에 감탄하게 되는 소중한 놀잇감에 속한다. 그 유용성을 열거하면 다음과 같다.

① 바구니 같은 그릇에 담긴 자잘한 놀잇감들을 쏟아서 놀 때 보자기를 깔아주면 좋다. 놀고 난 후에 보자기의 네 귀퉁이를 한꺼번에 잡아 가운데로 놀잇감을 모으면 다시 바구니에 간단하게 정리할 수 있기 때문이다. 또한 산만하거나 충동적인 어린이에게는 보자기 바깥 공간으로 놀잇감이 마구 흩어지지 않게 주의하자고 권유함으로써 통제력을 길러줄 수도 있다.

② 가상의 나들이 놀이를 할 때에는 야외용 돗자리 구실을 톡톡히 해준다.

③ 육아와 관련된 놀이를 할 때에는 다양한 용도로 활용할 수 있다. 아기를 업어주는 포대기도 되고, 아기를 감싸는 강보도 되고, 아기를 뉘고 잠재우는 침구와 방석이 된다.

④ 의상을 걸치는 놀이를 할 때에는 남자 어린이의 망토도 되고, 여자 어린이의 면사포도 된다. 발끝까지 길게 늘어뜨린 한복 치마나 서양의 드레스도 되고, 엄마의 앞치마도 되며, 조선 시대의 여인이 얼굴을 가리던 쓰개치마도 된다.

⑤ 여러 장을 길게 묶으면 줄넘기와 고무줄 놀이도 할 수 있다.

⑥ 책상 밑이나 의자 다리 사이의 공간에 씌우거나 커튼처럼 활용하면, 공간을 아늑하게 만들어주어 마치 자궁에 들어간 태아처럼 느끼고 어린이들이 좋아한다.

⑦ 입태 놀이를 즐기는 어린이를 위해 치료자가 허리에 두르고

있을 경우, 보자기를 들치고 안에 들어가면 엄마의 배 속에 들어간 느낌을 받을 수 있다. 어린이들이 간혹 치료자의 치마를 들치거나 다리를 벌려 고개를 들이미는 행동을 보일 때가 있는데, 이럴 경우 보자기는 매우 유용하다.

만화책의 유용성

간혹 어떤 부모는 독서의 이익을 중시하면서도 만화책이 자녀의 정서를 해친다고 생각하여 읽지 못하게 하고 대신 책만을 읽도록 권유한다. 책을 읽어야 언어 능력이 풍부해지고, 지식이 넓어지며, 창의력과 상상력이 자라고, 논리의 전개와 이해 능력에 도움이 된다는 생각이 앞서기 때문일 것이다. 그 생각이 어떤 측면에서는 옳을 수 있지만 자녀의 취향과 특성에 따라 책의 유용성 못지않게 만화책의 유용성이 더 클 수도 있으니 한 번쯤은 자녀의 취향과 특성을 고려할 필요가 있다.

예전과 달리 요즘 어린이들은 많은 경우에 사회적 상황을 이해하는 능력, 인간관계 맺기, 인간관계에서 소통하는 언어 능력 등에 매우 취약한 경향을 드러낸다. 아마도 위 세대와 아래 세대가 어울려 사는 삶이 아니며, 형제 없는 외동이 많고, 또래들과 어울릴 기회가 적으며, 어울림의 스펙트럼이 좁은 울타리 안에서 끼리끼리 제한된 문화만 접촉하는 등의 이유 때문일 것이다. 그런데 바로 이런 경향의 어린이에게 만화가 꽤 유익하다는 사실을 가벼이 여겨서는 안 된다. 그 이유를 소개하면 다음과 같다.

① 만화 속 언어는 문장 언어가 아니고 화용 언어다. 만화에 딸린 말풍선과 그 안에 담긴 언어는 곧 말을 나누는 그 순간 인물들 사이의 소통 언어다. 일방적으로 서술한 듯 느껴지는 문장 언어와는 차이가 있다.

② 서술된 문장을 읽으며 독자가 일방적으로 느끼는 것과 달리, 만화에서는 세밀하게 묘사한 그림을 통해 삼차원 지각으로 상황을 받아들이기 때문에 인간 사회에서 벌어지는 다양한 사회적 상황의 이해가 더 쉽다.

③ 인간의 감수성, 감정의 표현, 감성의 상호 교류에 관해서는 시지각 통로를 거쳐 만화 속 인물들의 다양한 표정과 움직임을 이해하게 되므로 아주 생생하다.

④ 말풍선 속 화용 언어에는 소통 언어에 덧붙여 감정이 느껴지는 억양과 장단이 담겨 있고, 인물의 표정과 움직임에는 그것을 실감나게 해주는 기호도 등장한다. 예를 들면, 몹시 화난 인물에는 찡그린 표정에 뿔난 감정 표시가 덧붙고, 재빨리 도망가는 인물의 움직임에는 바람이 일어나는 표시가 덧붙는다.

⑤ 어떤 어린이는 치료가 종료되기 전에 만화를 많이 읽는다. 이것은 어린이가 다른 사람과 사회적 소통을 시도할 준비를 갖추었다는 뜻이며, 만화 속 인물들의 감정에 공감하게 되었다는 뜻이며, 만화를 통한 간접 경험이 쌓여 세상 돌아가는 일을 많이 이해할 수 있게 되었다는 뜻이다.

위에서 언급한 것처럼 만화는 사회적 상황을 이해하는 능력이 부족하고 소통 언어에서 취약함을 보이는 어린이에게는 시청각 교재처럼 여러 측면에서 도움 될 만한 가르침이 풍부히 들어 있다. 그러나 반드시 부모의 주의가 필요한 점이 있음을 놓쳐서는 안 된다. 만화의 내용이 정서 발달이나 사회성 발달에 도움이 되어야 한다는 점과 과학 지식, 생물학 지식, 역사 지식 등의 배양에 도움이 되는 내용으로 저작된 것이라야 한다는 점이다.

이럴 땐 이렇게
– 치료자 조종에서 역전이까지

치료자 의존과 치료자 조종

놀이치료를 시작한 후 어떤 어린이는 치료자에게 매우 의존한다. 그동안 놀이 경험이 부족해서 그럴 수도 있고, 자신감이 부족해서 그럴 수도 있고, 자율감 훈련이 안 되어 있어 그럴 수도 있고, 치료자를 탐색하느라 그럴 수도 있다. 만일 위와 같은 이유들 때문에 치료자에게 의존하는 것을 어느 정도 이해하고 허용해야 할 상황이라면, 치료자는 치료 초기임을 고려하여 놀이에 대해 친절히 설명해주고 모범을 보여주는 것이 좋다. 그러나 점차 치료자의 도움을 줄이고 어린이 스스로 시도하며 놀이에 익숙해지도록 해줘야 한다.

어린이들이 놀이에 익숙해지고 의존에서 벗어나면 심층 작업이 시작될 수 있다. 그리고 태내기와 영아 시절에 해당되는 성장 작업이 진행될 때는 치료자와 일심동체가 되고 싶어 자신이 할 수 있는 능력을 지니고도 치료자에게 의존할 수 있다. 이런 시기에는 특별한 경우가 아닌 한, 어린이가 스스로 할 수 있는 능력이 이미 발달된 상태이므로, 심리적 욕구를 더 중요하게 여겨 어린이의 요구를 대체로 수용해도 된다.

그런데 자율감이 발달하고 자신감이 팽배해진 시기에는 어린이가 치료자를 조종하거나 자신의 하인처럼 부리려고 시도한다. 이런 경우에는 오만하게 보일 수 있는 어린이의 시도를 허용하지 않도록 주의해야 한다. 치료자를 조종하거나 하인처럼 부리는 데 성취감을 느끼면 자꾸 그 강도를 높이려 할 것이고 다른 사람에게도 같은 방식으로 관계를 맺으려 할 것이기 때문이다.

미시적 안목과 거시적 안목

옛 어른들은 눈으로 볼 수 없는 거대한 우주와 눈에 보이지 않는 미시의 세계는 돌아가는 원리가 똑같다고 우리에게 가르쳤다. 그래서 인체는 우주의 축소판이라는 말도 해주고, 아주 작은 겨자씨에 거대한 우주가 다 담겨 있다고도 가르쳤고, 작은 유리병에 들어 있는 큰 코끼리도 꺼낼 수 있다고 가르쳤다. 이른바 크고 작다는 고정관념에 걸리지 않고, 우주의 원리에 근거를 둔 시각에서 문제 해결 방법을 찾으면 가능한 생각들이다.

그런데 어린이들이 성장 작업에서 표현하는 세계에는 미시와 거시를 넘는 자유분방함이 있다. 예를 들어 입태 과정을 표현하는 놀이, 즉 아주 미세한 정자들이 난자를 만나려 인체를 여행하는 놀이에서는, 자동차들이 험준한 산악을 넘고 달리다가 서로 부딪치며 전복되는 것, 또는 물고기들이 물길을 잘못 찾아 홍수에 휩쓸려 많은 동료들이 도태되는데 천신만고 끝에 한 마리가 조용한 바다에 이르는 것, 미로를 헤매고 달리는 개미들이 여러 빌딩이 늘어서고 숲이 우거진 커다란 마을에서 숨을 돌리는 것 등이 그렇다. 또 다른 예로 잉태되기 위한 자신이 도리어 영겁에 가까운 세월을 화석으로 지내다가 고고학자에게 발견되어 세상에 모습을 드러내고 천문학적 숫자의 사람들이 먹을 수 있는 샘물을 마시게 되는 것 등이 그렇다. 미시적 눈이 되거나 거시적 눈이 되어야 볼 수 있는 세계를 놀이에서는 자유롭게 연출한다. 그러므로 치료자는 어린이들이 빚어낸 이야기들을 잘 이해하기 위해, 세계를 보는 눈을 크게도 열어야 하고 작게도 열어야 한다. 어린이들이 보는 세계는 어른과 달리 시간과 공간의 한계가 없이 무궁하고 종횡무진 서로 하나로 연결되어 있기 때문이다.

청각과 시각의 차이가 클 때

대부분의 사람들은 청각 통로의 정보 처리 능력과 시각 통로의 정보 처리 능력에 큰 차이가 없어 불편을 느끼는 일이 흔치 않다. 그러나 간혹 이 두 능력 사이의 편차가 큰 어린이들은 주의 집중 능력에도 불균형이 보이고 학업 성취에도 어려움을 겪는다. 교실에서는 선생님의 가르침을 귀로 집중해 들으면서 학습 내용을 머리에 입력하는 일도 중요하고 마찬가지로 칠판에 쓰인 학습 내용을 필기하며 머리에 입력하는 것도 중요하기 때문이다.

놀이치료에 의뢰되는 어린이들 가운데에도 이 두 능력 중 어느 한 쪽이 취약해서 학습 동기와 학업 성취에 어려움을 겪고, 나아가 정서적 안정과 자존감 유지에 손상을 입은 경우가 더러 있다. 그런데 학업 성취의 실패에서 벗어나려면, 일반적으로 정서적 안정을 위한 노력과 처방이 선행된 후 자존감과 학습 동기가 오르기를 기대하는 것이 바람직하다.

또한 학업 성취를 높이려면 학습 동기 못지않게 학습 전략도 매우 중요하다. 이 두 능력의 편차가 심한 어린이에게는, 더 뛰어난 능력을 활용하여 더 취약한 능력을 보완해주는 전략이 필요하다. 예를 들어, 학습할 내용을 읽을 때보다 들었을 때 기억 효과가 더 좋다면 다음과 같은 전략을 써보는 것이다. 즉, 필기한 내용을 녹음해 두고, 필기한 내용을 읽으면서 동시에 녹음을 듣도록 하는 전략이다. 이렇게 하면 보고 듣는 두 개의 통로가 짝 지워짐으로써 서로 다른 두 가지 통로의 정보를 하나로 연합해 정보를 처리하는 능력을 기를 수 있으며, 한 통로의 단서만 떠올라도 기억해 둔 학습 내용의 연상과 재생에 도움이 될 수 있다. 반대로 듣기보다 읽기가 기억 효과가 좋다면, 들은 내용을 필기해 두고 필기를 반복해서 읽는 게 도움이 될 것이다.

형제 치료

놀이치료를 하다보면 형제를 모두 치료해야 하는 경우가 있다.

이럴 때 보통 치료자가 엄마 상담을 어떻게 해야 할지 고민하게 된다. 필자의 경험으로는 여러 가지 경우의 수가 있고, 그에 따른 장단점도 생각해봐야 하는데, 최소한 다음의 경우를 고려해야 할 것이다.

같은 치료자가 담당할 경우

형제를 같은 치료자가 담당하면 어린이의 관점에서는 치료자의 사랑을 나눠 받는 느낌이 들 수 있어 사랑의 독점에 아쉬움이 생길 수 있다. 또한 가정에서 엄마의 사랑을 형제와 나누게 되어 생긴 시샘과 갈등 심리가 그대로 치료자에게 전이될 수도 있다. 그러므로 형제를 같은 치료자가 담당할 경우에는 반드시 치료 시작 시점에 시차를 두고 형을 먼저 치료하고 형이 종료한 다음에 동생의 치료를 시작하는 것이 좋다. 동생이 형의 종료 시기까지 기다리기 어려운 형편이라면 반드시 형의 동의를 얻고 동생의 치료를 시작하는 것이 좋다. 그래야만 그동안 동생 때문에 생긴 이런저런 상처와 손해를 보상받는 치료 특혜를 자기만 누렸다는 마음이 배신감으로 바뀌지 않는다.

형과 동생의 치료 시기가 겹칠 경우

형과 동생의 치료 시작에 시차를 둘 수 없거나, 동생의 사정이 급해서 형의 동의를 얻지 못한 채 치료를 시작해야 한다면, 서로 다른 치료자가 형과 동생을 따로 담당하는 것이 좋다. 그러나 이럴 경우 조언을 듣는 부모 입장에서는 혼란을 경험할 수 있다. 왜냐하면 같은 사안을 두고서도 형과 동생의 치료자가 서로 다르기 때문에 조언의 내용이 달라질 수 있기 때문이다. 그러므로 형제의 치료자가 다를 경우에는, 두 치료자가 사안마다 서로 협의하고 경력이 더 많은 치료자가 부모 상담을 전적으로 맡도록 고려하는 것이 바람직하다.

또한 형제의 치료 시기가 겹치는 경우에는 서로 다른 요일을 정해 치료하는 것이 좋겠지만 부득이 같은 날로 정해야 한다면 형의 회기 시간을 동생보다 앞서게 정하는 것이 좋다. 그래야 형의 위상을 살려주는 데도 도움이 되고, 둘 다 치료를 마치고 집으로 돌아가는 데도 형이 동생을 기다리는 편이 무리가 적다. 형이 먼저 시작하면, 동생에게는 그 다음 시간은 자신의 차례라는 기대가 있어 엄마와 함께 놀며 기다리는 시간이 덜 지루하다. 또한 동생이 먼저 치료를 마치고 형을 기다리는 경우, 치료 중인 형의 놀이실을 두드리며 재촉하는 일이 생기기 쉽다.

형의 치료에 동생이 합류할 경우

따로 치료를 받지 않아도 될 만큼 동생의 문제가 가벼운 경우, 또는 형제의 위계질서를 조절해야 할 필요가 있는 경우, 동생이 형의 놀이치료에 합류하는 것을 고려할 수 있다. 이 경우는 형의 치료 종료가 가까워 동생에게 너그러움을 보일 수 있는 시기를 선택해야 한다. 또한 놀이 합류는 형이 동생을 초대하는 방식이어야 하며, 형은 놀이실의 주인이고 형이므로 동생이 형의 가르침에 순응하는 방식을 택하는 것이 좋다. 그러나 형의 독선을 막기 위해서, 동생의 이의나 이견이 있을 때는 언제나 형이 귀를 기울이고 타협해야 한다는 조건을 붙여야 한다. 이렇게 형제 합류 놀이를 실행하면 동생의 문제도 저절로 해결되고, 둘 사이의 위계질서도 잘 잡혀 간다.

치료자의 역전이

어린이의 저항과 전이 감정을 다룰 때 일어나기 쉬운 치료자의 역전이 극복 노력에 관해 치료자들에게서 많은 이야기를 듣는다. 어떻게 자신을 갈고 닦으면 마음의 동요를 일으키지 않을까, 또 어떻게 자신의 오염된 마음을 어린이들에게 전염시키지 않을까 성찰하는 치료자들의 배려가 갸륵하고 고마운 한편 필자 자신을 돌이켜 살피면서 되물으며 때때로 움찔할 때가 있다.

어린이들이 성장하면서 쌓인 격렬한 울분을 억압했다가 치료자를 향해 거침없이 토로하는 전이 감정을 보이는 것은 치료자의 수용과 공감에 신뢰와 안정감이 생겼다는 징표다. 그러므로 치료자에게 향하는 어린이들의 직접적인 울분 때문에 치료자가 당황하거나 서운해할 이유가 없다. 오히려 치료자 자신의 마음이 비워진 상태이고 한 공간에서 두 사람의 마음이 하나를 이뤘다는 뜻이기도 하다.

어린이의 저항이나 전이 감정은 대체로 엄마를 통해 학습된 인간관계의 패턴에서 기인하는 것일 때가 많다. 어린이의 감정 표현 방식도 엄마를 닮았을 것이고, 어린이의 미숙한 언행도 엄마를 닮았을 것이고, 관계 맺기에 관한 인식이나 상대방에 대한 반응 양식도 엄마를 닮았을 것이다. 치료자가 어린이와 관계를 맺으면서 이런 점들을 충분히 숙지하면 어린이의 저항이나 전이를 온전하게 수용하고 공감할 수 있다. 이렇듯 어린이에 대한 온전한 수용과 공감은 치료자의 역전이 가능성에 대한 염려를 사라지게 해줄 것이며 동시에 어린이의 어둡던 마음이 깊은 수렁에서 빠져나온 듯 가벼워질 것이다.

치료자가 역전이에 대한 우려에서 해방되려면 항상 자신의 마음을 평온히 가다듬는 일에 소홀함이 없어야 할 것이다. 치료자 스스로 감정에 휘말려 일으키는 울분은 아무리 사소한 것일지라도 스스로를 해치는 독이 되고, 그 독이 또 다른 사람을 해치는 강렬한 독이 될 수 있기 때문이다. 살아가며 수시로 만나고 일어나는 울분은 잠깐잠깐 일어났다 꺼지는 하찮은 물거품이니 오래도록 마음에 담지 말아야 하며, 흐르는 물에 띄워 보내듯 돌이켜보지 않도록 노력해야 할 것이다.

치료 공간에서 만나는 어린이를 상대하는 치료자는 자신의 존재를 잊도록 노력해야 한다. 자신의 각성을 놓아버리라는 뜻이 아니라 자신의 판단과 고정관념이 절대적 정의가 아니므로 그런 자기중심적 편견이 모두 사라지도록 노력하라는 뜻이다. 이런 상태가 되어야 실로 편견과 오만에 사로잡힌 치료자는 사라지고 생생하게 깨어 있는 치료자가 존재하게 되는 것이다.

또한 모든 사물을 다 담을 수 있는 텅 빈 그릇처럼, 사물을 온전히 받아들여 비추어내는 티 없는 거울처럼, 치료자가 자신만의 편견을 버리고 모든 생각을 탕탕히 비우는 마음이 되어야 놀이실 공간에서 치료자와 어린이가 한마음으로 일치되는 경험이 가능할 것이다. 어린이의 저항도 염려할 것 없고, 치료자의 역전이도 염려할 것 없이 서로 일치된 마음으로 빚어내는 공명의 소리야말로 아름답고 감동적인 음악 소리로 우주 공간 멀리까지 울려 퍼지지 않겠는가?

여자 어린이가 여성 치료자를 만났을 때

놀이치료를 담당하는 치료자들은 여성이 많다. 아무래도 어린이와 교감하는 데 필요한 감수성이 남성보다 풍부하고, 언어적 소통이 힘든 어린 자녀를 낳아 기르는 데 필요한 이심전심의 직관적 소통이 천부적으로 잘 발달되었기 때문인 것 같다. 그리고 그런 천부적 능력이 어린이 치료에는 매우 큰 이점이 되어서인 것 같다. 반대로 치료 기관을 방문하는 어린이는 남자가 많다. 아무래도 부모의 관심이 아들에게 더 많이 기우는 경향이 있어 그럴 수도 있고, 또한 생존에 대한 적응 능력과 열악한 환경을 극복하는 힘이나 좌절을 견디는 힘이 남성의 경우에 더 약하기 때문인 것 같다. 그래서 여성 치료자와 남자 어린이의 만남은 대체로 무난하다.

그런데 여성 치료자가 여자 어린이를 만나면 남자 어린이를 만날 때에 비해 두 사람 사이의 긴장이 높아지는 경우가 종종 있다. 만남 초기에 치료자를 신뢰할 수 있는 인물인지 탐색하는 시기에도 그렇고, 심층 작업이 시작된 후 멋진 남성의 반려자가 되는 개별화 시기에는 더 그렇다. 아마도 치료자가 한 남성을 사이에 두고 경쟁하는 라이벌로 투사되어 그런 것 같다. 이런 주제를 표현하는 놀이에서는 어린이가 치료자를 향해 냉소하고, 자존심을 깎아내리고, 무시하거나 비난을 많이 퍼붓는다. 초심자 시절의 치료자라면 어린이가 이렇게 까칠하게 행동할 때 기분이 상하기 쉽다.

그러다가 입태의 조짐을 보이는 시기에 이르면 언제 그렇게 냉담했냐는 듯, 치료자에게 관심도 높아지고 우호적 감정과 태도로 바뀐다. "선생님이 이 세상에서 제일 못생겼어요." 하던 말도 "선생님이 이 세상에서 제일 좋아요."로 바뀐다. 동일한 치료자가 어린이 마음의 흐름에 따라 양극단의 인물이 된다. 아마도 이 시기 치료자는 엄마로 투사되어 그런가 보다.

초심자 시절의 치료자는 여자 어린이의 냉대와 환대 사이에서 서운함이나 당황스러움을 느낄 때가 있다. 그러나 어린이 마음의 흐름을 알면 그런 불편을 이길 수 있다.

아주 귀하지만 남성 치료자도 있다. 어린이가 성장 작업에서 치료자가 엄마로 투사되는 시기를 건너갈 때 다소 불리할 것이라는 편견을 품기 쉽지만, 실제 놀이실 안에서는 그럴 염려가 없다. 어린이들의 창의력은 남성 치료자를 엄마로 만드는 데 아무런 불편을 느끼지 않는다. 놀잇감으로 엄마를 만들 수도 있고, 마음으로는 얼마든지 남성 치료자를 엄마로 만들 수 있기 때문이다.

한편 남성 치료자이기 때문에 도리어 어린이에게 더 유리한 경우를 생각해볼 수 있다. 이를테면 아빠를 모방하며 성 역할을 배우는 시기에 이르렀을 때, 나쁜 아빠를 둔 어린이 또는 아빠가 없는 어린이가 치료자를 좋은 롤모델로 삼을 수 있으며, 동시에 치료자와 몸을 부대끼고 놀면서 아빠를 느끼는 것과 더불어 노는 즐거움도 커질 수 있는 경험을, 여성 치료자가 대신하기는 힘들기 때문이다.

무절제하고 거친 어린이를 만났을 때

놀이치료에 의뢰된 어린이들 가운데에는 풀어놓은 망아지 같다고나 할까, 늑대소년 같다고나 할까, 치료자가 짧은 시간 안에 어린이의 언행을 호전시키기 참으로 어려운 경우들이 종종 있다. 이런 어린이들은 우리가 흔히 ADHD로 알고 있는 주의력결핍 과잉행동장애의 일반적인 진단 규준을 넘어서는 매우 높은 충동성을 보이며, 주의 집중도 어렵다. 또한 정서적으로 불안정하고, 많은 부분에서 불안을 표출하며, 어른의 지시를 잘 어기고, 놀잇감을 거칠게 다뤄서 망가뜨리는 일이 잦고, 치료자를 고의로 애먹일 때가 많으며, 일상생활에서 의례적으로 해야 할 바에 전혀 길들지 않았으며, 놀잇감을 사방으로 흩어 정신없이 어질러놓고 노는 것이 일반적이다.

이런 어린이들에게는 심리적 문제 해결 이전에 언행을 차분히 가라앉히는 훈련을 먼저 해야 한다. 물결이 고요해져야 연못 밑바닥이 환하게 들여다보이는 것처럼 번잡한 언행을 가라앉혀야 어린이 마음속을 들여다볼 수 있기 때문이다. 그래서 이런 어린이들은 치료 회기가 짧을 경우에 심리적 작업을 시작하기 이전에 종료를 계획해야 하는 경우도 많다. 때로는 분수와 절도가 없는 언행이 개선되는 것만으로도 치료가 성공에 이르렀다고 평가해야 하는 경우도 있다.

치료자는 어린이의 산만한 행동을 바로잡기 위해 치료 초기부터 마음의 준비를 철저하게 시키고, 어린이가 지켜야 할 행동은 끝까지 한결같이 실행하도록 독려해야 한다. 예를 들면 다음과 같은 준비가 필요하다.

① 놀이실에 들어오고 나갈 때마다 치료자의 손을 잡는다.

② 어린이가 인사를 받든지 안 받든지 오갈 때마다 치료자가 항상 먼저 인사해준다.

③ 신발과 옷가지 등은 가지런히 정돈시킨다.

④ 손에 들고 온 물건이 있으면 항상 일정한 곳에 보관했다가 귀가할 때 다시 들고 가도록 돕는다.

⑤ 놀이실에 들어간 즉시 어린이가 일단 일정한 장소에 앉은 다음 치료자가 원하는 놀잇감을 골라 오라고 지시할 때까지 기다리게 한다. 이럴 때 치료자는 서두르지 말고 가능하면 천천히 지시함으로써 어린이의 충동성을 낮추도록 훈육한다.

⑥ 치료자가 항상 일정한 장소에 앉도록 하여 어린이가 그 위치를 안전 기지처럼 느낄 수 있도록 한다. 치료자와 교류가 필요한 경우에는 치료자가 어린이에게 다가가지 말고 어린이 스스로 치료자에게 오도록 지시하여, 어린이가 자발적이고 적극적인 태도로 자신이 원하는 바를 얻도록 훈육한다.

⑦ 놀잇감을 고르도록 지시할 때는 너무 많은 놀잇감을 골라 산

만해지지 않게 적당한 분량의 놀잇감을 고르게끔 일정한 크기의 바구니를 정해준다.

⑧ 놀이를 전환하기 위해 놀잇감을 바꿔야 할 때는 이미 놀고 있던 놀잇감을 그때그때 곧바로 바구니에 담아 원래 자리에 정돈시킨다.

⑨ 놀잇감을 다룰 때는 고운 손으로 다루자고 일러준다.

⑩ 일단 놀이실에 들어오면 집에 갈 때까지 특별한 사유가 생기지 않는 한 놀이실을 나가지 않는다.

⑪ 어린이 스스로 행동을 조절하는 것이 어느 정도 가능해지면, 서로 합의하여 점차 치료자의 지시에서 어린이의 자유로운 선택으로 옮겨 간다.

⑫ 어린이가 꼭 지켜야 하는 사항은 다섯 가지 정도를 정해 약속장을 받아 둔다.

태아가 엄마와 공유하는 것?

지금까지 많은 연구를 통해 우리는 태아가 엄마와 여러 가지를 함께 나눈다는 것을 알았다. 자궁 밖에서 들리는 음악 소리도 함께 감상하고, 음식과 향신료에 관한 기호도 엄마와 많이 닮게 되며, 엄마가 사용하는 말의 억양도 공유하고, 장차 태어날 환경에 알맞게 신체를 갖추는 것 등등, 출생 이후의 삶의 조건에 적응하는 데 필요한 온갖 사항을 엄마와 공유한다. 심지어는 배 속에서 엄마의 음주와 흡연, 병리적 성향이나 살기 싫은 마음까지도 공유하기에 출생 이후까지도 그 부작용과 아픔에 맞서 싸울 일이 생기는 것 아니겠는가?

필자의 경험으로는 어린이가 수정란이 되는 상황까지도 기억하는 경우가 있었다. 이 어린이는 아빠의 역사와 아픔이 담긴 정자와 엄마의 역사와 아픔이 담긴 난자가 만나 수정란이 되어 한 생명으로 자라는 자신의 마음에 부모의 아픔이 모두 영향을 끼치는 내용으로 이야기를 엮었다. 그때 필자는 어쩌면 대부분 우리는 부모의 유전자에 강렬한 에피소드가 각인되지 않아 그 기억을 전승하지 못했을 수 있지만, 특별히 잊지 못할 강렬한 기억들은 부모의 유전자에 남아 태아에게 전해질 수도 있겠다고 생각했다.

대부분 임산부는 태아의 정서 발달에 도움이 되리라고 생각하여 태교 음악도 듣고, 태명을 불러가면서 소통도 하고, 동화책도 소리 내어 읽어주곤 한다. 태교의 무게 중심이 청각적 경험과 정서적 경험에 더 많이 쏠리는 느낌이다. 그런데 필자의 경험으로는 배 속에서 엄마와 공유했던 시각적 경험도 놀이에 재현되는 것일까 추측하게 되는 일이 있었다. 예를 들면, 엄마가 임신 당시 자주 찾던 기도 장소의 평화로운 시각적 분위기가 어린이의 놀이에서 표현되기도 하고, 임신 당시 남편에게 상해를 입어 만신창이가 된 엄마의 모습을 실제처럼 기억하는 것 등에서 그런 추측을 한다.

태아를 위해 바람직한 시각적 경험도 중요하다는 사실에 우리네 임산부들이 마음 쓰는 데는 아직 미흡함이 있어 보인다. 그러나 우리의 옛 어른들은 엄마의 시각적 경험까지 태아가 공유한다는 사실을 아주 잘 알았던 것 같다. 그래서 임산부에게 아름다운 풍광과 분위기 밝은 그림은 감상하도록 권유하고 눈에 흉한 장면은 보지 않도록 권유했던 것이다.

인공 임신의 영향은 없을까?

요즘은 환경이 나빠지고 결혼 연령도 높아지는 바람에 불임과 난임 부부가 많아지는 추세다. 또한 그런 추세에 맞춰 인공수정이나 시험관 아기로 자녀를 갖는 일도 늘어나고 있다. 필자의 경험에 비추어 보면, 어린이들이 인공 임신의 어려움을 회고하고 있다는 느낌의 놀이들이 꽤 있었다. 인공 임신에 해당되는 이야기는 아니지만, 가족 계획의 실패로 뜻하지 않게 세상에 태어난 어떤 어린이는 아빠의 피임기구 속에서 고통받은 자기 탄생사를 상징적으로 놀이에 연출하기도 했다.

어린이들의 민감한 감성과 더불어 자신의 생애사를 되돌아보는 뛰어난 능력이 그 후의 인성 전반에 끼치는 많은 영향을 생각하면, 인공 임신으로 태어난 어린이에게는 보약을 먹여 건강한 신체를 길러주듯 인성의 문제가 드러나지 않는다 하더라도 놀이치료 기회를 제공해주는 것이 좋겠다는 생각이다. 설령 인성의 문제를 드러낼 가능성이 있더라도 예방 효과는 기대할 수 있을 것이다.

치료 기간 중의 무력감

무기력했던 어린이가 놀이치료를 만나고 자유로움이 무엇인지 경험하며 자신의 존재감에 눈을 뜨고 나면 한동안은 꽤 살맛 나는 시간이 흐른다. 아침 해가 떠오르면 잠자리에 묻히기보다는 재빨리 일어나 친구들과 어울리고 싶고, 식탁에 앉으면 식욕이 돋아 외면하던 음식에 호기심도 생긴다. 자신이 쓸쓸한 섬에 홀로 갇힌 줄 알았는데 또 다른 별천지가 있다고 손을 내밀어주는 사람이 곁에 다가오는 것처럼 눈에 보이는 모든 것이 새롭다.

그러다가 좋은 시절이 언제였냐는 듯, 치료를 만나기 이전처럼 다시 무력감만 팽배해지는 시간이 또 한참을 흐른다. 해가 떠오르면 이불 속에 숨어들고 싶고, 식탁에 앉아도 입맛은 없고, 외로운 섬에 갇힌 것 같은 서러움이 온몸을 감싸는 듯 으슬으슬 추워진다. 빙판을 오르내리는 듯한 이런 무력감은 대략 다음의 이유로 다시 고개를 든다. 첫째는 오랫동안 마음속에 깊이 잠자고 있던 과거의 여러 아픈 기억이 떠오르는 경우, 둘째는 자기의 존재감이 세상 모두를 휘저을 수 있는 거대한 힘인 줄 알았는데, 안개 걷힌 눈으로 바라본 세상에서 이리저리 부딪히다 보니 결코 세상이 호락호락하지 않은 장애물 천지인 것을 알아차렸기 때문이다.

첫 번째 언급한 무력감은 비유컨대 우리의 신체 기관을 위협하는 병소가 활성화되어 신체 여기저기에 부작용의 신호를 보내는 것과 흡사하다. 병소가 사라지려면 성실히 약을 먹으면서 정신력으로 그 아픔을 이겨야 하듯, 마음의 부작용도 그런 정성으로 걸러내야 한다. 이때의 무력감은 보이지 않던 부작용을 노출하기도 하고, 증상을 더 악화시키기도 하고, 악몽을 부추기기도 한다. 이런 부작용들은 치료 과정에서 노골적으로 표면화되기 쉽고, 주변인 모두가 아픔을 함께 나눠야 하므로, 부모도 치료자도 그 밖의 지인들도 한동안 경각심과 포용이 필요하다.

두 번째 언급한 무력감은 비유컨대 신체 기관을 위협했던 병소가 거의 다 치유되고 신체의 기능을 되찾아 가는 과정과 흡사하다. 만일 교통사고로 의족을 달게 된 어린이가 있다면 마음 같아서는 여기저기 달릴 것 같지만 막상 달려보니 쉽지 않아 좌절하는 마음과 같다. 시원한 빗줄기를 기다리며 가뭄을 이기려 숨죽인 초목처럼, 좌절을 딛고 굳게 일어서서 달릴 수 있을 때까지 훈습하고 충전하는 시간이니 이 무력감을 견디면 앞으로 도약하는 마음의 세력은 진정으로 커질 것이다.

정리 정돈 이끌어주기

놀이치료자들 가운데 정리 정돈의 치료와 교육 효과를 소중히 여기는 이들은 드물다. 오히려 왜 어린이들에게 정리 정돈을 시켜야 하는지 반대 의견을 보이는 치료자들이 더 많다. 그러나 필자는 놀이치료를 마치기 전에 자신이 노느라 벌여놓은 놀잇감의 정돈을 어린이 스스로 하게끔 습관 들여주는 것이 몸과 마음을 가지런하게 다듬고, 책임감을 몸에 배게 하고, 놀이 시간으로부터 현실로 돌아가는 데 필요한 각성 수준을 높여주고, 전인적 성숙에 도움이 된다는 생각이다.

그런데 어린이의 성향이나 상황을 고려하여 정돈을 지도하는 것도 치료자에게 필요한 요령이다. 다음에 몇 가지 고려 사항을 제시해본다.

① 너무 어려서 정돈이 어려운 연령층의 어린이에게는 놀이의 연장인 것처럼 느낄 수 있도록 치료자의 도움과 협력이 필요하다.

② 완벽주의적이거나 강박적 성향이 있어 정돈에 너무 세밀하고 과도한 에너지를 쏟는 어린이에게는 그 성향을 고쳐주기 위해 대충 정돈해도 괜찮다고 알려주면서 지도한다.

③ 놀이실 전체에 놀잇감을 어지럽게 흩어놓고 노는 산만한 어린이에게는 어린이 스스로 통제가 가능한 분량의 놀잇감만 허용하는 것이 바람직하다. 경우에 따라서는 놀이를 마치는 시간에 한꺼번에 정돈하는 것이 힘들 것을 대비하여 중간에 한두 차례 대충은 정돈을 시키는 것이 도움 될 때가 있다.

④ 정돈을 잘하던 어린이도 퇴행 시기에 들어서면 안 하려고 버틸 때가 있다. 이럴 때는 지시를 거스르고 싶은 마음을 수용해주면서 한두 개 정도의 놀잇감은 스스로 치우도록 격려하고 나머지는 치료자가 돕는 것이 바람직하다. 퇴행이 끝나면 많이 성숙해져 정돈도 의례히 스스로 잘한다.

⑤ 시간을 넘겨 놀이실에 더 머무르고 싶을 때는 어린이가 정돈을 안 하려고 버티거나 미루려고 애쓴다. 이런 경우에는 다음 회기에 또 만나서 마음껏 놀 수 있으니 아쉬운 마음을 견뎌보자고 달램과 동시에, 만나고 헤어지는 일에 시간을 잘 지키는 것은 훌륭한 사람이 되는 것의 기본이며 서로를 아끼는 일이라고 설득해서 정돈을 거르지 않게 하는 것이 바람직하다.

치료가 아닌 전인적 성장 개념이 필요하다

한 회기 안에도 워밍업은 필요하다

어떤 일이 본격적으로 진행되려면 워밍업이 필요하다는 것을 우리는 일상생활 곳곳에서 느낀다. 사람들과 친교가 두터워지려면 수차례의 낯익힘이 필요하고, 추운 겨울에 자동차 시동을 걸려면 예열이 될 때까지 기다림이 필요하고, 아름다운 노랫소리를 내려면 몇 차례의 발성 연습이 필요하고, 피겨 스케이팅 선수가 아름다운 동작과 고도의 점프를 수행하기 위해 점점 가속을 붙여 링크를 도는 것처럼 대부분 일들이 그렇다.

놀이치료 한 회기 내 활동에도 워밍업이 필요하다. 특히 성장 작업을 시작한 이후에는 회기 내 워밍업 시간이 꽤 중요하다는 것을 더 느낄 수 있다. 어린이들이 놀이실에 들어섰다 하여 바로 심층 작업이 시작되는 것은 아니기 때문이다. 예를 들어 모래 상자에서 잉태된 자기를 표현하고 싶으면, 먼저 모래의 부드러운 감촉을 즐기고, 비 내리듯 손가락 사이로 흐르게도 해보고, 두꺼비 집도 만들고, 둥글게 무덤을 만들기도 하면서 워밍업의 시간을 갖는다. 그러다가 드라마의 클라이맥스처럼 무덤 위에 꽃을 심거나, 두꺼비 집에 공룡을 눕히거나, 구슬을 원형으로 배치하고 그 중심에 비행기를 배치하는 등의 놀이로 그 회기에 표현하고 싶었던 잉태의 마음을 꾸민다.

놀이치료에서 워밍업은 깊이 숨겨져 있어 평소에는 잘 보이지 않는 과거의 마음을 찾아가기 위해 마음의 문을 열고 안으로 들어가는 것과 같다. 비유컨대, 바람이 잦아들어 물결이 고요히 가라앉은 호수를 바라볼 때 밑바닥이 환하게 들여다보이는 현상과 흡사하다. 평소의 번잡한 마음을 덜어내고 놀잇감을 벗하면서, 다만 그 시각 그 현장에서 마음이 흐르는 대로 문 안으로 더 깊이 들어가다 보면, 오히려 그동안 놓쳤던 담백한 마음이 아주 잘 되살아난다. 여기서 담백한 마음은 변덕스럽고 오염된 마음이 아니라 언제나 진실하고 정의롭고 고요하고 밝은 마음이어서 어린이 자신의 모습을 객관화해 잘 들여다볼 수 있는 능력을 지닌 어린이 마음속 주인공이다. 그렇게 워밍업의 시간이 흐르고 되살아난 담백한 마음이 본격적으로 움직이게 되면, 과거의 갈등이 더 잘 보이게 된다. 더 나아가서는 갈등들을 정화하고 새로운 자신으로 거듭나는 창조적 성장 작업에 몰두하게 된다.

그런데 만일 한 회기의 시간이 짧아 워밍업으로만 시간이 다 채워지면 아마도 본격적인 심층 작업에는 들어가지도 못한 채 집으로 돌아가는 상황이 생길 것이다. 매 회기가 내내 그렇게 흘러간다면, 아무리 회기가 증가해도 치료자에게 하소연하고 싶었던 어린이의 깊은 좌절과 울분은 승화될 기회를 얻지 못할 것이다. 놀이치료 기간이 짧으면 좋지 않은 이유가 바로 여기에 있다.

회기마다 치료의 시작과 끝의 기준은?

부모들은 어린이가 놀이실에 들어가서 놀이해야만 놀이치료가 진행된다고 생각하기 쉽고, 또 놀이실에 들어가는 시각이 놀이치료의 시작이며 놀이실에서 나오는 시각이 치료의 끝이라고 생각하기 쉽다. 어떤 부모는 치료자와 나누는 대화만이 상담이라고 생각하여 놀이조차 하지 말고 치료자와 이야기만 나누도록 권유하기도 한다.

견해에 따라서는 놀이만 하는 것이나 이야기로만 상담하는 것, 문제가 되는 증상이나 행동에 초점을 맞춘 것을 좁은 의미에서 치료 행위라고 정의할 수도 있겠다. 그러나 언어적 대화를 중심으로 정해진 시간에 맞춰 상담을 진행하는 성인의 경우와 달리 어린이는 고려할 여러 상황들이 돌출할 수 있으므로 심리치료의 시작과 끝을 언급하는 데에도 다소 다른 시각이 필요하다.

어린이의 경우 놀이실에 들어가기까지 오랜 시간 뜸을 들이는 경우도 있고, 어린이가 잠에 취해 도착해 정해진 시각보다 늦게 시작하는 경우도 있고, 치료의 본격적 시작 전에 치료자와 놀이실 밖에서 워밍업이 필요할 수도 있고, 물건을 몰래 주머니에 넣고 가려 하거나 집에 안 가려고 버티기 때문에 정해진 시간보다 종료가 늦어질 수도 있다. 때로는 성장 작업의 진행 시기에 따라 어린이가 놀이실에서 잠자기를 원할 수도 있고, 치료자와 음식을 함께 먹기를 원할 수도 있다. 또는 시간 내내 꼼짝 않고 앉아만 있다 가거나, 울기만 하다 가거나, 치료자와 실랑이만 벌이다 가는 경우도 있다. 이렇게 예측이 어려운 다양한 상황을 고려하면, 어린이의 치료 시작과 종료 개념을 좁게 국한하기가 어렵다. 부모의 관점에서는 이런 다양한 상황이 갑자기 생기면 놀이하지 않고 시간만 때우는 것 같아 치료비가 아깝다고 생각할 수도 있다.

어린이의 치료는 성인의 경우처럼 문제 해결에만 목표를 두기 어렵다. 어린이가 치료를 끝낸 이후에도 지속적으로 여러 영역에서 적응을 잘하도록 이끌어야 하기 때문이다. 그러려면 좁은 의미로 생각하기 쉬운 치료 개념을 넓혀 전인적 성장과 발달을 돕기 위한 총체적 고려를 해야 하며, 또 그래야 진실로 치료 효과를 크게 기대할 수 있다.

어린이가 시간 내내 울면 울분과 슬픔에 겨운 그 마음을 수용하고 다독이고 공감하는 치료자의 도움도 치료 행위에 속하고, 치료에 도움이 되는 잠을 원하면 짧은 시간 허용해주는 것도 치료 행위에 들어가며, 꼼짝도 하지 않는 어린이를 신뢰하고 품어주면서 버텨주는 것도 치료 행위에 속한다. 치료자를 만나 눈을 맞추며 웃음과 인사를 나누고 신발과 옷을 가지런히 정리하도록 이끄는 것도 치료 행위이며, 약속보다 빠른 시각에 도착했으면 의젓하게 기다리도록 이끄는 것도 치료 행위이며, 다시 만날 때까지 편안히 잘 지내라고 헤어지는 인사를 나누는 것도 치료 행위다. 그러기에 엄밀히 말하면 치료자를 만나는 순간부터 헤어지는 순간까지 모든 교류가 치료 행위라고 보아야 한다.

단기간 치료에서 아동 중심 치료의 효과

단기간 치료에서 어린이가 주도하도록 놀이를 진행했을 때 과연 얼마만큼 효과를 거둘 수 있을지 많은 치료자들이 궁금해한다. 필자도 초보 치료자였을 때는 치료자가 이끌어 가는 방식을 많이 써봤고 눈에 보이는 효과를 확인할 수 있어 치료적 역량에 안심하곤 했다. 그러나 경험이 쌓여 가면서 생각이 많이 달라졌다. 치료자가 주도했을 때는 치료자가 원하는 것을 졸렬하게 얻은 것이지, 어린이 스스로 필요한 것을 얻고 만족해하는 것과는 차원이 다른 일임을 깨달은 것이다. 비유컨대, 설탕물을 주어 딸기의 당도를 더 높이고 수국이 푸른색 꽃잎을 피우도록 잉크색 물을 주는 것은 농업기술자가 인위적으로 조작할 수 있을 것이다. 하지만 감히 사람이 흉내 낼 수도 없고 조작할 수도 없는 본연의 깊은 아름다움과 향미를 뽐내기 위해 알아서 물을 찾고 햇볕을 쬐고 양분을 빨아들이는 딸기나 수국 자체의 능력을 넘어설 수는 없다.

놀이치료에도 같은 논리를 적용할 수 있다. 자신이 지닌 무한한 가능성의 성장 잠재력에 따라 그 능력을 알아서 발휘하고 성숙해 나가는 어린이의 자연스러운 역량을 어떻게 치료자가 인위적으로 대신할 수 있겠는가. 노련한 치료자가 아무리 유능하고 훌륭하다 하더라도, 그에 비해 자연스럽게 알아서 성장해 가도록 자기를 조율하고 재건하는 어린이의 능력이 아무리 미숙하다 하더라도, 전자가 후자를 능가할 수는 없다. 물론 때때로 자기의 힘이 극단적으로 소진되어 깊은 무력감에 젖은 어린이들이 성장해 나가도록 자극을 주기 위해서는 치료자가 어린이의 잠재력과 창의력을 가로막지 않는 수준에서 촉진적 역할을 해주는 게 나름대로 도움이 된다.

어린이들이 스스로 성장해 나갈 수 있는 능력을 어른들 중심의 식견으로 덩치와 경험만 놓고 보아 소홀히 여겨서는 안 된다. 어린이들은 자신에게 주어진 시간에 맞춰 자신들의 성장 목표에 도달하도록 그 내용을 아주 뛰어나게 설계한다. 이를 비유하자면 키가 자라도록 감자 열 개를 먹어야 하는데 먹는 시간이 10분만 주어진다면 1분에 한 개를 먹도록 설계하고, 20분의 시간이 주어진다면 2분에 한 개를 먹게끔 설계하는 능력이 있다. 또한 100점짜리 자기가 되지 못했을 때는 반복해서 노력하여 100점짜리 자기가 되도록 기회를 찾는 능력이 있다. 그러므로 놀이치료에서도 치료자가 주도하는 것보다 어린이의 잠재력을 믿고 맡기는 것이 도리어 어린이를 가장 잘 돕는 일일 수 있다.

여러 회기의 치료가 필요하지만 사정상 짧은 회기로 종료할 수밖에 없는 경우가 있다. 그럴 경우 어린이들은 지정된 회기 동안 위에 언급한 감자 비유에서처럼 자신의 내적 성장을 알맞게 조율하고 종료하는 능력을 보인다. 이런 경우에는 종료할 때 마치 다음 단계의 새로운 출발을 위해 전 단계의 과업에 마침표를 찍듯 마음을 정리하는 태도로 임한다. 만약 다음 기회를 얻어 치료를 다시 시작하면, 초등 교과 과정을 심화한 중등 교과 과정에 올라 선 듯 새로운 마음가짐으로 성장 작업을 이어 간다. 이런 경향을 새겨볼 때 치료자의 역할은 다만 공감적 행동으로 어린이의 성장 분위기를 조성해주는 것으로 충분하다.

주목해야 할 어린이의 언어 표현

일반적으로 어린이의 언어 사용은 일상생활에서나 놀이실에서나 별로 차이가 없다. 그러나 때로는 성장 작업이 진행되면서 어린이의 언어 사용이 달라지는 것을 발견할 수 있다. 따라서 치료자는 만남 초기에 드러나는 어린이의 언어 표현을 눈여겨볼 필요가 있다.

어린이의 화법을 보면 여러 측면을 진단할 수 있다. 어휘의 유창성, 언어 이해력, 상대방과의 소통 능력, 관심 영역, 자기중심적 성향 등등 언어 및 인지 능력 전반에 걸친 잠재력과 정서적 색조, 사회적 적응 능력, 병리적 문제를 전반적으로 드러낸다.

치료 과정에서 보이는 변화에서 치료자가 주목해야 하는 경우들을 몇 가지 살펴보면 다음과 같다.

1. 사용하는 어휘의 개념이 보편적인지 자기중심화된 개념인지

에 따라 어린이의 병리적 측면을 가늠할 수 있다. 만일 어떤 어린이가 생활 연령 발달 수준과 맞지 않게 자동차의 주유 계기판이나 수도 계량기를 보고도 시계라고 한다면 이 어린이의 일상적 관심은 기계에 쏠려 있는 반면 시간 관념이나 사회적 소통은 취약하리라는 추론이 가능하다. 그러나 치료 작업이 진행되면 자기중심화된 개념의 어휘는 많이 사라지게 된다.

2. 들릴 듯 말 듯 혼자 하는 말인지 상대방에게 들으라고 하는 말인지가 불분명하거나, 또는 말끝이 흐려져서 말이 명확하게 전달되지 않는 경우에는 그 어린이의 자존감이나 사회적 적응 능력이 낮을 가능성이 높다. 일반적으로 낮고 작은 소리로 혼자 하는 말이 많은 경우에는 상대방이 자신의 말을 경청해준 경험이 적고, 비난을 많이 받았거나 대화 상대 없이 외롭게 자라서, 자존감과 자신감이 낮고 타인과의 어울림에서 소외된 상태일 가능성이 높다. 그러나 치료 작업이 진행되면 점차 목소리가 커지고 또렷한 발음으로 상대방과 눈을 맞추며 활발하게 소통하는 모습으로 바뀐다.

3. 상대방의 긴 말은 잘 듣고 이해하지만, 정작 자신의 생각을 길게 표현할 때는 말의 순서가 가지런하지 못하고 뒤죽박죽 엉키는 경우가 있다. 이런 경우에는, 첫째로 어린이의 정보 처리 능력 가운데 정보를 순차적으로 처리하는 능력이 취약하다고 추정할 수 있으며, 둘째로 어린이가 타인과의 소통에서 말하기보다는

듣는 위치에 있는 경우가 많았거나 자신이 아는 것을 말로 표현할 기회를 별로 얻지 못했을 수 있다. 치료자의 일관된 경청은 이런 취약성을 호전시키는 데 매우 긍정적이다.

4. 글로 쓰면 풍부한 상식과 어휘력, 논리 정연한 전개가 드러나는데, 말로 할 때는 표현이 미숙한 경우가 있다. 이런 경우에도 낮은 자긍심과 사회적 위축, 소통 기회의 부족을 생각해볼 수 있다. 물론 치료 작업을 거치면 호전될 가능성이 높아진다.

5. 소통을 하는 어조에 감정이 전혀 들어가 있지 않고 책을 읽듯이 무미건조한 경우에는, 정서적으로 경직된 가정 분위기와 훈육의 가능성, 인간에 대한 불신, 높은 방어벽으로 사람들과 교감을 차단하며 자라 온 어린이일 가능성이 높다. 이런 경우 치료자의 애정 어린 태도와 진심이 매우 중요하다.

6. 눈을 맞추지 않으면서 답을 들으려는 것도 아니면서 같은 질문을 반복해서 던지는 경우, 또는 놀이치료 시간 내내 계속 시간을 묻는 경우가 있다. 이런 행동은 어린이의 불안이 매우 높다는 신호이며, 반복되는 질문이 도리어 어린이에게 안전 기지 노릇을 해주는 모순적인 경우라서 어린이가 치료자에게 안심하기까지 많은 시간이 필요하다. 무의미한 듯 여겨지는 반복 질문에 치료자가 지칠 수도 있지만 그렇더라도 충실히 답해주는 인내력이 필요하다. 치료가 진행되며 이런 모습은 결국 사라진다.

7. 치료를 의뢰받는 어린이 가운데 어리광 부리는 말투를 사용하는 경우가 꽤 있다. 대부분 어린 시절 엄마와 애착 경험이 모자랐거나, 동생 출생 이후 부모의 애정에 대한 상처가 컸거나, 자율성 훈련 시기에 적절한 훈육이 모자라 의존성이 남아 있거나, 타인의 애정을 간절히 원하는 어린이에게서 많이 나타나는 현상이다. 치료자를 징검다리 삼아 엄마와 애정 교류를 재건하면 거의 해결이 가능한 문제다.

8. 자신에 대해서는 허세를 부리거나 과시하며 과장된 언어를 사용하고, 치료자에게는 까칠하고도 무시하는 듯한 모욕적인 말을 아무렇지 않게 사용하는 어린이가 있다. 이런 행동은 아마도 자신의 열등감을 보상하려는 행동으로 여겨도 거의 오류가 없을 것이다. 어쩌면 조울의 편차가 큰 성향의 조증 상태일 때 보이는 행동일 수도 있고, 자기애 성향의 반영일 수도 있으므로 치료자는 그런 언행에 자극받아 감정의 동요를 일으키지 않도록 매우 주의해야 한다.

9. 말끝마다 욕설이 입에 붙은 어린이도 있다. 마음속에 적개심과 울분, 슬픔과 좌절과 불만이 가득 쌓여 있고, 그런 마음의 출구를 욕설로 삼았는데, 그 욕설이 반복적으로 대뇌에 입력돼 자동화되었다는 신호다. 치료 기간 동안 승화된 통로로 긍정적 정서가 고양되어야 부정적 감정이 사라질 것이며, 마음이 평온을 되찾아야 욕설이 자동화된 대뇌도 소거하는 방향으로 나아갈 수 있을 것

이다.

10. 인간과 접촉하거나 정서적 표현은 미숙하면서 자신의 관심이 집중된 특정 분야의 지식을, 걸어 다니는 사전처럼 자랑하는 어린이도 있다. 아스퍼거 증후군이라고 여겨지는 어린이에게서 많이 발견되는 현상이다. 주변 사람들이 기대한 만큼 사회적 관계나 정서적 교류가 호전되는 데 시간이 꽤 걸리기 때문에 치료자의 인내가 필요하다.

11. 어린이가 가끔씩 던지는 한마디에 여러 겹의 메시지가 담겨 있을 수 있다. 예를 들어, "내가 '똘아이' 맞아요?"라는 한마디를 던졌다면, 그 속에는 다음과 같은 메시지들이 담겨 있다. 이를테면, 선생님마저도 정말 나를 '똘아이'로 여기느냐는 의구심, 나는 또래로부터 많은 오해를 받고 있다는 하소연, 부모나 선생님에게서 인정받지 못하는 아픔이 크다는 하소연, '정말로 나는 구제 불능인가요?' 하는 좌절감 따위다. 또 "갇혔어요."라는 한마디를 불쑥 던졌다면, 어린이가 반복적으로 처했던 상황이거나 외상 경험이 컸던 에피소드와 관련이 있을 수 있다. 부모의 학대로 구석방에 자주 갇혔거나, 또래에게 놀림받아 화장실에 갇혔거나, 엘리베이터에 갇힌 경험이 있을 수 있다. 그리고 갇혔던 아픔이 어린이의 마음과 뇌리에 오래 남아 있으며, '지금 나는 선생님의 위로가 많이 필요해요.'라는 메시지를 보내는 것일 수도 있다.

또 어떤 어린이가 또래에게 "나 너랑 안 놀 거야."라고 했다면 우리는 그 말 속에 담긴 메시지에 어떤 의미가 있다고 추정할 수 있을까? 아마도 대략 다음과 같은 다중의 의미가 함축되어 있음을 생각해볼 수 있겠다. 이기심이 생겼다는 뜻일 수도 있고, 사회적 관계에 눈을 떴다는 뜻일 수도 있고, 또 사람들과 어울림에서 마찰이 없으려면 서로 마음에 드는 행동을 해야 한다는 것을 알았다는 뜻도 있고 동시에 상대가 되는 또래에게 바람직한 행동을 유도한다는 의미도 있을 것이다. 이와 같은 예에서 보듯, 치료자에게는 어린이의 의미 있는 한마디를 놓치지 않도록 민감하고 예리한 감수성을 장착한 안테나가 필요하다.

12. 때때로 사회적 접촉에 위축된 어린이가, 일인 다역의 연극을 하듯이 화용 언어를 정확히 구사하면서도 상대 없이 혼자 읊조릴 때가 있다. 이런 경우는 대부분 어떤 상대와 마주치더라도 용기 내어 자신 있게 말하게끔 스스로 훈습하는 것이다.

13. 초기 만남에서 보여주는 어린이의 화법이 미숙했더라도 치료 종료에 다가가면 어린이의 화법이 치료자를 많이 닮아 있는 것을 볼 수 있다. 예를 들면, 냉소적이고 깐죽거리는 화법에서 따뜻하고 우호적인 화법으로 바뀐다던가, 명령조의 화법에서 상대방의 의견을 묻거나 제안하는 화법으로 바뀌기도 한다.

14. 치료자가 주목해야 할 경우가 있다. 즉, 만남 초기에 어린이가 치료자의 물음에 대답을 안하거나 반응이 없으면, 치료자를 무

시하거나 말을 안 듣는 어린이로 여겨질 수도 있지만, 말을 잘 못하거나 또는 상호 교감이나 사회적 소통이 안 되는 어린이일 가능성도 생각해봐야 한다. 어쩌면 가정에서도 거의 엄마의 일방적 소통이었거나, 또는 성급한 엄마가 잔소리를 많이 해서 엄마 말에서 소통의 의미는 사라진 채 어린이가 과보호 상태에 놓여 있었을 수도 있다. 이는 치료자와 접촉하면서 개선이 필요한 상황이다.

부모 심층 상담은 언제 시작하는 것이 좋을까?

어린이의 성장과 발달은 부모의 영향을 크게 받기 때문에 놀이치료에서도 부모 상담이 필요할 때가 아주 많다. 최근 자녀의 이해와 양육에 도움을 주는 안내 및 코칭이 많이 발전했지만, 치료자가 좀 더 전문적인 심층 상담까지 감당해야 하는 상황도 생긴다. 사회 변화에 따른 결과겠지만 요즘 부모들은 자녀들의 문제에 대한 인식도 빈약하고, 그 문제에 대처하는 데도 미숙하며, 문제가 해결되기까지 기다리는데도 초조해하고 조급함을 드러낸다.

부모들의 미숙함이 증가하는 이유는 아마도 ① 핵가족에서 성장했기 때문에 여러 세대가 어울려 사는 삶에서 배우는 지혜로운 육아법을 물려받기 어려웠고, ② 학업 성취나 고소득 직업을 인생의 행복과 승부에 결부하는 가치관을 주입받았기 때문에 바람직한 인성 함양에 대한 고찰이 모자라며, ③ 형제자매가 적거나 외동으로 자란 까닭에 이기심은 발달한 반면 타인에 대한 배려와 타협이 어려워 인간관계의 복잡함과 마주하기 힘들어하며, ④ 패스트푸드, 인터넷 구매, 모바일 정보 교류 등이 일상이 되어, 수고의 값어치가 얼마나 크고 소중한지를 모르는 채 충동성은 자극되고 좌절을 견디며 의지를 굳건히 다지는 힘을 기르지 못한 때문인 것 같다.

또한 그렇게 성장한 부모 슬하의 요즘 어린이들은 아무래도 그 영향으로 충동 조절이 어렵고, 열의와 성실함이 왜 인생에서 중요한 가치인지를 생각하지 않으며, 공부를 잘하는 친구를 미워하고, 외모가 출중한 또래를 따돌리고, 실수로 조그만 상처를 입어도 폭력으로 신고해야 직성이 풀리고, 사이버 공간을 삶의 무대에 가깝게 두고 살면서 현실과 가상의 경계를 잘 구별하지 못하는 것 같다.

실제로 현장에서 심리 검사를 해보면 요즘 어린이들은 과거와 매우 다른 결과를 보여준다. 중요한 차이를 대략 열거하면, 전반적으로 균형이 깨진 발달을 보여주는데, ① 문화 혜택이나 교육적 자극의 영향을 받는 지능은 과거에 비해 많이 상승한 반면, ② 인성 측면에서는 인내력과 투지가 모자라고, 불안정하고, 공격적이며, 산만하고 충동적인 성향이 짙어졌으며, ③ 사회적 적응의 측면에서는 사회적 고립의 문제가 심각해진 한편 복잡한 상황에서의 문제 해결 능력, 타인에게 공감하는 능력, 사회적으로 소통하고 원만하게 교류하는 능력이 많이 떨어진다. ④ 이에 덧붙여 사이버 문화에 익숙해진 까닭에 현실 감각이 매우 낮기도 하다. 아마도 인터넷 또는 모바일 공간에 전개되는 동영상 속 공간이 눈으로 직시하는 실제의 우리네 삶의 공간과 똑같은 데 반하여, 그 속에 등장하는 가상의 캐릭터들은 시간과 공간에 얽매이지 않고 종횡무진 누비며 영웅 놀이를 하는 게임 프로그램 등에 젖어 있기 때문인 것 같다. 어쩌면 예전 어린이들이 동화나 만화를 읽으면서 정서를 순화하고 상상력을 키웠듯, 요즘 어린이들도 모바일 속 현실 공간이 아닌 가상의 만화 그림을 배경으로 삶을 엮어 가는 고운 성품의 주인공들과 자주 만난다면, 어린이들의 현실 감각에 대한 우려가 훨씬 줄어들지도 모르겠다.

위에서 살펴본 바와 같이 미숙하고 취약한 면이 많은 부모 밑에서 자라는 요즘 어린이들의 문제는 그 해결 또한 과거보다 훨씬 더 어렵고 복잡해졌다. 그래서 치료 기간이 더 길어졌으며, 어린이는 물론 부모를 만나는 치료자는 훨씬 더 숙련되고 깊은 전문성을 갖춰야 한다. 그런데 어린이는 성정이 완고하게 굳어진 상황이 아니고 유연성이나 가역성 등이 발휘될 수 있는 상태에 있기 때문에 치료자가 정성을 기울이면 변화를 기대할 수 있지만, 부모 상담의 경우는 그 변화에 개인차가 크다. 어떤 경우에는 부모의 변화를 기대하는 데 치료자의 인내력이 필요하고 시간이 꽤 많이 걸리기도 한다. 그리하여 자녀를 지도하는 지침 관련 상담에서는 부모 상담 시기를 선택하는 데 특별히 고려할 사항이 없지만, 부모 개인사를 둘러싼 심층 상담이 필요한 경우에는 상담 시기를 잘 고려해서 선택해야 한다.

그러면 올바른 훈육에 관한 조언을 넘어서 어린이의 치료 효과를 촉진할 수 있도록 돕는 부모 심층 상담은 언제 시작하는 것이 좋을까? 필자의 경험으로는 부모 상담이 급하지 않은 경우라면 어린이가 심리치료 과정에서 퇴행의 시기를 건너고 사회적 재적응의 준비가 갖춰진 시기에 시작하는 것이 좋다. 그 까닭은 어린이와 부모 상담을 동시에 시작하는 경우, 어린이의 치료적 퇴행 시기와 부모의 치료적 퇴행 시기가 겹칠 우려가 크기 때문이다. 만일 부모와 어린이의 퇴행 시기가 겹치면 부모의 마음이 어린이의 퇴행을 인내하고 수용하기 어려워질 수 있다. 어린이 치료 과정에서 볼 수 있는 것과 마찬가지로 부모 상담에서도 억압되어 있던 어린 시절 울분이 절제하기 어려워지면, 어린이를 대하는 시각과 태도에서도 옹졸함이 드러난다. 그러나 필자가 경험한 바로는 어린이의 치료가 무르익어 재적응 단계에 이르게 되면, 오히려 어린이들이 여유로운 마음으로 옹졸하게 구는 부모의 어려움을 이해하고 위로해준다.

때로는 부모도 어린이도 극심한 불안에 시달리고 있어 부모 상담과 어린이의 심리치료를 동시에 시작해야 하는 경우가 있다. 그럴 때는 치료자가 역량을 발휘하여 둘의 퇴행이 겹치지 않도록 부모 상담의 완급을 조절해줘야 한다. 예를 들면 부모 상담에서 그네들의 긍정적 변화를 보여주는 초기 효과가 나타나면, 퇴행의 시기를 늦추도록 부모 상담의 면담 횟수를 느슨하게 조절하는 방법 등이다. 드물기는 하지만 그 반대로 부모가 아닌 어린이의 치료 회기를 느슨하게 조절하여 퇴행이 겹치지 않게 해보는 방법도 있다.

어린이의 퇴행을 감당해야 하는 치료자의 수용도 결코 가볍거나 쉬운 일은 아니다. 그렇지만 필요해서 시작하는 부모 상담과 퇴행도 결코 소홀히 넘겨서는 안 된다. 그래서 이 시대 치료자는 부모 퇴행을 감당할 만한 역량을 수시로 점검해야 한다.

엄마와 함께하는 놀이치료

엄마의 자리

엄마도 엄마이기 전에 한 개인으로 존중받는 자리를 온전히 차지할 권리가 있다. 그 자리는 엄마라서 자녀에게 모든 것을 걸거나 희생할 자리도 아니고, 주부라서 모든 것을 가사에 바쳐야 하는 자리도 아니다. 아내라서 남편을 위해 모든 것을 뒷바라지하는 자리도 아니며, 며느리라서 순종을 강요받는 자리도 아니다. 그러나 여러 역할을 주문받는 그 자리를 잘 지키려면 시의적절한 판단을 잃지 않으면서 역할을 전환하는 스위치를 잘 돌려야 하는 현명함이 필요하다. 그런데 여러 역할을 수행하는 그 자리에서 우리가 결코 놓쳐서는 안 되는 것이 있다. 바로 엄마가 엄마 노릇을 잘해야 하는 엄마의 자리다.

엄마들이 착각하기 쉬운 일 가운데 하나는 '자아 실현'을 위해 엄마의 자리를 지키는 데 소홀해지는 것이다. 엄마 자리를 지켜야 하는 엄마에게는 엄마다운 역할 수행에 철저해야 하는 결정적 시기가 있다. 만일 그 결정적 시기에 엄마의 자리에 자칫 빈틈이 생기면 자녀가 그릇되기 쉽고, 자녀의 그릇됨이 눈덩이처럼 불어나면 뒷날에 자녀를 잃을 뿐 아니라 엄마의 인생 모두를 잃는 안타까운 일이 생길 수도 있다. 말할 것도 없이 엄마의 자리를 충실히 지켜야 하는 결정적 시기는 대략 자녀들의 나이가 열 살이 될 때까지다. 그 이후의 자녀들은 엄마의 자리가 비어도 스스로 문제없이 어른이 되어 갈 수 있기 때문이다.

요즘 같은 세태에서는 엄마의 자아 실현 욕구가 크거나 사회적 변화에 따른 압력이 커지면서 엄마가 지키고 싶은 엄마의 자리를 자신의 뜻과 달리 잃어버리기가 쉽다. 그렇더라도 엄마 노릇의 결정적 시기는 한번 지나가면 다시 오지 않고 또한 그 시기의 손실은 뒷날 보상하기 어렵다는 것을 깊이 새겨 온 가족의 도움을 받아서라도 잘 지나가도록 마음 써야 한다.

엄마에 대한 향수

엄마들은 정성을 다하여 자녀를 기른다고 하지만, 자녀들은 섭섭하게도 엄마의 정성이 스며든 기억보다 원망스러운 기억을 더 많이 떠올린다. 그래도 여러 가지 일화 중에서 엄마의 사랑이 진하게 느껴졌던 밥상, 엄마의 손길로 이마를 스쳐 매만지거나 다듬어 주는 머리 손질, 엄마 또는 가족과 함께 경험했던 특별했던 나들이 등은 대체로 좋은 추억으로 남아 있을 것이다. 특히 엄마가 차려준 저녁 밥상과 엄마가 해준 머리 손질은 엄마의 사랑과 손길이 짙게 배어 있어 엄마에 대해 짙은 그리움을 자극하는 추억이 되기에 아주 알맞다. 또 엄마나 가족이 함께한 특별한 나들이는 가족의 응집력을 기반으로 한 추억이므로 어른이 되었을 때 경험하는 외로움을 이기는 데도 충분히 도움이 된다.

기분 좋은 하루였든 그렇지 못한 하루였든 누구나 하루를 마치고 둥지를 찾는 저녁 시간이면 피로를 풀고 위로를 얻고 싶어진다. 그래서 몸으로도 마음으로도 배가 고파진다. 이런 배고픔에 제일가는 위로는 무엇과 비교할 수 없이 자신을 기다리는 엄마와 엄마의 저녁 밥상일 것이다. 아마도 대부분 우리는, 다른 무엇보다 가족의 건강과 식생활을 우선으로 생각하여 정성을 가득 담아 엄마가 차려준 밥상, 그리고 맛나는 냄새와 따뜻하게 김이 오르는 음식을 보며 하루의 피로를 잊는다. 엄마의 밥상 이상으로 훈훈함을 느끼는 일은 찾기 어려울 것이며, 마음의 아픔을 지닌 사람일수록 더욱 그럴 것이다. 엄마의 밥상은 우리가 살아가는 원천적 힘과 위로의 샘이며, 우리가 살아야 하는 이유의 바탕이기도 하다. 따라서 치료 기간 동안 엄마 상담에서는, 특히 일을 하기 때문에 밥상에 소홀해지기 쉬운 엄마에게는 더욱, 어린이로 하여금 엄마에 대한 향수를 달래는 동시에 좋은 추억을 만들어줄 수 있는 것이 사랑이 담긴 엄마의 밥상임을 잊지 말도록 조언해야 한다. 마음처럼 충실한 밥상을 차려줄 여건이 어려워도 그렇게 하려고 노력하는 엄마의 모습만이라도 보고 자라는 어린이라면 엄마에 대한 향수를 지닐 수 있는 것만으로도 행복할 것이다.

우리에게 머리카락은 존재감과 성애의 표상으로서 애착을 갖게 하는 신체의 일부다. 좀 더 구체적으로 그 함의를 언급하면, 성 정체감을 확인하는 통로이며, 성애의 유능감을 느낄 수 있는 통로이며, 이성의 관심을 자랑스럽게 끌어당기는 성적 매력의 지점이며, 사랑의 교감이 이루어지는 통로이기도 하다. 그런 설명이 가능한 근거는 여러 곳에서 찾아볼 수 있다. 이를테면, 어린이나 어른이나 여성은 머리카락을 길게 늘어뜨려 좀 더 자랑스러운 여성 정체감을 느끼고 싶어 한다. 여자 어린이들이 화려한 레이스와 리본으로 장식된 긴 드레스를 입고 머리를 길게 늘어뜨린 여성상을 많이 그리는 것이나, 동화 속 여주인공인 라푼젤의 머리가 긴 것도 머리카락이 지니는 함의를 반영한 것일 수 있다. 남성의 경우도 어린이나 어른이나 대체로 머리를 자르는 것을 달가워하지 않는다. 머리카락의 손상에서 남성 정체감의 손상을 느끼기 때문일 것이다. 삼손이 델릴라에게 머리카락이 잘린 뒤 강력했던 힘을 잃는 구약성경 속 이야기를 생각하면 이해가 쉽다. 마찬가지로 남성적 성애를 억제하는 방편으로 우리 주변의 군인들이나 죄수들이나 승려들이 삭발하는 것을 보면 머리카락이 존재감과 성애의 의미를 지녔다는 사실을 이해하기 쉬울 것이다. 여성이나 남성이나 얼굴의 표정 못지않게 머리 모양에 많은 관심을 기울이는 것도 사실 존재감이나 성애를 느끼는 데 머리카락이 중요한 의미를 지니고 있기 때문일 것이다.

엄마가 자녀의 머리를 매만질 때는 머리카락이 엄마와 자녀 두 존재를 하나의 존재로 엮어주는 역할을 한다. 자녀의 머리에 닿는 엄마의 손길은 마치 자궁에서 탯줄을 통해 엄마와 하나로 이어지는 것과 같은 느낌을 주며, 또한 엄마의 젖꼭지를 통해 엄마와 아기가 하나가 되는 듯한 느낌도 받게 한다. 따라서 엄마를 상담할 때 치료자는 엄마와 자녀의 교감을 증진하는 방법으로 엄마가 어린이의 머리 손질에 정성을 기울이는 일이 매우 의미 있는 일임을 조언해주는 것이 좋다.

엄마 또는 가족들과 함께하는 나들이는 핏줄로 이어지는 정을 더 두텁게 해주고, 바깥세상에 품는 호기심과 동경을 해결해주며, 폭넓은 경험을 해볼 수 있다는 측면에서 매우 중요한 의미가 있다. 아마도 그래서 나들이는 더욱 더 인상 깊은 추억을 남겨주는 것인지도 모른다. 그러므로 엄마 상담에서 치료자는 치료 기관에 오가는 시간을 자녀에게 좋은 추억을 남기는 데이트 시간으로 삼도록 조언하는 일이 필요하다. 엄마가 맞벌이를 했거나 어린이가 엄마와 떨어져 자란 경우에는 특히 더 그렇다. 자가용이 아닌 대중교통 수단을 이용한다면, 어린이들은 그동안 이야기를 나눌 시간이 없어 쌓이고 밀린 이야기를 엄마와 눈을 맞추며 오순도순 나눌 수도 있고, 오가는 도중 음식점에 들러 먹고 싶었던 음식을 먹으며 포만의 기쁨도 누릴 수가 있다. 그뿐 아니라 걷는 불편이 따르더라도 수고로움을 이기는 힘을 기르는 데도 도움이 된다. 그러면 치료 기관으로 가는 나들이를 설레며 기다리게 되고 미래의 어느 순간에는 엄마에 대한 향수에 양념이 될 것이다.

덧붙이자면, 엄마에 대한 향수는 비단 모자 관계에서 엄마에게만 해당되는 것이 아니다. 우리 존재의 의문을 달래줄 수 있는 더 큰 어머니인 대지와 우주에 대한 향수이기도 하고, 크기를 알 수 없는 마음의 본향에 대한 그리움을 달래는 일이기도 하다.

어린이가 밝히고 싶어 하지 않는 것을 밝혀야 할 때

때때로 자존심이 강한 어린이 가운데에는 부모 상담 시간에 자신의 약점을 엄마가 치료자에게 밝히지 않기를 원하거나, 또는 치료 시간 동안에 일어났던 불미스러운 일들을 치료자가 엄마에게 밝히지 않기를 원하는 경우가 있다. 예를 들면, 폭력 문제 때문에 학교에서 전학을 권유받았다든지, 또래의 물건을 훔친 일로 상황이 복잡하게 꼬였다든지, 집에서 아빠에게 호된 꾸지람을 들었다든지 하는 일 등이다.

그러나 때로는 문제를 원만하게 해결하려면 어린이의 바람을 깨고서라도 비밀을 밝혀야 하는 경우가 생긴다. 그럴 때는 반드시 엄마와 치료자가 서로 비밀을 밝힐 것이라는 점을 어린이에게 예고해줘야 한다. 그리고 그것은 결국 어린이 자신을 위하는 노력이라는 점도 강조해 둬야 한다.

핸디캡을 지닌 어린이와 그 부모의 고통

대부분 우리는 핸디캡을 지닌 어린이의 고통이 크다는 사실을 잘 안다. 그러나 머리로만 알 뿐 그네들의 고통을 그네들처럼 느낄 수 있는 사람은 거의 없다. 설령 엄마라 해도 자녀의 고통을 똑같이 느끼지는 못한다. 또한 우리는 대부분 핸디캡이 있는 어린이를 기르는 엄마의 고통이 크다는 사실을 잘 안다. 그러나 머리로만 알 뿐 엄마들의 고통이 얼마나 뼛속 깊이 스며들어 아픈지 그네들처럼 느끼지 못한다.

이런 상황을 보고 느끼는 치료자들도 역시 어린이의 아픔과 부모의 아픔을 똑같이 느껴주지 못해 참으로 안타깝기 이를 데 없다. 가끔씩 부모의 아픔을 가까이 느끼고 위로해주려 애쓰면서도 치료자의 마음이 더 무겁고 아파지는 때가 있다. 바로 부모 상담이 진행되는 동안인데도 여전히, 자녀의 고통을 충분히 알면서도 부모 자신의 고통을 덜어내려 애쓰는 가운데 빚어지는, 자녀에 대한 압력과 비난이 좀처럼 가벼워지지 않을 때다.

때로는 고통이 큰 자녀를 기르는 엄마 가운데는 자신의 모든 것을 희생해 가며 최선을 다하는 엄마가 있다. 그런데 만일 그 최선과 희생이 명예로운 결과로 이어지기를 바라는 엄마의 욕심이 붙어 다그치는 색조를 띠는 것이라면, 엄마가 겪고 느끼는 고통에 충분한 보상이 될까? 또 다그침을 받는 어린이의 고통에도 순수한 의미의 보상이 되는 것일까? 필자는 가끔 그런 일들에 관해 여러 생각을 하게 된다. 그리고 혼자 읊조린다. "세상의 어머니들이여! 자녀를 잘 기르려 하지 마세요. 거기엔 욕심이 붙기 쉬워요. 다만 건강하게 자라기를 발원하고 뒷바라지해보세요. 거기엔 사랑이 붙어 좋은 결과가 저절로 따라올 것입니다. 건강한 모습으로 자라도록 뒷바라지할 때의 엄마가 가장 아름답고 가장 존경스럽고 가장 자녀를 잘 기르는 훌륭한 엄마이며, 엄마 노릇에 가장 충실한 엄마입니다!"

만다라의 유용성

치료자들이 부모 상담을 하거나 코치가 필요할 때 그 효과를 높이기 위해 적용하는 방법이 여러 가지 있다. 예를 들면, 면담 시간을 따로 내는 방법, 그리고 가정에서 일어났던 여러 가지 에피소드나 해결이 어려워 엄마를 가장 당황스럽게 했던 에피소드 등을 중심으로 해 일기를 적어 오게 하거나 어린이의 치료 시간에 기록하게 하는 방법, 찍어 온 동영상을 점검하고 지도하는 방법, 또 어린이의 치료 시간에 엄마가 합류하여 놀게 하고 귀가 전 점검 시간을 내어 효율적인 소통 방법이나 관계 맺기 등을 코치하는 방법 등이다.

때로는 엄마의 심층 상담이 꼭 필요한데도 경제적 여유가 없거나 엄마가 마음의 준비가 부족하여 상담이 여의치 않을 때가 있다. 이런 경우 필자가 자주 사용하는 방법이 있는데 꽤 유용해 소개해본다. 이른바 만다라 기법이다.

엄마들이 익숙해질 때까지 처음 시작은 만다라 도형을 주고 색칠하도록 권유하는 방법이다. 그리고 색칠한 도형을 보면서 떠오르는 느낌이나 단어 또는 에피소드 등을 적도록 한다. 마음이 안정되지 않은 엄마들은 간단한 도형 색칠도 마치지 못하는 경우가 있다. 마찬가지로 그림에 대한 느낌이나 연상되는 단어를 적는 것도 힘들어한다. 그러므로 간단한 도형에서 시작하여 엄마가 안정되면 복잡한 도형으로 옮아가도록 한다.

색칠 또는 연상 단어에 안정성이 나타남과 동시에 심층적 의미가 담기는 듯 여겨지면 원 안에 그려진 도형을 제시하지 않고 엄마 스스로 떠오르는 대로 자유롭게 그림을 그리도록 권유한다. 마찬가지로 도형을 제시했을 때처럼 연상되는 단어와 에피소드를 적어보게 한다. 그러면 굳이 상담을 진행하지 않더라도 어린이의 치료 과정과 똑같이 엄마의 성장 작업이 진행된다. 경우에 따라서는 어린이의 성장 작업의 발달 진행과 일치하기도 한다. 예를 들어, 어린이가 태아기를 지나면 엄마도 어린이의 임신 시기 또는 엄마 자신의 태아 시기를 회고한다.

치료자가 만다라 도형을 제시할 때는 그림과 색연필을 주면서 다음과 같이 안내한다. 색연필은 색채가 주는 심리적 효과를 기대할 수 있고, 재질이 부드러우며, 어린 시절의 회고를 자극한다는 점에서 좋다. 그리고 다음과 같은 안내를 해준다. "어린이를 기다리는 동안 제가 드리는 이 그림을 색칠해보세요. 아무 생각 없이 색칠만 하면 됩니다. 색칠하는 동안 번잡했던 마음이 어머니 자신도 모르게 치유될 수도 있고 전인적인 성숙 효과도 기대할 수 있습니다. 만일 이 시간에 완성하지 못하면 다음 회기에 이어서 작업할 수 있으니까 압박감 없이 해주시면 됩니다. 색칠이 끝나면 드는 느낌이나 생각나는 단어나 문장, 떠오르는 에피소드를 적어주세요. 어머니의 마음을 이해하는 데 촉진적 효과가 있습니다."

색칠 작업이 익숙해지고 자유로운 그림으로 이동할 때는 색칠 대신 그림을 그려주시면 된다고 지시 내용을 바꾸면 된다. 그리고

"그림 솜씨는 어머니를 이해하는 데 상관이 없으니 자유롭게 떠오르는 대로 그려주시면 됩니다."라고 말해주면 된다.

어린이 스스로 평가하는 행동 수정 과제

○, △, ×가 아니라 점수 평가가 좋다

어린이 심리치료의 궁극적 목적은 한 개인으로서 행복을 누리면서 여러 사람들과 어울림에서도 화평을 유지하는 바람직한 인성을 갖추도록 이끌어주는 것이다. 그래서 때로는 성인의 심리치료와 달리, 단지 심리적 또는 정서적 차원의 치유만으로 그치는 것이 아니라 일상적 행동을 바람직하게 바로잡아주는 노력도 필요하다. 만일 어떤 어린이가 마음의 상처를 치유하고 평온을 되찾았다고 하더라도 바람직한 행동에 길들지 않아 무질서하여 다른 사람들과 마찰을 빚게 된다면 또 다른 갈등이 싹터 치유 효과를 점점 떨어뜨릴 것이다. 이런 까닭으로 어린이의 심리치료에서는 마음만의 치료에 그치지 않고 행동도 고쳐 나가도록 이끌어주는 일이 필요하다.

심리치료에 의뢰된 어린이들의 문제 행동이나 증상들은 대개 문제 발생의 밑바탕에 심리적 갈등이 놓여 있다. 따라서 문제 행동이나 증상을 극복하려면 심리적 평안을 먼저 이루어야 한다. 그래서 어느 정도 심리적 안정이 이루어진 다음에는 그동안 잘못 길들여진 행동이나 증상을 경감하려는 노력들을 함께 진행해야 할 경우가 있다. 잘못 길들여진 행동이나 증상이 때로는 치료 기간 동안 자연스럽게 개선되기도 하지만, 때로는 인위적 노력이 필요할 때도 있다. 여기서는 어린이의 문제 행동이나 증상이 자연스럽게 사라지지 않는 경우, 어린이 스스로 노력해서 고치도록 하는 데 해당되는 내용을 언급한다.

만일 어떤 어린이가 영아 시절에 엄마와의 애착 관계에 만족하지 못해서 불안이 높고, 또 식탐 조절이 쉽지 않아 군것질을 많이 하고 체중 조절이 필요한 상황이라고 가정하자. 그러면 아마도 치료 초반에는 체중 감소를 위한 행동 조절보다 엄마와 애착 관계를 재건하는 심리치료에 더 많은 노력을 기울여야 할 것이다. 그리고 엄마와 애착 관계를 재건하여 마음이 안정되면, 어떤 경우에는 저절로 정상적인 식생활 리듬을 찾게 될 것이다. 반면 군것질을 적당히 조절하도록 인위적으로 노력해야 하는 경우도 있을 것이다. 만일 체중 감소를 위해 인위적 노력이 필요한 상황이라면, 어린이와 합의하여 몸무게가 늘어날 우려가 적은 먹거리를 선택하여 군것질을 하도록 하고, 군것질의 양과 횟수를 점차 줄이는 동시에 적당히 운동하는 행동 수정 프로그램을 설정해야 할 것이다. 물론 행동 수정 목록 외에도 만족스럽게 실행되고 있는지에 관한 평가 기준, 실천이 잘 되었을 때의 보상 기준도 어린이와 협의해야 할 것이다. 평가 역시 가능하면 어른은 빠지고 어린이 스스로 내리도록 훈련하는 것이 좋을 것이다. 그런데 우리는 흔히 실천이 잘된 일은 ○로 표시하고 보통은 △로, 실천이 잘 안 된 일은 ×로 평가한다. 그러나 일반적으로 ○, △, × 평가에서는 어린이가 바꾸기를 바라는 행동을 옳고 그름과 좋고 나쁨이라는 이분법 차원에서 평가한다고 생각하기 쉽다. 다시 말하여 ○, △, × 평가법에서는 어린이가 자신의 개선 노력을 스스로 들여다보기가 쉽지 않다. 그러나 고쳐 나갈 행동에 대한 최선의 노력을 5점, 전혀 노력하지 않았을 때를 0점으로 정하여 스스로 점수를 매기도록 훈련시키면, 어린이가 자신이 매긴 점수를 통해 내가 얼마나 최선을 다해 한 걸음 두 걸음 나아가고 있는지를 스스로 들여다볼 수 있다. 그리고 자신이 노력하는 진행 과정을 보는 것 자체로도 노력으로 얻는 보람이 무엇인지 배울 수 있으며 또 다른 바람직한 행동으로 나아가는 데도 촉진적이다.

어린이의 발달 수준을 고려하면 행동 수정에서 실천 목록은 3개 정도가 적당하고 많아도 5개를 초과하지 않는 것이 개선 효과를 높이는 데 유리하다. 훈련 목적은 훌륭한 사람이 되기 위해 어른의 지시에 의존하지 않고 스스로 고쳐야 할 행동을 선택하고 또 행동 수정에 최선을 다하는 것이면 족하다. 그렇게 하면 자신이 노력해서 개선된 행동에서 자율감의 성취를 느끼고, 바로 그 성취감을 바탕으로 하여 여러 가지 다른 바람직한 자율적 행동의 동기가 새롭게 돋아날 수 있다. 그렇기 때문에 실천 목록이 많아야 할 이유가 없다. 그런데 만일 훈련의 목적이 폭식이나 도벽이나 인터넷 중독 등 겉으로 드러난 문제 행동을 개선하는 것이 아닌 경우가 있다. 만일 훈련 목적이 일상생활에서 충실함을 기르고 성공적 인생으로 나아가는 기본적 인성을 함양하기 위해서라면, 지속적인 자기 관리 가운데 가장 중요하고 기본적인 시간 관리와 용돈 관리, 약속 지키기 또는 약속 시간 지키기를 몸에 익히도록 독려하는 것이 바람직하다. 짧은 기간의 훈련으로 세련된 관리가 되기는 쉽지 않지만, 어릴 때 시작하여 일생을 통해 시간 관리와 용돈 관리를 철저히 몸에 익히는 일은, 다른 무엇에 비길 수 없는 성공의 보증 수표이기 때문이다. 약속 지키기 역시 인간관계에서 신뢰감을 높이고 복잡한 사회생활에서 서로 배려하고 지켜야 하는 준법정신의 기본을 이루는 덕목이다. 참고로 필자는 어린이를 만나면 언제나 오늘이 며칠이고 무슨 요일인지를 묻는다. 그러면서 시간의 흐름을 잘 살피고 오늘과 내일 내가 할 일을 잘 챙기도록 하기 위해 묻는 것이라 설명해준다. 가깝고도 쉽게 시간 관리를 익히도록 유도할 수 있기 때문이다.

약속 지키기

사회적 관계에서 서로 지키기로 약속한 것을 정확하게 실천하는 일은 매우 중요하다. 놀이치료에서도 부모와 치료자를 비롯하여 어린이 모두가 서로서로 약속을 정하는 일이 종종 생긴다. 또 그렇게 정해진 약속은 반드시 정확히 실행하는 것이 필요하다. 그런 약속들 가운데 가장 중요한 것이 있다면 아무래도 치료를 실행하는 요일과 시간일 것이다.

그런데 간혹 그 중요성을 간과하고, 치료자의 사정을 고려하지 않은 채, 부모가 일방적으로 요일이나 시간을 변경하는 경우가 있다. 치료자와 부모의 관계를 금전 거래 관계로 인식하거나, 치료비를 내고 받고 하는 데서 생기는 갑을 관계로 오해하거나, 치료 기관이 공공 기관에 속한 경우일수록 부모가 일방적으로 약속을 바꾸는 일이 잦다.

그러나 상호 간의 약속으로 일단 정해진 치료 시간을 철저히 이행하는 부모의 솔선수범이 어린이들에게 얼마나 큰 긍정적 영향을 끼치는지 가늠해볼 필요가 있다. 생각건대 어린이들이 거둬들이는 열매는 다음과 같다.

① 어린이들이 자신의 시간 관리에 철저해진다.

② 시간 관리가 철저해진다는 것은 만사에 철저해지는 첫걸음이며, 그런 철저한 발걸음이 계속되면 결국 삶의 성공을 기대할 수 있다.

③ 약속을 철저히 지킨다는 것은 사회생활이나 인간관계에서 신뢰와 성실성을 보증하는 일이므로 사회적 관계에서 적이 생기지 않는다.

④ 약속의 철저한 이행은 자신의 의지가 강해야 가능한 일이므로, 살아가며 갖가지로 부딪치는 자기와의 싸움에서도 승리를 담보할 수 있는 미덕이다.

치료자가 알아 두면 좋은 비유

정규적으로 시간을 잘 지키고 성실하게 놀이치료에 임하는 일은 장차 그 어린이의 인격 형성에 대단히 중요한 긍정적 효과가 있다. 엄마와 동행하다가 적당한 때에 이르러 길을 익히고 스스로 시간을 챙겨 치료실에 오가는 것은, 매사를 스스로 계획하고 관리하고 책임지는 큰 과업을 배우고 익히는 일이다. 부모들은 비록 안타까워하지만, 치료 기관까지 거리가 멀수록, 때때로 마주칠 악천후를 견딜수록, 어린이가 자라면서 경험할 세파를 이기는 저력을 기르는 데 도움이 될 것이다.

이와 같이 좋은 측면이 있음에도 간혹 치료 작업을 소홀히 여기고 자주 결석하는 어린이와 부모가 있다. 인성을 개선하는 효과가 제법 큰 치료 작업을, 학교 성적을 올리는 것에 직접적 연관성과 효과가 없다고 생각하거나, 동네 어린이와 어울리는 단순한 놀이 정도로만 이해하는 경우에는 더욱 그렇다. 치료자는 이런 잘못된 인식을 바꾸도록 꾸준히 조언하는 게 필요하다.

부모들에게 조언할 때는 여러 가지 효과적 방법을 동원해야 한다. 그중 설득이 쉬운 방법이 비유를 잘 들어 설명하는 것이다. 그렇다면 치료 작업을 자주 거르지 않도록 조언하는 좋은 비유는 없을까? 아래에 필자가 자주 언급하는 비유를 소개한다.

자동차의 시동 걸기

목적지에 도달하기 위해 우리는 자동차의 시동을 건다. 자동차에 시동이 걸리면 가능한 한 멈추지 않고 달려야 기름도 가장 적게 들고 빠른 시간에 목적지에 도달한다. 그러나 시동을 걸고 얼마 가지 않고 쉬겠다고 자동차를 멈추면 다시 시동을 걸어야 한다. 목적지에 이를 때까지 자주 멈추고 다시 시동 걸기를 반복하면 기름도 많이 들고 시간도 더 오래 걸린다. 만일 시동만 걸고 채 나가지는 않은 상태로 멈추기만 반복한다면, 아마 시동은 자주 걸었지만 거의 전진하지 않고 제자리만 지킨 형국일 것이다.

결석이 잦다는 것은, 마치 시동만 걸고 별로 전진하지 않은 채 제자리를 맴도는 자동차와 같다. 설령 시동을 걸고 얼마간 달리더라도 자주 멈추면, 다시 반복해서 시동을 걸어야 하므로 추진력이 붙지 않은 달리기와 같을 것이다.

꽃나무 가꾸기

치료가 진행되는 동안에는 치료자가 부모와 함께 어린이의 전반적 상황을 점검하고 의논하면서, 그간 어린이들이 가정과 외부에 적응하면서 어떤 변화를 보여주는지 부모에게 질문할 일이 자주 생긴다. 부모들은 대부분 세세하지는 않더라도 나름대로 관찰한 변화를 보고해준다. 그런데 때로 "맨날 똑같아요."라고만 되풀이하여 보고하는 경우가 있다. 이런 보고를 반복해서 듣다보면, 치료자는 자신의 능력에 회의감을 느끼고 무력감과 좌절에 빠지기도 한다. 그러나 치료자들은 자신의 경력이 얕아 치료자로서 자질에 확신이 뚜렷하지 않더라도, 자신이 어린이에게 베푼 정성과 양심에 부끄러움이 없는 수준이라면 대개 좌절하지 않아도 된다. 정성 들여 심은 씨앗은 눈에 보이지 않더라도 뿌리를 내리고 열매를 거두게 마련이기 때문이다.

그러면 부모들은 왜 어린이들이 변화가 전혀 없는 듯, 치료자들을 좌절시키는 한결같은 보고를 할까? 그것은 실제로 어린이들의 변화가 없어서라기보다 어린이들의 변화가 부모들 자신이 설정해 놓은 기대치에 미치지 못해서인 경우가 많다. 이해를 돕기 위해 어린이의 심리치료와 그에 따른 변화를 다음과 같이 꽃나무 가꾸기에 비유해보겠다.

꽃나무를 가꾸려면 먼저 씨를 심는다. 땅속에 심긴 씨앗은 싹이 터야 할 적당한 조건이 갖춰지면 뿌리를 내리고 떡잎을 땅 위로 올릴 준비를 한다. 그런데 떡잎이 땅 위로 솟을 때까지는 일정 기간 동안 땅속에서만 성장 작업을 진행한다. 그 성장 작업은 멈추지 않고 진행되지만 우리 눈에는 보이지 않는다. 어린이의 그간의 변화를 치료자가 물을 때, 부모들이 "맨날 똑같다."라고 보고하는 것은, 마치 꽃나무가 될 씨앗이 싹을 틔우려 우리 눈에는 안 보이지만 땅속에서 작업을 하고 있다는 사실을 도외시한 보고다.

일단 땅 위에 올라온 떡잎은 시간이 흐르면서 점점 키가 자라고 잎도 무성해질 것이다. 시간이 더 흐르면 기다리던 꽃을 피우고 열매도 맺을 것이다. 그런데 치료자가 어린이들의 변화를 물을 때는, 싹이 트고 키가 자라고 잎이 무성해지는 그때그때의 변화 과정을 묻는 것이지만, 부모들은 시간의 흐름을 따라야 한다는 걸 고려하지 않고 조급히 기대하는 꽃 피고 열매 맺는 결과를 염두에 두고 "맨날 똑같다."고 보고하려는 경향을 보여준다. 꽃 피고 열매 맺는 일이 어디 그리 쉬운 일이던가? 마찬가지로 어린이들이 거듭나는 일이 어디 그리 쉬운 일이던가? 치료자가 한 주에 한 번씩 일 년 동안 어린이와 동고동락하는 것은 총합 50시간 남짓이다. 하루 24시간을 기준으로 삼는다면 고작 이틀을 조금 넘는 시간이다. 그 시간 동안 부모들이 기대하는 열매 맺기 수준에 맞춰 어린이의 변화를 관찰한다면 "맨날 똑같다."고 보일 수밖에 없다. 이런 점에 주의하여 치료자들은 그때그때 일어나는 놀이실 내에서의 변화가 아주 사소한 것일지라도 그것의 중요성을 부모들에게 이해시켜야 할 의무가 있다. 부모들 역시 기대하는 훗날의 모습, 또는 같은 또래의 평균적인 모습과 비교하여 아직은 부족한 자녀의 현재 모습에 실망하지 않고, 그때그때 일어나는 가정 내에서의 작은 변화에 초점을 맞춰 어린이를 관찰하는 것이 좋다.

선지식의 정원 꾸미기

대부분의 평범한 우리는 정원을 아름답게 가꾸고 싶어 한다. 키 작은 꽃들과 사철 푸른 나무들은 어디에 어떻게 심어야 보기 좋을까? 연못을 어디에 파고 어떤 수초를 기르고 어떤 물고기들을 헤엄치게 할까? 정원석은 어떤 모양으로 배치해야 경관이 더 좋아질까? 두루 궁리하는 머릿속에서 제각기 멋진 디자인이 춤춘다. 그런데 잘 따지고 보면 평범한 우리 각자의 머릿속 디자인은 대체로 자신의 마음에 흡족하고 눈에 아름답기를 추구하는 것으로서 순전히 자기중심의 욕심과 미적 감각에 의존한 디자인이기 쉽다.

그러나 선지식(善知識)의 경우에는 정원을 꾸미는 생각이 우리와 아주 다르다. 키 작은 꽃들이 키 큰 나무 밑에서 햇볕을 못 받아 시들 것을 더 염려하고, 정원석의 작은 돌 하나라도 개미의 행로를 방해하는 게 아닌지를 더 염려한다. 그런 염려가 배어 꾸미는 정원은 시간이 지날수록 물과 햇볕과 바람이 저절로 어우러져 아름답고 풍요로운 경관을 이루고 곤충과 새들이 사시사철 자유롭게 드나들며 숨 쉬고 노래하는 환경이 조성된다. 가뭄에도 견디고 폭설에도 견디며 만물이 서로 모자람 없이 생생히 공존한다. 평범한 우리가 욕심을 내 꾸미는 정원처럼 비료를 주거나 가지를 쳐주는 인위적 손질이 필요 없다.

치료자가 어린이와의 만남을 어떻게 이끌어 나가는 게 좋을지에 대한 가장 좋은 답을 찾는 것도 이런 이치에서 크게 벗어나지 않는다. 치료자 머릿속에 그려진 디자인대로 정원을 꾸미는 것보다. 어린이 스스로 자연스럽게 정원을 설계해 나가는 능력을 믿고 존중해주면 치료자의 마음이 옹색해지지 않는다. 동료들이나 선배 지도자들에게서 "치료자는 뭐 했어요?" 또는 "애들을 왜 그렇게 오랫동안 붙들고 있어요?"라는 질문을 받더라도 당황하지 않을 수 있다.

환골탈태

어린이의 놀이치료는 성인의 상담에서처럼 그 과정이 환골탈태의 과정이다. 치료가 한창 진지하게 진행될 때는 평소에 노출되지 않던 울분과 마주쳐 겪는 괴로움이 결코 적지 않고, 또 그 시달림의 고비를 넘기고 종료에 가까워지면 취약했던 자기로부터 벗어나 매우 긍정적으로 변화한 자기를 알아차리기 때문이다. 비유컨대 미운 아기 오리가 형제들에게 미움받고 왕따가 되어 수많은 모멸과 아픔을 견디고, 어느 날 물에 자기를 비춰보다가 의젓하고 우아한 백조의 모습이 자기임을 알고 기뻐하는 것과 같다. 안데르센의 가르침이 어디 겉모습의 아름다운 변화에 초점을 두었겠는가. 괴로움을 딛고 일어서면 내면의 성숙과 우아함이 기다리고 있다는 것을 가르치려고 구박받는 미운 아기 오리를 멋지게 자란 백조로 변모시킨 것 아니겠는가?

어린이의 놀이치료 과정을 엿보게 하는 환골탈태 소재의 문학과 예술 작품은 수없이 많을 것이다. 여기서는 7이란 수와 관련된 작품을 예로 들어 설명해보겠다. 앞에서도 언급한 바와 같이 7이란 수는 상황이나 모습의 변화와 가까운 숫자로 많이 인용되어 왔다.

첫 번째 예로 음악 작품 〈호두까기 인형〉을 보겠다. 원작 이야기는 여러 작가들이 다양하게 각색했는데, 특히 차이콥스키의 발레 모음곡에서는 서곡, 그리고 행진곡을 포함한 여섯 개의 춤곡이 이어지며 모두 일곱 개의 모음곡으로 환골탈태의 과정이 전개된다. 마지막 여덟 번째 곡인 '꽃의 왈츠'는 발레의 에필로그로, 곡의 제목이 암시하듯 새날의 축복을 위해 꽃들이 피어나며 잔치를 벌이는 장면이 연상된다. 이야기 속에서 주인공 클라라는 왕자로 변신한 호두까기 인형과 만나 일곱 개의 곡이 흐르는 동안 춤을 즐기고, 성인 예수가 탄생한 날 아침에 자기도 새로운 클라라가 되어 깨어난다. 어린이들이 치료 상황에서 각색하는 환골탈태의 드라마와 별 차이가 없는 이야기 전개다.

두 번째 예로 백설 공주 이야기를 들어보겠다. 백설 공주는 고약한 계모에게 쫓겨나는 신세가 된다. 이때 공주는 일곱 난쟁이들을 만나 도움을 받는다. 난쟁이들은 금을 캐기 위해 광산에서 일한다. 금을 캐는 일곱 난쟁이는 백설 공주의 환골탈태의 과정을 암시한다. 새로운 탄생까지의 변화를 위해 7이라는 수가 등장하고, 난쟁이가 캐는 금은 껍데기만의 공주가 아닌 진정한 공주의 회복을 말한다. 이야기는 해독제로서 입을 맞추고 공주의 눈을 뜨게 해주는 왕자를 만나 행복을 찾으며 끝난다. 꿈처럼 지나가는 역경을 딛고 꿈에서 깨어나 새롭게 태어나는 공주가 되려면 공주와 왕자의 결합은 꼭 필요한 모양이다. 위에서 엿본 클라라와 호두꺼비 인형 왕자처럼……. 그리고 여러 차례 언급한 어린이 치료에서의 드라마처럼…….

조상의 가르침에서 배우는 지혜

필자가 나이를 먹어 가며 자녀의 훈육이나 심리치료에 관심을 기울이고, 그것들에 관련된 우리 옛 어른들의 지혜를 되새겨보면, 우리의 헤아림을 훨씬 뛰어넘는 깊은 맛을 느낄 수 있다. 눈을 넓혀 들여다보고 모두 연구하면 아주 많은 내용들을 소개할 수 있겠지만, 여기서는 아쉬움을 남기는 얕은 수준이나마 함의를 되새겨볼 필요가 있는 우리의 화법이나 속담 같은 가르침들을 생각나는 대로 정리해본다.

"선생님 봐봐요."처럼 말끝에 붙는 "봐요"

어린이들과 함께 놀다보면 유달리 "선생님 봐봐요."라고 말하며 치료자의 시선이 자기에게 집중되어 오래도록 머물러 있기를 바라는 경우가 종종 있다. 심한 경우에는 치료자의 시선이 줄곧 자신에게 머물러 있고 또한 자신의 말에 동조하고 있음을 알면서도 계속 같은 요구를 한다. 이런 어린이들은 대체로 엄마의 사랑을 갈

구하고 다른 사람들에게 관심과 인정을 받고 싶은 마음이 아주 크다. 또한 치료자와 교류하는 바로 그 순간 자신의 존재감을 더 뿌듯하게 느끼고 싶은 마음이기도 하다. 그런데 "선생님 보세요."가 아니고 왜 "선생님 봐봐요."일까? 이것은 치료자로 하여금 화법에 담긴 어린이 마음의 의미를 좀 더 깊이 새겨 달라는 뜻이다. 잘 보라는 두 번의 "봐요." 중 앞의 "봐요"는 어린이의 행동을 눈으로 잘 살펴서 하나도 놓치지 말고 이해하라는 주문이고, 뒤의 "봐요"는 어린이의 마음을 치료자의 마음으로 잘 살펴 온전히 공감하라는 주문이다.

때때로 우리는 우리말 가운데 심리적 차원의 성찰을 은근히 권하는 화법들이 있음을 생각해볼 필요가 있다. "봐봐요."도 그렇다. 어디 그뿐이겠는가? 말끝에 "봐요"가 붙는 말은 많다. 해봐요, 먹어봐요, 돌아봐요, 읽어봐요, 들어봐요, 만져봐요, 냄새 좀 맡아봐요, 던져봐요, 뛰어봐요……. 아주 많은 행동에 신중을 요하고 또 그 행동의 전후를 심리적으로 음미하고 새겨보라는 권유인 이런 화법이 곳곳에 등장한다. 치료자는 놀이실에서 이런 화법을 사용하는 어린이들에게 좀 더 주목할 필요가 있다.

부모 된 죄

어린이들의 심리치료에는, 부모가 자녀를 잘 이해하고 바람직한 양육을 할 수 있도록 때맞춰 적절히 조언해주는 일은 물론 부모의 심리적 문제를 다루는 개별 상담이 병행되기도 한다. 그런데 부모 상담을 하다 보면, 치료자가 어린이를 중심으로 치료할 경우 조심스럽게 이야기를 나눈다 하더라도 자칫 어린이를 옹호하는 반면 부모에게는 그동안의 양육에 대해 책임을 지우는 일이 생길 수 있다. 언제라도 부지불식간에 이런 오류를 저지르지 않도록 치료자는 부모를 만나는 순간에 느슨해지지 않으면서 섬세히 주의를 기울여야 한다. 기본적으로 엄마들은 대부분 자녀를 위해 나름대로 최선을 다했다고 여긴다. 치료자가 조심스러운 마음을 한결같이 유지하며 자녀들의 심리적 문제나 행동상의 문제가 엄마의 잘못이라고 이야기하지 않는데도, 결과적으로 자녀들이 심리적 문제나 행동상의 문제를 보이는 것이 엄마인 자신의 탓이라고 생각하는 경향이 있다. 그러기에 자녀의 문제에 대해 과도할 만큼 자신을 탓하는 엄마들일수록 엄마들이 더 상심하지 않도록 치료자가 특히 유의해야 한다. 때로는 어린이들에게 드러난 문제들이, 어린이 자신을 탓할 수 없고 부모를 탓할 수도 없으며, 또한 지역 사회의 조력을 동원해서도 문제 해결이 어렵고 치료자를 비롯한 그 누구도 딱히 해결할 방책을 찾기 어려운 안타까운 경우들이 있다. 그런데도 자녀들의 문제를 자신의 과오로 여기고 죄책감을 이기지 못해 자신의 삶을 전반적으로 돌아보며 많은 회한의 눈물을 짓는 성실한 엄마들이 있다. 이럴 때 치료자가 엄마들이 죄책감에서 벗어나도록 공감적으로 위로할 수 있는 말은 이것뿐이다. "이 세상에서 제일 어려운 과업이 자식 기르는 일이잖아요. 우리에게 엄마 된 죄 말고 무슨 탓을 할 수 있겠어요."

"엄마 된 죄." 이것은 우리네 엄마들이 많이 탄식하는 말이다. 자녀들에게 최선을 다했지만 좌절 상황이 해결되지 않고 엄마에게 원망이 돌아올 때 홀로 읊조리게 되는 말이다. 엄마가 되었으니 자식이 잘되도록 하는 게 엄마의 당연한 도리라는 의미를 담고 있는 말이다. 우리네 문화의 많은 사람들이 아직도 엄마는 자식을 위해 봉사하고 희생하며 엄마로서 책무를 완벽하게 수행해야 한다고 심정적으로 압박하는 경향이 있다. 엄마가 만능의 존재도 아니고 만사를 척척 해결하는 마법사도 아닌데 은연중 그런 기대를 엄마들에게 건다. 그렇지만 엄마도 가족과 분리되어 한 개체로서 엄마 자신의 삶을 행복하게 누릴 권리가 있고, 다만 가정 안에서 지위와 역할이 엄마일 뿐이다. 엄마로서 역할 수행에 최선을 다했지만 불가항력으로 좌절 상황에 맞닥뜨렸다면, 엄마에게 책임을 돌릴 수 없다. 그럴 때 치료자들은 자녀들에 대한 엄마의 의무와 죄책감을 가볍게 덜어줄 공감적 말과 위로를 전해주는 것이 좋다. 그럴 때 가장 좋은 말이 아이러니하지만 "엄마 된 죄"다. 자기 마음조차 마음먹은 대로 안 되는데, 자식들이 어디 엄마 뜻대로 되던가? 자신의 인생을 자녀의 인생보다 소중히 여기는 경향이 있는 몇몇 신세대 엄마를 제외하고, 자녀들에게 최선을 다하는 성실한 엄마에게, 엄마가 된 것에 무슨 죄를 얹어줄 수 있겠는가? 그러나 출구가 없어 혼자 읊조리는 '엄마 된 죄'를 끌어안아야 함에도 엄마들은 위대하다. 아무도 보여주지 못하는 포용성을 천부적으로 발휘할 수 있는 존재가 엄마이고, 가정을 꾸려 나가며 수시로 만나는 갖가지 어려움을 돌파하는 감각과 안목과 인내력과 현명함은 엄마 이외의 그 누구도 따라갈 수 없기 때문이다. 한 가정에서 엄마의 자리는 그 누구도 대신 채울 수 없는 자리다.

오줌싸개와 키 쓰기

우리 옛 어른들은 어린이의 야뇨증 처방으로 왜 키를 쓰고 이웃집에 가서 소금을 받아 오게 했을까? 세세히 음미하면 매우 지혜로운 배려가 숨어 있는 좋은 처방이라 아니할 수 없다. 그 첫 번째 이유는 어린이 자신의 문제를 스스로 해결하도록 방법을 제공한다는 점이다. 두 번째 이유는 평소에 친숙한 이웃집에 가게 함으로써 어린이로 하여금 머쓱해지지 않고 평상시처럼 마음 편히 자신의 필요에 따라 가족 이외의 사람들에게 원하는 것을 요청할 수 있게 훈련시킨다는 점이다. 세 번째 이유는 키를 머리에 뒤집어쓰게 함으로써 낯선 사람들에게 얼굴을 보이지 않게 하여 어린이의 자존심을 지켜준다는 점이다. 네 번째 이유는 키를 쓰게 함으로써 잠재의식 안에 숨겨진 어린이의 원형적 심상을 자극하여 왕관을 쓰거나 망토를 걸친 권위 있는 인물이 된 것처럼 으쓱한 마음을 느낄 수 있게 해준다는 점이다. 다섯 번째 이유는 한방 의학에서의 오행 이치에 따라 소금의 짠맛을 통해 어린이의 신장 기능을 강화해준다는 점이다. 한방 의학에서는 신장 기능은 짠맛과 관계가 있고, 방광 기능 및 생식 기능과 관련이 있으며 두려움의 정서와 관련이 있다고 보기 때문이다. 따라서 소금을 얻게 하는 것은 곧 겁이 없는 용감한 성격을 키우고, 생식 기능이 건강한 사람이 되어 존재감과 자존감을 마음껏 누리라는 숨은 뜻이 담긴 처방인 것이다. 실제로 놀이치료 현장에서 보면 존재감이 약한 어린이, 자긍심이 약한 어린이, 두려움이 많은 어린이들이 그 취약함을 보상하려 야뇨증을 보이거나 치료 과정에서 존재감이 팽창될 때 전에 없던 야뇨증이 생기는 경우가 종종 있다.

세 살 버릇 여든까지 간다

옛 어른들에게도 세 살배기 유아는 자아가 팽창하는 시기로 보였던 것 같다. 이기심의 색조가 짙은 자아 출현의 발달 시기에는, 자율감의 성취를 경험하면서 자신의 뜻을 관철하려는 마음의 세력도 점점 커지므로, 그 누구의 말도 듣지 않고 자기 생각대로만 행동하려 막무가내로 떼쓰고 반항하며 고집 피운다. 이 시기의 발달 현상에 적절히 제동을 걸지 않으면, 여러 사람이 어울려 타협하며 살아야 하는 세상에 나아가 올바로 적응하기가 힘들 것이다. 더 나아가 다른 사람들 사이에서 충돌이나 좌절을 이기는 힘도 길러지지 않을 것이다. 그래서 우리 옛 어른들은 많은 훈육 경험을 통해 이 발달 시기를 적절한 통제가 필요한 결정적 시기로 삼은 것 같다. 아마도 이 결정적 시기의 자아 팽창이 적절한 수준으로 훈육되거나 통제되지 않는 한 그 부작용이 노년기까지 지속된다는 사실을 일찌감치 깨달은 것 같다.

하룻강아지 범 무서운 줄 모른다

옛 어른들이 칭한 하룻강아지는 아마도 위에서 언급한 자아 팽창의 발달 시기에 놓인 유아일 것이다. 이 시기의 유아들은 욕심이 마냥 커지고 자신의 유능감에도 마냥 취하기 쉬운 발달 시기라서 말 그대로 천상천하 유아독존이다. 자기 이외의 사람들은 모두 별볼 일 없는 사람이어서 자기가 마음대로 부리고 호령해도 될 것처럼 여긴다.

그러나 "하룻강아지 범 무서운 줄 모른다."는 말은 위에서 훑어 본 것처럼 유아에게만 해당되는 가르침은 아니다. 경험이 얕아 아무것도 모를 때 도리어 용감해지는 사람들의 속성을 잘 파악한 가르침인 동시에, 잘 모르면 알 때까지 경계심을 늦추지 말라는 가르침이기도 하며, 하늘을 찌를 듯이 분수에 넘치는 자존심을 내세우지 말라는 가르침이다.

미운 일곱 살

자녀를 훈육하며 꾸지람을 많이 하는 시기는 아마도 자녀가 일곱 살 즈음일 것이다. 이 연령 시기에 어린이들은 울타리 밖의 또래들과 어울리면서 부모가 가르치지 않은 나쁜 욕도 배워 오고, 또래들의 행동을 모방하면서 잘 길러진 습관도 흐트러지기 쉽다. 운동장이나 골목에서의 활동이 늘어나므로 옷차림도 지저분해진다. 얼굴도 유아스러운 귀여움은 점점 사라지고, 어린이다운 얼굴로 변하는데 거기에다 앞니가 빠져 때로는 밉상으로 변하기도 한다. 이렇게 용모도 미워지고 행동도 거칠어져 부모의 눈에 거슬리는 것이 많아지니 자연히 꾸지람이 늘 수밖에 없다.

그런데 우리 옛 어른들의 지혜를 엿보며 감탄하는 것은 바로 어린이들이 미워지기 시작하는 이런 변화를 부모가 이해하도록 강조한다는 점이다. 어린이가 일곱 살에 접어들고 미운 짓이 나타나기 시작하면, 그 미운 짓이 그 나이에 거쳐야 할 당연한 발달 과업이니 선불리 꾸짖지 말고 애정 깊은 눈으로 살펴주라는 가르침을 전승해준다.

"예쁜 자식에게는 매 한 대 더, 미운 자식에게는 떡 하나 더"

여러 자녀를 둔 부모가 자녀 각각을 편애하지 않는다는 의미로 우리 어른들은 "열 손가락 깨물어 안 아픈 손가락 없다."는 표현을 자주 사용한다. 이 말은 어쩌면 모든 자녀들에게 공평한 대접을 한다지만 조금씩은 예쁘고 미운 차별이 생길 수 있음을 인정하는 표현이기도 하다. 그러나 미운 자식이 있어도 정말로 미워할 수 없는 것이 부모 마음이며, 설령 예뻐하고 미워하는 차이가 난다 해도 그 수준이 미미할 테니, 그것을 좋게 말하여 깨물어 안 아픈 자식이 어디 있겠냐고 표현했을 것이다.

그런데 우리 옛 어른들은 말처럼 공평한 대접이 실천에서는 어려운 일임을 잘 알기 때문에, 혹시라도 부모 자신이 느끼지 못하는 사이에 편애와 편견으로 자녀들의 마음에 상처를 남기고 그 후유증이 남는 것을 경계시키려, 오히려 예쁜 자식에게는 매 한 대를 더 주고 미운 자식에게는 떡 하나를 더 주라는 좋은 가르침을 전승해주었다. 특별히 주의하지 않는 한, 예쁘면 더 많은 것을 주고 싶고 미우면 많은 것을 빼앗고 싶은 게 보통 사람들의 마음이다. 만일 이렇게 예쁘거나 밉거나에 따라 자녀들에게 차별 대우를 한다면 훗날에 겪을 부작용이 얼마나 크겠는가? 예쁘다고 떡만 주면 그 자식은 얼마나 자기만 알 것이며, 밉다고 매만 주면 그 자식은 얼마나 적개심을 키우겠는가? 그런 염려에 대한 적절한 처방으로 아예 매와 떡을 마음과 상반된 보상으로 쓰라 하지 않았겠는가? 참으로 현명한 가르침이다.

다리 밑에서 주운 자식

어린 시절엔 누구나 예외 없이 자신이 어디서 어떻게 태어났는지 궁금해한다. 그 궁금증에 대한 대답은 부모마다 다르다. 궁금증 해소를 위해 공상적 동화를 들려주기도 하고, 과학적 근거를 들려주며 해답을 주기도 한다. 그런 질문에 대해 옛 어른들은 많은 경우 다리 밑에서 주워 왔다고 답했다. 이런 대답을 들으면 어린이는 정말로 자기가 다리 밑에서 주워다가 기른 고아인줄 알고 깊은 고민에 빠질 수도 있다. 그러나 실제로 그런 고민을 하면서도 한편으로 그것을 진실로 믿는 경우는 드물다. 오히려 그 대답이 어린이를 재미있게 해주려는 어른의 농담으로 받아들여진다.

그런데 다리 밑에서 주웠다면서 웃음 섞어 알려주는 해답은 잘 들여다보면 공상적 이야기도 아니고 현실에서 벗어난 이야기도 아니다. 오히려 어른들의 유머가 묻어 있는 해답이다. 철이 들고 아기의 출산 장면을 떠올리면 그 해답이 얼마나 재치 있고 진실한 해답인지를 알 수 있다. 그 해답의 함의를 알게 될 때까지 호기심은 계속되면서, 교량의 의미인 다리와 인체의 다리가 같은 발음인 것을 가지고 말놀이하며 대답해준 어른들의 지혜도 함께 깨닫게 된다.

불장난하면 자다가 오줌 싼다

남자 어린이들은 어릴 때 불장난하기를 좋아한다. 남자 어린이들의 호기심을 자극하는 불이 생명력의 원천이기도 하며, 문명을 일으킨 원천이기도 하며, 위로 솟아오르며 타는 모습에서 생산적 활력을 느낄 수 있기 때문일 것이다. 그러나 어른들의 생각에서는 불의 속성에 대한 경험이 부족하고, 불을 다루는 기술도 미숙하고, 화재를 일으킬 위험이 크다는 지식을 갖추지 못한 채 호기심만 가지고 불장난하는 어린 남자 어린이들을 조심시키지 않으면 안 된다. 그래서 생긴 가르침이 불장난을 많이 하면 밤에 오줌을 싼다는 것이다.

이 가르침을 좀 더 세밀히 들여다보자. 매우 심층적 의미를 담은 경계경보다. 남자 어린이들의 소변보기는 노폐물 배설의 기능을 포함하여, 생산과 관련된 남성성의 자긍심과도 관련이 있다. 불장난을 많이 하면 남성성을 자극하는 경향도 늘어날 것이니 잠이 들면 통제하기 쉽지 않은 야뇨를 보일 수 있다. 실제로 자존감이 낮아 야뇨를 보이거나 불장난을 자주 해 치료에 의뢰되는 어린이가 있음을 생각하면 이해하기 쉬울 것이다.

어른이 되지 않은 미성년의 연애나 어른이 되었지만 인륜에 어긋나는 연애를 하는 경우에도 불장난이라는 표현을 쓴다. 성적으로 위험한 배설과 관련 있는 표현이 아닐 수 없다. 정도를 벗어난 연애와 불장난과 오줌 싸는 일은 심리적으로 서로 연결되어 있음을 옛 어른들이 깊이 살펴 간파한 것일까?

천기를 고려한 부부의 합궁과 임신 이후의 부부생활 금기

우리 선조들이 새로 태어날 후손들이 좋은 품격을 갖추도록 애쓴 흔적들이 곳곳에서 보인다. 태교를 중시한 것만으로도 그런 노력을 충분히 증명하고도 남는다. 최근에는 태교의 중요성에 대한 인식이 높아져 신혼부부들이 태교에 정성을 기울이는 것을 많이 볼 수 있다. 그러나 아직은 경제적 이유 또는 직장 생활 등을 고려하거나, 배란기와 태어날 시기를 맞추기 위한 잉태 조절은 하지만, 품성 좋은 아기를 낳기 위해 천기를 고려한다는 신혼부부는 드문 것 같다.

그런데 우리가 선조들에게서 더 배워야 할 것들이 있다. 우리 선조들이 품성 좋은 아기를 갖기 위해 악천후를 피하고 천기가 좋은 때를 골랐다는 점이 그렇고, 일단 잉태가 된 이후에는 태아의 안전을 위해 부부생활을 기피했다는 점이 그렇다. 굳이 그런 문제까지 고려해야 하는지 의문하겠지만, 필자의 경험으로는 태내기를 지나는 성장 작업을 하던 몇몇 어린이가 임신 당시의 부부생활을 연상시키는 다음과 같은 유사한 맥락의 상징적 표현이나 놀이를 표현한 적이 있었다. 즉, 자궁을 상징하는 집에서 잠자는 아기가 외부의 침입과 위협 때문에 불안해지고 고민이 높아 가는데, 그 위협은 대체로 집을 뒤흔드는 지진이 자주 일어나거나, 집 안에서 잠자는 아기들이 불쑥 침입해 들어온 외부의 적이 뾰족한 송곳이나 막대기 같은 것으로 온몸을 찌르는 아픔을 겪는다는 내용이다.

"땟지……."

우리 주변에서 흔히 보는 상황이다. 두어 살 어린 유아가 문지방에 걸려 넘어지거나 사물에 부딪치고 아파서 울면, 할아버지나

할머니는 "땟지……." 하며 문지방을 나무라거나 유아가 부딪친 사물을 때리는 시늉을 한다. 젊은 부모들은 유아의 부주의로 생긴 일이니 유아에게 주의시키는 것이 더 알맞은 대응이라고 생각하기 쉽다. 그러나 할아버지나 할머니의 "땟지……."가 얼마나 현명한 방법인지 젊은 부모들은 미처 헤아리기 어려운 것 같다.

두어 살쯤의 유아들은 위험에 대한 경험이 없어 위험을 예측하기 어렵다. 또 위험한 순간에 놓여도 순발력 있게 위험에 대처하는 몸놀림이 어렵다. 그래서 자주 넘어지고 부딪치고 다치고, 아프면 울면서 어른의 보호와 위로를 기다린다. 더구나 두어 살 유아는 자기중심성을 보이는 발달 시기여서 자기에게 생기는 모든 불상사는 대상의 탓이지 내 탓이 아니다.

일찍부터 이런 발달 상황과 유아의 심리를 잘 이해했던 우리 할아버지 할머니들이 당연히 유아를 넘어지게 하는 문지방을 혼내줘야 하며, 유아의 아픔을 공감하고 위로하기 위해서도 문지방을 나무라야 한다. 유아들의 아픔을 빨리 달아나게 하는 "땟지……."는 유아의 발달을 이해하고 심리적으로 공감하고 위로하는 참으로 놀라운 방법이 아닐 수 없다. 그러나 자기중심성에서 탈피할 나이에 이르면 당연히 "땟지……."는 버려야 한다.

놀이의 언어

2018년 9월 20일 초판 1쇄 발행
2019년 12월 16일 초판 2쇄 발행

■ 지은이 ――――― 정혜자
■ 펴낸이 ――――― 한예원
■ 편집 ―――――― 이승희, 윤슬기, 양경아, 유리슬아

■ 펴낸곳 교양인
우 04020 서울 마포구 포은로29 202호
전화 : 02)2266-2776 팩스 : 02)2266-2771
e-mail : gyoyangin@naver.com
출판등록 : 2003년 10월 13일 제2003-0060

ISBN 979-11-87064-28-2 03180

이 도서의 국립중앙도서관 출판예정도서목록(CIP)은 서지정보유통지원시스템 홈페이지(http://seoji.nl.go.kr)와 국가자료종합목록시스템(http://www.nl.go.kr/kolisnet)에서 이용하실 수 있습니다.(CIP제어번호: CIP2018028745)